贵州省住房和城乡建设厅招标项目

NEW ENGINE FOR
DEVELOPMENT

发展的引擎

贵州山地特色新型城镇化研究

Research on the New-type Urbanization with
Mountainous Characteristics in Guizhou

王兴骥　等　著

社会科学文献出版社
SOCIAL SCIENCES ACADEMIC PRESS (CHINA)

课题组名单

组　长

　　王兴骥　贵州省社会科学院城市经济研究所所长、研究员

副组长

　　李华红　贵州省社会科学院农村发展研究所副所长、研究员

　　郭　峰　贵州大学管理学院副教授、博士

成　员

　　高　刚　贵州省社会科学院社会学研究所副所长、研究员

　　张美涛　福建商学院教授、博士

　　蒋楚麟　贵州省社会科学院城市经济研究所副研究员、博士

　　刘杜若　贵州省社会科学院对外经济研究所副研究员、博士

　　邓小海　贵州省社会科学院农村发展研究所副研究员、博士

　　韩镇宇　贵州省社会科学院城市经济研究所副研究员、博士

　　陈绍宥　贵州省社会科学院区域经济研究所副研究员、博士

　　王　俊　天津商业大学副教授、博士

　　王昌峰　贵州省社会科学院城市经济研究所副研究员

　　欧阳红　贵州省社会科学院城市经济研究所副研究馆员

　　罗　艳　贵州省社会科学院城市经济研究所助理研究员

　　周　欢　贵州省社会科学院城市经济研究所助理研究员

　　陈其荣　贵州省社会科学院城市经济研究所实习研究员

前　言

　　城镇化是传统农业社会向现代工业文明社会转型的必然过程，它是指伴随着工业化进程的推进，城镇数量增加及城镇空间范围扩大，城镇功能不断提升，同时农村人口不断向城镇转移就业和生活，城镇区域内居住人口占总人口比例逐步增长，同时城镇文明要素不断向周边农村扩散的过程。改革开放前，同全国一样，贵州省实行计划经济和城乡分治的制度，城镇化发展缓慢，导致城镇化水平很低；改革开放后随着工业化进程加快和一系列改革措施的实施，在 40 年内贵州省城镇化发展取得了巨大成就，表现在城镇化率显著提高，城镇建设成效显著。

　　党的十八大以来，贵州省以"贵州山地特色新型城镇化示范区"为引领，以国家新型城镇化综合试点为带动，以贵州小城镇高质量发展为平台，以推进新型城镇化助推脱贫攻坚、同步小康为动力，以人的城镇化为中心，以高质量发展为关键，以改革创新为方向，"注重顶层设计、先后出台一系列山地特色新型城镇化文件；注重以人为本，推进农村人口市民化；注重镇村联动，实现城乡融合发展；注重生态优先，建设宜业、宜居城镇；注重培育动力，推动产城景互动发展；注重示范引领，促进示范小城镇的发展"，走出了一条有别于东部、不同于西部其他省区的具有新时代特征、具有山地特色的新型城镇化之路。

Contents

目 录

第一章
新型城镇化研究综述及理论基础

第一节 城镇化研究综述

城镇化正日益成为我国经济社会建设关注的重点。继国家"十二五"规划明确指出,要积极稳妥推进城镇化,优化城镇化布局和形态,加强城镇化管理,不断提升城镇化的质量和水平之后,党的十八大也提出要走新型城镇化道路,并指出城镇化是扩大内需最雄厚的潜力所在,也是经济结构调整的重要内容。

随着城镇化不断发展,学术界也一直持续关注城镇化,城镇化发展研究一直是学术界参与国家经济发展研究的一大重点。在中国知网上以"城镇化"为篇名关键词可以搜索出自 1919 年至今的 99109 篇文献,其中,中文文献自 1983 年才开始出现;以"新型城镇化"为关键词同样可以搜索出 32803 篇文献,研究起始时间为 1986 年。文献主要以"城市化""城镇化""新型城镇化""城镇化建设""城镇化发展""新型城镇化道路"等为主题进行研究。可见,城镇化是我国改革开放以来的一大重要命题,同时也成为我国学术界新的关注点。

目前,学术界对城镇化动力机制及新型城镇化的研究主要集中在五大方面:城镇化的内涵、城镇化动力因子分析、城镇化发展的制约因素、避免"城市病"出现的方法、城镇化发展路径。

一 关于城镇化内涵的研究

国内学者对新型城镇化的研究主要集中在近十年,他们从不同角度定义了新型城镇化的内涵，指出了新型城镇化建设的重点。戎爱萍、郭卫东等从社会学的角度分析认为，城镇化是由于人们随着工业化的发展被不断吸引到城市，从而引起了生活方式的变化，因此城镇化是一种生活方式的发展过程①。经济学家 Howard E. 认为城镇化是区域经济发展到一定阶段的产物，是人类生产生活从农业向非农业转换的过程②。陆大道则认为城镇化是地域空间演化的过程，它包括从乡村向城镇的转化、城镇向周边的扩张和城市内部的不断更替③。虽然目前学术界尚未对新型城镇化形成统一的定义，但是各学者都从自己的研究领域对其有了一些理解。胡际权提出新型城镇化是由市场决定资源配置，统筹城乡发展，产业带动力强，非农产业就业充分，农业现代化与信息化、新型工业化同步发展的城镇化实现道路④。单卓然、黄亚平提出新型城镇化是可持续发展的内涵，即以制度改革和体制创新、产业升级与低碳转型、生态文明和集约高效、区域统筹与协调一体为重点内容的全新的城镇化过程⑤。吴殿廷等提出新型城镇化是坚持以人为本，全面提高城镇化质量，以城乡统筹、产城互动、节约集约、生态宜居、和谐发展为基本特征的城镇化，是大中小城市、小城镇、新型农村社区协调发展、互促共进的城镇化⑥。

二　关于城镇化动力因子分析的研究

对城镇化动力因子的研究一直以来都是学者们研究的重点，只有厘清城镇化的动力因子有哪些，才可能"对症下药"地助推城镇化健康发展。

---

① 戎爱萍，郭卫东. 人口迁移与新型城镇化发展研究 [J]. 经济问题，2014 (8)：122 - 125.
② Howard E. Garden Cities of Tomorrow [M]. London：Routledge，2007.
③ 陆大道. 地理学关于城镇化领域的研究内容框架 [J]. 地理科学，2013，33 (8)：897 - 901.
④ 胡际权. 中国新型城镇化发展研究 [D]. 重庆：西南农业大学，2005.
⑤ 单卓然，黄亚平. "新型城镇化" 概念内涵、目标内容、规划策略及认知误区解析 [J]. 城市规划学刊，2013 (2)：16 - 22.
⑥ 吴殿廷，赵林，高文姬. 新型城镇化的本质特征及其评价 [J]. 北华大学学报：社会科学版，2013，14 (6)：33 - 37.

自 20 世纪 80 年代以来，国内外学者从发展经济学视角出发，将城镇化动力机制概括为"推—拉力"作用机制[①]。"推—拉力"作用机制认为乡村的推力和城市的拉力是城市化持续推进的动力：来自农村的推力主要表现为农业现代化的发展导致的农村人地关系紧张和就地改善生活环境难度较大等因素对农业富余劳动力的推力；来自城市的拉力主要表现为工业化扩张下城市在经济收入、个人发展机会和生活水平等方面的优越性对人口产生的吸引力[②]。在"推—拉力"作用机制的基础上，部分学者结合我国特色城镇化背景与格局提出了二元动力机制即"自上而下"和"自下而上"城镇化动力[③]。自上而下城镇化动力来自中央政府，相关研究主要集中在政府制度与政策对城镇发展的推动。自下而上城镇化动力来自农村非农化发展，政策、资金与基层政府的力量对城镇化发展产生了极大影响。

除"推—拉力"理论外，学者还提出了其他的城镇化动力机制，且认为经济发展过程中的各个因素都是城镇化发展的推进动力。李雪萍、丁波认为城镇化的动力主要由外部动力即政治推动力、根本动力即产业推动力和内在动力即文化推动力共同构成，且三者之间是相互联系、相互推动的关系[④]。例如有学者以西藏高原为例，分析了援藏政策对城镇化的作用，认为援藏政策是西藏城镇化的核心动力，但同时也强化了西藏"非典型的二元结构"，城镇缺乏自然发育和自觉成长的过程，缺乏内在的经济利益驱动和活力，经济职能弱，从而导致辐射带动能力不足[⑤]。张杰在其博士学位论文《新疆特色城镇化动力机制研究》一文中，通过对新疆城镇化进程进行分

① 杨万江，蔡红辉. 近十年来国内城镇化动力机制研究述评 [J]. 经济论坛，2010 (6)：18 – 20.

② 卫龙宝，胡慧洪，钱文荣，等. 城镇化过程中相关行为主体迁移意愿的分析——对浙江省海宁市农村居民的调查 [J]. 中国社会科学，2003 (5)：39 – 48 + 206.

③ 张庭伟. 对城市化发展动力的探讨 [J]. 城市规划，1983 (5)：59 – 62 + 47. 崔功豪，马润潮. 中国自下而上城市化的发展及其机制 [J]. 地理学报，1999 (2)：12 – 21.

④ 李雪萍，丁波. 藏区新型城镇化发展路径研究——以四川藏区甘孜县为例 [J]. 西南民族大学学报：人文社会科学版，2015 (2)：110 – 114.

⑤ 唐伟，钟祥浩，周伟. 西藏高原城镇化动力机制的演变与优化——以"一江两河"地区为例 [J]. 山地学报，2011 (3)：378 – 384.

析，指出内源动力是城镇化的重要支撑、外向动力起重要拉动作用，市场动力调节资源配置、政府动力进行宏观调控①。魏冶等人以省区为基本单元，对 2000 年以来我国城镇化发展的动力机制加以考察，结果表明市场力、行政力以及内源力作用较强，而外向力作用较弱，反映了我国城镇化动力机制的内生性特点，长期来看，内源力作用逐渐上升而行政力作用逐渐下降将成为必然趋势。同时，其他动力因子的作用也不容忽视②。例如，徐君等人认为产业集聚对新型城镇化有强大的助推作用，同时新型城镇化对产业集聚区的建设提供了条件③。刘振宇、魏旭红认为大量的农村剩余劳动力是城镇化进程平稳进行的重要供给支撑，并将城镇化动力机制的重要构成重新划分为需求拉动型、供给推动型、外生制度型和内生制度型④。

三　关于城镇化发展的制约因素的研究

前文分析了城镇化的动力因子，相应的，城镇化发展也会存在制约因素。学者认为城乡二元化制度、经济发展落后、产业发展动力不足、自然地理条件限制、环境承载力弱、不同区域及不同类型城市的差异化配套制度等因素成为限制城镇化发展的几大因素。

刘敏、张占仓通过对河南省新型城镇化进程进行研究后，认为制约城镇化进一步推进的主要原因在于人口转移压力大、资金及资源紧张、城市群和中心城市辐射带动能力有限、产业发展对新型城镇化的贡献能力不强等⑤。其中，新型城镇化进程中推进户籍制度改革需要特别关注。钱洁、

① 张杰. 新疆特色城镇化动力机制研究 [D]. 石河子：石河子大学，2011.
② 魏冶，修春亮，孙平军. 21 世纪以来中国城镇化动力机制分析 [J]. 地理研究，2013 (9)：1679 – 1687.
③ 徐君，李巧辉，王育红. 产业聚集与新型城镇化的耦合机制分析 [J]. 资源开发与市场，2016 (8)：983 – 988.
④ 刘振宇，魏旭红. 我国城镇化动力机制研究进展：基于结构视角的文献综述 [J]. 区域经济评论，2013 (3)：130 – 136.
⑤ 刘敏，张占仓. 河南省新型城镇化的制约因素与推进对策 [J]. 经济地理，2016，36 (3)：78 – 82 + 130.

殷建国从公共安全的视角审视我国户籍制度改革，发现在城镇化进程中特别要关注农村进城人口的利益诉求冲突，不同区域及不同类型城市的差异化配套制度、不同时期的政策变动，以及盲目追求城镇化数字等因素可能会带来"逆城镇化"意愿，从而引发安全风险①。李世泰、孙峰华通过构建动力系统结构模型，以烟台市为例进行分析，指出户籍、土地、经济体制产业发展政策、行政区划、城乡二元化等制度阻碍，以及包括农民迁移的户籍成本、小富即安的小农意识和较低的文化素质造成的距离成本、心理距离成本、思想观念和低下的劳动力素质等因素严重制约了城镇化发展进程②。唐蜜、肖磊以四川为例对欠发达人口大县进行分析，发现欠发达人口大县的城镇化水平滞后于全国平均水平30个百分点以上，欠发达人口大县滞后的经济发展并未有效带动城镇化发展，工业化发展对城镇化进程的推进作用微乎其微③。黄亚平、林小如通过对湖北省山区进行全面分析，认为偏远的地理区位、脆弱的生态环境、滞后的经济发展、失衡的城镇空间布局、劳务惯性输出、单一的农业三产化都严重影响了山区县城镇化的发展④。

四　关于"城市病"的研究

"城市病"是指城镇化快速发展过程中所出现的各种不良症状。张广海、龚荷认为环境污染严重、就业吸纳能力疲软、城市日益拥挤、居民生存压力巨大等负面问题已然成为"城市病"的一大标志⑤。王格芳在其博士学

---

① 钱洁，殷建国.新型城镇化进程中推进户籍制度改革的制约因素及其对策 ［J］.中国人民公安大学学报：社会科学版，2016，32（4）：133－140.
② 李世泰，孙峰华.农村城镇化发展动力机制的探讨 ［J］.经济地理，2006（5）：815－818.
③ 唐蜜，肖磊.欠发达地区人口大县城镇化动力机制分析 ［J］.农业经济问题，2014（8）：100－109＋112.
④ 黄亚平，林小如.欠发达山区县域新型城镇化动力机制探讨——以湖北省为例 ［J］.城市规划学刊，2012（4）：44－50.
⑤ 张广海，龚荷.东部沿海地区新型城镇化旅游驱动机制分析 ［J］.经济与管理评论，2015（4）：106－112.

位论文《科学发展观视域下的中国城镇化战略研究》中详细论述了经济社会发展不平衡、大城市和中小城市之间发展不均衡、城市和乡村之间发展不均衡，也是我国多年来在发展方式上存在的弊端，从而成为催生"城市病"的重要因素①。"归根结底，城市病的出现源于快速膨胀的人口与城市资源不协调的问题。"盲目追求城镇化率、土地城镇化率快于人口城镇化率，大规模农民工转移人口导致"半城镇化"严重，"被城镇化"现象等普遍存在。孙振华总结了拉美国家城镇化发展的经验教训，认为缺乏农业发展的基础支撑、城乡一体化的协调机制、政府的合理调控和引导、产业的支撑都会导致城镇化的过程中呈现典型的"过度型城镇化"特征，也即"拉美陷阱"②。

此外，学者们也针对"城市病"提出了一些治理方案。彭文英等人③认为北京"城市病"具有一般性，更表现出首都城市特有的复杂性和异质性。针对北京"城市病"的异质性特征，促进产城融合发展，进一步强化疏解整治与优化提升并举策略，强化实施环北京都市圈发展战略，加快提升环北京地区的"绝对"发展水平，建设群体利益优先的社会价值体系，提升城市精细化管理效率，以人民群众美好生活需求为导向，加强环境污染防治的跨区域协同是治理北京"城市病"的关键。莫神星、张平认为"城市病"影响城市的高质量发展，也影响城市化的健康可持续发展的进程，通过推动新型城镇化绿色低碳发展，推动人们生产方式、生活方式的转型，推动生产方式的绿色化、低碳化和生活方式的城市化、文明化、生态化、低碳化，才能真正以城镇绿色转型发展推动"城市病"治理④。陆铭等人通过对城市人口规模与污染、拥堵之间的关系进行讨论后，否认人口规模扩大带来严重污染和拥堵问题，并提出在城市加强基础设施和公共服务的供给侧改革，加快

① 王格芳. 科学发展观视域下的中国城镇化战略研究 [D]. 济南：山东师范大学，2013.
② 孙振华. 新型城镇化发展的动力机制及其空间效应 [D]. 大连：东北财经大学，2014.
③ 彭文英，滕怀凯，范玉博. 北京"城市病"异质性及非首都功能疏解治理研究 [J]. 学习与探索，2019（9）：128 - 134.
④ 莫神星，张平. 论以绿色转型发展推动"城市病"治理 [J]. 兰州学刊，2019（8）：94 - 104.

外来人口的市民化，可以使潜在的最优城市规模扩大，同时实现经济增长、生活宜居与社会和谐三个目标①。

五 关于城镇化发展路径的研究

在分析了城镇化的内涵、城镇化的发展动力机制、制约城镇化发展的因素以及应避免在城镇化发展过程中出现问题后，学者们同时也对城镇化的发展路径进行了研究。杨传开认为针对当前农民城镇化积极性不高、中小城市吸引力薄弱、农民集中居住问题突出等地方在推进县域就地城镇化过程中面临的关键问题，可重点从增强农民进城定居能力、关注返乡农民工群体、提升中小城市和小城镇吸引力、适度推进农民集中居住、培育建设特色小镇等方面加快县域就地城镇化发展②。而彭斌、芦杨认为针对就地城镇化存在的制度不完善、权责不匹配、产业失衡、利益多元等许多现实藩篱，推进制度改革、优化权责配置、加快产业结构升级、统筹多元利益是推进就地城镇化建设的策略选择③。然而针对不同地区更需要因地制宜，以出台更加适合当地的城镇化推进措施。例如李雪萍、丁波认为在经济落后的西部地区，应完善城市公共服务，加快推进新型城镇化、发展旅游及特色产业，打造高原特色经济，以环境保护为主，发展绿色城镇化④；而对于经济发展较好的东部地区，张广海、龚荷认为要促进产业融合、加强社会就业、推动城镇社会文化发展、推动城镇生态文明建设⑤。在城镇化任务繁重的广大农村，由于经济欠发达，应该科学规划，合理布局，提高小城镇对农民的吸引力，整合

---

① 陆铭，李杰伟，韩立彬. 治理城市病：如何实现增长、宜居与和谐？［J］. 经济社会体制比较，2019（1）：22－29＋115.

② 杨传开. 县域就地城镇化基础与路径研究［J］. 华东师范大学学报：哲学社会科学版，2019，51（4）：114－122＋187－188.

③ 彭斌，芦杨. 乡村振兴战略下就地城镇化发展路径析论［J］. 理论导刊，2019（12）：85－89.

④ 李雪萍，丁波. 藏区新型城镇化发展路径研究——以四川藏区甘孜县为例［J］. 西南民族大学学报：人文社会科学版，2015（2）：110－114.

⑤ 张广海，龚荷. 东部沿海地区新型城镇化旅游驱动机制分析［J］. 经济与管理评论，2015（4）：106－112.

教育资源，全面提高农民的整体素质，强化产业基础，推进农村城镇化持续发展，发挥市场主导力、政府引导力的作用，保证农村城镇化健康发展。

此外，以工业化推动农村城镇化，加快体制创新，促进农村人口向城市转移，加强城镇基础设施建设，完善城镇各项功能，加快推进与城镇化相关的制度改革，重视工业化推进过程中的产业结构升级，整合教育资源，全面提高农民的整体素质，促进城镇化动力的多元化是促进城镇化健康发展的有效途径①。

第二节　相关概念及范畴界定

党的十八大明确提出了"新型城镇化"的概念，显然新型城镇化属于"内涵式城镇化"的范畴，它是相对于"外延式发展"的旧城镇化而言的，即它是从"质"的方面对城镇化发展所作出的新要求。具体来说，本研究所述的新型城镇化是指"以科学发展观为引领，以促进人的全面发展与构建和谐社会为目标，以市场机制为主导，强调产业支撑并强调新型工业化、信息化和农业现代化互动发展，以统筹兼顾为原则，城市化和农村城镇化并举，并以全面提升其质量和水平为重点，走集约、智能、绿色、低碳、个性鲜明、城乡一体、大中小城市和小城镇协调发展的城镇化建设路子"。在贵州，推进山区城镇化面临着这样几个"约束条件"：边缘性和封闭性、脆弱的生态本底、经济结构的单一性、传统文化的厚重性、城镇空间布局的离散性。这就是说，推进山区特色新型城镇化显然除了要符合新型城镇化的要旨外，对贵州省来说可能还有一些更加重要、更为特殊的内涵特征。

---

① 朱红根，翁贞林，康兰媛，邱晓平. 中部欠发达地区城镇化驱动机制研究［J］. 农村经济，2006（3）：93 - 95；沈正平. 优化产业结构与提升城镇化质量的互动机制及实现途径［J］. 城市发展研究，2013（5）：70 - 75；王健，张悦玲. 三化同步背景下县域经济与城镇化协调发展机制研究［J］. 北方经济，2011（14）：5 - 7；邱晓平，翁贞林，朱红根. 江西农村城镇化驱动机制研究［J］. 江西农业大学学报：社会科学版，2004（4）：59 - 62.

一 概念界定

1. 城镇化

城镇化是具有中国特色的城市化定义，概念英文单词为 Urbanization，国际惯例和学术界将其翻译为"城市化"，用来描述传统农业社会向现代文明社会转型的历史发展过程。1982 年中国城市与区域规划学和地理学专家在"中国城镇化道路问题学术讨论会"上明确指出，城市化与城镇化的意义相同。关于"城镇化"与"城市化"概念的区别与联系，不同国家和不同发展阶段的定义不同，其中城市化是人类社会向现代化发展的必然趋势、必经过程、必然结果，而城镇化是我国结合国情、发展阶段和发展模式后制定的特色城市化发展路径。我国对于城市的定义在城市规划法中明确规定，指按照行政建制设立的直辖市、市、镇，可以看出城市范畴包含建制镇，并且在 2001 年我国国民经济和社会发展第十个五年计划纲要中提出，城镇化是我国实现现代化发展的必然道路。

城镇化的深层次内涵在不同学科体系中具有不同的界定。例如，经济学领域学者认为城镇化是在空间体系下随着人口的集聚和规模扩张，实现人口和经济向城镇的集聚，继而带来的经济结构的升级和优化，更加强调城镇化进程中经济结构的转变过程。地理学领域专家认为城镇化是人口从农村转向城市并在城镇集中，由此带来城镇的工业和服务业集聚、劳动力集聚和消费区位集聚的地理空间变化，更加关注由城镇化带来的地理空间演变规律和空间变化过程。社会学领域专家认为城镇化是物质和精神文明的提升，城镇化进程使农村的生活方式向城市或城镇转变，包含城市中心对周边农村的影响及传播过程、全社会人口对城市文化的接受程度提高、人口集中在城镇并促使城镇范围扩大及非农人口占总人口的比例提高等。人类学领域专家认为城镇化是乡村人口向城市集中转化过程中促使人们的思想观念、文化素质、思维方式、社会地位等方面向更高水平的转化及提升，强调城镇化的精神文明。对于城市规划学领域学者来说，城镇化是人口在城市或城镇集中转化过程中，促使土地性质由农业用地、农村集体土地转为国有建设用地而不断推进城镇经济社会发展的过程，并非城镇地域景观的简单外延。

本研究认为城镇化是农村人口向城镇转移、工业和服务业向城镇集聚、城镇数量增加和城镇规模扩大的历史进程，是社会文明发展的必然历史过程，是物质文明发展的结果和精神文明进步的动力。城镇化的核心是人口就业结构、经济产业结构的转变过程和城乡空间结构的变迁过程，其本质特征主要体现在人口的空间集聚转化、非农产业的空间集聚、农业劳动力向非农产业转移等。总结为以下几点转变：第一，农村人口和农业劳动力向城镇转移；第二，工业和服务业向城镇转移集聚；第三，地域空间特征和城乡景观空间转变；第四，城市生活方式向城镇范围的扩散和渗透。

2. 新型城镇化

"新型城镇化"概念是相对传统城镇化提出来的。新型城镇化重点在"新型"、突破在"新型"、挑战在"新型"，相对于传统简单的城镇化内涵而言，新型城镇化的"新型"主要表现在新的发展方式和新的发展目标。传统城镇化的发展目标主要表现在城镇人口的发展速度和规模上，衡量依据多为城市建设投资、城镇建成区面积、城镇人口规模、城镇人口增量、城镇化率增幅等。

当前，全国经济从高速发展进入高质量发展时期，简单的城市人口数量增长和城市规模扩张已不能适应高质量发展阶段的内在要求，新时代城镇化发展的主要衡量标准不再是城镇化发展速度和城镇化率的增幅。相对于过去传统的、粗放式的城镇化发展造成大量资源浪费、生态环境污染严重、资源利用效率低下、要素投入产出比率不平衡等困境，新型城镇化要走符合我国现代化发展要求的新路径，因此，学者提出我国需要走出一条有中国特色的新型城镇化道路。新型城镇化是以经济内涵式增长、资源集约式利用、区域一体化发展、城乡统筹为主要的发展方式，旨在实现以经济发展与社会和谐、人的发展与自然环境和谐、城市发展与乡村发展融合为主要目标的城镇化，是以人为本、城乡融合、可持续发展的城镇化。

综上所述，新型城镇化的内涵不仅要实现农村人口向城市转移使城市人口总量增加，产业结构和就业结构上表现为从一产向二产、三产的集聚转变，城市土地利用从农业用地转变为城市建设用地，促使城市面积扩张，更多体现在产业结构、生活方式、城市文明、人居环境、社会保障等一系列由"乡"到"城"方面的重要转变，集中体现在以人为核心的经济、社会、空间的转变与协调发展。新型城镇化的含义如表 1 - 1 所示。

表 1 - 1　新型城镇化含义

序号	内容	内涵	作用
1	人口	人口从农村转向城市由此所带来的城镇基础设施、基本公共服务和城镇人口文明素养的提高	核心内容
2	经济	随着人口的集聚，集聚效应和规模效应的作用下人口、经济向城镇集中，促使经济结构的转换	内生动力
3	社会	城市文化、生产方式、生活方式、城市文明、价值观念等在城镇化的进程中向乡村扩散的变化	主要载体
4	空间	农业用地转变为城市建设用地，城镇地域范围的空间扩张，产业集聚，城镇等级体系的扩大	意识形态

3. 山地特色新型城镇化

山地特色新型城镇化是贵州在国家新型城镇化的基础上，根据自身地貌特征和经济社会发展水平提出来的，并上升为全省经济和社会发展的带动战略。山地是地貌类型中的一种，广义的山地还包含丘陵和崎岖不平的高原。黄光宇教授将山地城镇定义为城镇建设用地的坡度大于 5 度（8.75%）的城镇，突破了原有的山地城镇的海拔高度限制。贵州高原山地占国土面积比例较大，城镇选址、规划、设计、建设的共同特点均是在平坦坝区，但是城镇周围的地形地貌复杂，故对城镇的空间布局、交通组织、气候环境以及发展形态产生了较大的影响。

目前，全球经济结构深度调整、增长动力不足；我国经济迈入增速换挡、结构优化、动能转换阶段；贵州经济面临"后发赶超、跨越式发展"和"提速增效"转型升级。为积极适应新常态下经济发展新趋势和新特征、守住发展和生态两条底线，培植全省后发优势、发挥后发潜力、奋力后发赶超，贵州省结合省情和城镇化发展水平，提出建设山地特色新型城镇化示范区，重点突出五个"新"和五个"特"的发展内涵（见表1-2），并建设成为西部地区新型城镇化试验区和示范区目标。

表1-2　山地特色新型城镇化的发展内涵

序号	内容	内涵
五"新"	新的目的	注重以人为本，加快推进农民向市民转变，提高人的城镇化发展质量，实现农村转移人口真正融入城市（镇）
	新的内涵	重点突出集约绿色、转变生产方式、生活方式、消费模式，强化优化传统文化、民族文化、历史文化传承与创新
	新的路径	重在推进城乡统筹，强化产业就业支撑和"四化"的重要融合点，推广"1+N"镇村联动模式，加快就地就近城镇化，实现城乡一体化发展
	新的机制	重在市场调节、政府引导机制创新，发挥好市场在资源配置中的决定性作用，促进城乡人口、资源等要素自由流动
	新的体系	注重空间优化布局，加快发展黔中城市群和建立"多规合一"的空间规划体系，促进城镇协调发展，探索山地城镇规划建设新型管理模式
五"特"	特色的自然生态	注重人与自然的和谐共生，秉承"绿水青山就是金山银山"的理念，实现百姓富与生态美有机统一，加快生态文明先行示范区建设
	特色的城镇形态	山地地貌的城镇空间形态突出集群式、组团式、点状式、串珠式布局，多"蒸小笼"，不"摊大饼"，促进城镇绿色发展、健康发展、精明增长，实现山水、田园、林地、城镇有机融合
	特色的产业业态	突出绿色高端、新兴特色的产业定位，壮大大数据和大健康等战略性新兴产业，充分挖掘传统产业潜力，延伸新兴产业链，拓宽产业融合渠道，实现产业绿色化、绿色产业化，拓宽产业导向的就业渠道
	特色的民族文化	发挥多元文化的"异质"和"合一"特质，在保护中传承，在传承中创新，在创新中发展，实现民族文化、地域文化交相辉映，各美其美、美美与共
	特色的建筑风貌	将文化融入建筑设计，既显山露水也错落有致，现代与传统风貌协调，保留地域特色、时代特点，突出山地城镇建筑空间格局的和谐共存

二　贵州省新型城镇化的内涵

1. 以人为本的人的城镇化

新型城镇化的核心是"人"的城镇化，包含两层意思，一方面是要实施均等化的公共服务以促农民工"市民化"——要让农民进得来、留得下、有尊严；另一方面是要让暂时还留守在农村的农民过上和城市居民一样的生活以及享有同等的公共服务①。

2. "绿色""生态"乃贵州山地特色新型城镇化之基

实施山地特色新型城镇化切勿一味模仿大中城市尤其是东部发达地区"摊大饼"式的、"村村像城镇、镇镇像农村"小规模分散的城镇化，因为贵州的资源环境承载能力非常有限，绝不允许这样的"大手笔"。也就是说，贵州要因地制宜走资源节约型、环境友好型的城镇化，要始终坚持"发展"与"生态"两条底线，而且在城镇化推进中"生态环境保护"与"民族传统文化保护"也要一起抓，不能顾此失彼，否则也不是绿色化、生态化发展。

3. "高效""融合"乃贵州山地特色新型城镇化之源

山地特色新型城镇化是一种"高效"的城镇化，这里的"高效"至少有如下几重要义：一是资源或要素配置的高效化；二是具有较高的投入产出效益，即发展山地特色新型城镇化能产生显著的经济效益；三是发展山地特色新型城镇化能化解许多社会矛盾或问题，产生显著的社会效应。一定程度上讲，如果违背这个"高效"原则，所谓的城镇化建设就可能是舍本求末，也许还是一种霸王硬上弓式的为城镇化而城镇化。另外，贵州在建设山地特色新型城镇化过程中，切勿将"城镇化"置于"工业化"、"信息化"和"农业现代化"之外来建设。因为只有"四化同步"融合发展，贵州山地特色新型城镇化建设才能获得不竭的动力，才能永续发展。尤其是在与"农

---

① 李华红. 西部山区新型城镇化建设的"人文情怀"考量与战略抉择研究——以贵州省为例
[J]. 理论月刊, 2015 (5): 130 - 135 +136.

业现代化"融合发展方面,贵州更是有得天独厚之条件,其理由是:大自然赋予了山区很多平原和城市所不具有的资源优势条件,如因海拔高差而形成了多层次生物圈,因光、热、水、湿等条件的不同而形成了名特优的农产品,以及特殊的地形地貌所蕴藏的矿产资源、山清水秀的自然风光等都是山区人的"本钱"。因此,发展山区特色城镇化就一定要坚持"靠山吃山、靠水吃水"的原则,即要以开发和利用当地的特色产业(如农业、工业等)①,并且辅以一定的信息或技术为支撑来推进城镇化建设。切勿为了政绩、GDP或为了城镇化而搞城镇化,更不可搞有城无市或有人无市的"空壳"城镇化。

4. "集约""协调"乃贵州山地特色新型城镇化之盾

贵州在实施山地特色新型城镇化过程中,一定要"有所为有所不为",要懂得"取舍",要根据不同空间尺度"量体裁衣",要本着合理开发、合适开发、道法自然以及成本最小、聚集力最强的原则进行城镇化建设,即要坚持走集约型城镇化道路。与此同时,还要处理好"协调"之要求,即除了协调处理好大中小城市之间以及大中小城市与小城镇之间的关系外,还应通过农村城镇化为突破口和战略重点来推动贵州城镇化建设,如此才能彰显山区特色,符合山区实际。这里要加以区分两个关系,即"城市化指人口向城市的集中过程,农村城镇化指农村人口向县域范围内城镇的集中过程或者说是形成小城镇的过程"。那么为什么说要以农村城镇化为战略重点和突破口呢?原因将在后文中分析,这里略去。

5. "特色""多元"乃贵州山地特色新型城镇化之依

贵州山区真可谓"十里不同景",仅从地理历史文化的角度来说,就具有很鲜明的自然山水文化、民族文化、历史文化、长征文化、阳明文化、土司文化、三线文化等,若能将这些特色"文化"按实情"巧妙"地融入新型城镇化建设,则其个性特点、主题特色彰显。总之,贵州建设山地特色新型城镇化没有一个固定的模式,主要是应立足当地资源禀赋,依山就势,道

---

① 李华红. 西部山区新型城镇化建设的"人文情怀"考量与战略抉择研究——以贵州省为例
[J]. 理论月刊,2015(5):130-135+136.

法自然，宜工则工、宜农则农、宜商则商、宜贸则贸、宜游则游，走多元化的城镇化发展道路。从某种意义来讲，特色就是内生动力，特色就是"激情"，特色就是一种文化传承，一种特色也许就是一种模式，多种"特色"汇集于一体就成就了贵州多元型城镇化道路。

6. 社会意蕴：城乡统筹城镇化

即新型城镇化应注重城乡互补、城乡一体化发展，不能像旧城镇化那样走"重城轻乡"式的城市优先发展道路。当然，城乡一体化并不是说城乡"一样化"发展，即不是要将农村都变成城镇，而是指城乡要素市场一体化、城乡产业布局和生态环境一体化，以及城乡公共服务均等化所致社会发展一体化的理想状态。

7. 价值意蕴：内源式城镇化

即新型城镇化绝不能像旧城镇化那样搞"造城运动"，亦即新型城镇化不是"房地产化""土地城镇化"，原先那种"圈钱""圈地""圈人"的推进方式与新型城镇化本意格格不入，新型城镇化更强调内在质量的转型提升。

8. 辩证意蕴：协调型城镇化

即新型城镇化不能像旧城镇化那样存有"重大轻小、重城轻镇"倾向，其强调的是城市群、大中小城市和小城镇协调发展的城镇化。

9. Logo 意蕴：品牌城镇化

新型城镇化不是千城一面、产业雷同的城镇化，而是传承了自身文脉、注重特色塑造的城镇化。一定程度上讲，新型城镇化建设要求相关的"产""城""景""文"能融合互动，也可近似地认为"城"与"产""景""文"是一一对应的，或曰"一业""一景"就代表了一种品牌、一种文化，就是这个"城"的 Logo。

总之，新型城镇化除了要求城镇本身在规模、布局、功能等方面的协调一致外，它还是人口、产业、生态、社会、城乡五位一体的城镇化，但又以"人的城镇化"为核心要义和最终的落脚点。

三 贵州省新型城镇化的山地特色

贵州是典型的山区省份，地处中国西南部，境内地势西高东低，自中部向北、东、南三面倾斜，平均海拔在 1100 米左右。贵州高原山地居多，素有"八山一水一分田"之说。全省地貌可概括分为高原、山地、丘陵和盆地四种基本类型，其中 92.5% 的面积为山地和丘陵。境内山脉众多，重峦叠嶂，绵延纵横，山高谷深，是没有平原支撑的省份。同时贵州岩溶地貌发育非常典型。喀斯特地貌面积 109084 平方千米，占全省总面积的 61.9%，境内岩溶分布范围广泛，形态类型齐全，地域分布明显，构成一种特殊的岩溶生态系统①。由于长期不合理的农业开发方式，一些地区石漠化问题较为严重，生态十分脆弱，生态修复任务重。山地面积占比高和生态脆弱的特征决定了贵州省不能像其他有平原支撑的省份那样，在平原上建立城镇，并且可以通过若干环城圈向外平面铺开发展城市，扩大城镇容量。这就决定了其新型城镇化必须围绕山地做文章。贵州新型城镇化的重要方向就是以山地为特色的城镇化，必须走符合自己特色的山地城镇化之路。

集中做大"一核多组团式"的中心城市。构建以综合性的城区为核、若干功能城镇（园区）为节点的"一核多组团式"中心城市。培育中心城市的集聚和辐射功能，加大中心城市集约紧凑程度，完善城市配套设施②。同时不能像平原地区那样大片地发展，要选择组团式的、点状式的布局发展，通过现代交通干线把各点连接起来，组成现代化大都市。要依托高速铁路、高速公路构建都市化格局，快速推进以贵阳—贵安为核心的黔中城市群发展，着力推进区域性中心城市组团发展，不断提升贵阳市在全国区域性中心城市地位。

重视小城镇、县城的发展，均衡布局重点镇和一般镇。以县城和重点镇为公共服务均等化的空间载体，结合地方能源矿产开发与加工、生物资源及农副产品加工贸易、自然和人文旅游资源利用等资源主导型产业的发展布局，以小城镇为主体形态，推进山地城镇化进程③。

---

① 百度百科，https：//baike. baidu. com/item/贵州地理/17282613？fr = aladdin.
② 樊杰，王强，周侃，陈东. 我国山地城镇化空间组织模式初探 [J]. 城市规划，2013，37 (5)：9 – 15.
③ 樊杰，王强，周侃，陈东. 我国山地城镇化空间组织模式初探 [J]. 城市规划，2013，37 (5)：9 – 15.

四 贵州省城镇化的"新""特"体现

（一）"新"的体现

贵州山地特色新型城镇化的"内涵"具有自身特色，并不是简单的城镇人口增加和城市面积扩张，贵州省山地特色新型城镇化的"新"主要体现在 5 个方面。

新在目的上。山地特色新型城镇化战略首先强调人的城镇化。贵州新型城镇化更加注重以人为本，推进农民市民化，使农村转移人口真正融入城市。

新在内涵上。把生态文明理念融入山地特色新型城镇化实施全过程，倡导绿色生产方式、生活方式和消费模式，促进城镇发展方式转型升级、提质增效。

新在路径上。更加注重城乡统筹，促进城镇从外延式扩张转变为内涵式发展，强化产业就业支撑，不再一味地、人为地、盲目地去造城。

新在机制上。发挥市场调节和政府引导的作用，有效发挥市场在资源配置中的决定性作用，推动要素自由流动和人口自由迁徙。促进城镇化与工业化、信息化和农业现代化同步发展，形成产城互动、融合发展的新格局。

新在体系上。更加注重优化布局，采用集群式、组团式、点状式、串珠状布局，既要加快培育城市群，又要提升中小城市和小城镇的功能，探索多山地、多民族、生态型的新型城镇化道路。

（二）"特"的体现

贵州是一个山区省份，山地特色新型城镇化必须因地制宜、因势利导，不能求大，也不能求洋，只能求特。贵州山地特色新型城镇化的"特"要突出 5 个方面。

特在自然生态上。习近平总书记指出，要让城市融入大自然。推进新型城镇化要秉承"绿水青山就是金山银山"的理念，更加注重以人为本、道法自然，实现百姓富、生态美两者有机统一。

特在城镇形态上。坚持不走"摊大饼"老路，多下"蒸小笼"功夫，构建蓝绿交织、清新明亮、水城共融、多组团集约紧凑发展的生态城镇布局，实现山水、田园、林地、城镇有机融合。

特在产业业态上。统筹推进新型城镇化与新型工业化，因地制宜选择发展大数据、大健康、大旅游等新兴产业，用信息化、绿色化改造提升传统产业，打造具有市场竞争力、可持续的现代产业体系。

特在民族文化上。文化对于城市来说好似空气，视之不见但真实存在并至关重要，文化是城市发展的灵魂。在推进新型城镇化进程中，要加强民族文化元素应用，增强城镇识别性和阅读性，推动民族文化、地域文化各美其美、美美与共。

特在建筑风貌上。建筑是城市的音符和图画。贵州民间建筑风貌别致，既有各具特色的黔北民居，又有少数民族风雨桥、鼓楼、吊脚楼等。要坚持既要经济适用也要特色鲜明，推动建筑融于当地自然环境、人文生态，显山露水、错落有致，杜绝"千城一面""千楼一貌"，实现不同时代、不同地域、不同风格建筑交相辉映。

第三节　理论基础

一　复杂系统理论

系统论是 20 世纪 30 年代冯·贝塔朗菲（L. V. Bertalanffy）创立的，系统论成为不同学科解决各种复杂问题的基本方法论。复杂系统理论中系统性是其核心原理，将研究对象或者问题看成一个有机整体，认为系统是由众多要素以及子系统组成，子系统之间相互联系、相互作用、相互依存和彼此影响，并且不断地与外界环境发生流的交换，从而形成具有一定形态结构、关联功能的有机复合体。其系统整体的结构、功能是由其组成要素或子系统的结构、功能共同决定的，系统的发展、演化是由其组成要素之间相互耦合而引起的。同时，复杂系统具有整体性、多元性、相关性、动态性、层次性、开放性和协同性的特征，主要表现在系统与外界环境之间的依存和相互作用的关系。因此，学术界在探讨研究对象或问题的本质时常采用复杂系统理论的观点和方法。

圣塔菲研究所（SFI）认为复杂系统存在两类演化系统——非适应性演化系统和适应性演化系统，主要关注的是适应性演化系统中产生的复杂性，著名遗传算法之父约翰·霍兰（John Holland）于 1994 年将其定义为复杂适应系统，简称 CAS[①]。新型城镇化是一个由人口、经济、社会和空间构成的开放系统，各子系统在时间和空间维度上不断发展和演变，城乡资源重新配置、生产要素流动均表现出复杂适应系统的自组织特征。在关于新型城镇化的探讨中，学术界认为新型城镇化是一个开放的、动态的、非线性的、多子系统共同组成的复杂系统，主要表现在结构、关系、行为、评估、建模等方面，因此系统科学和复杂系统理论在解决新型城镇化建设系统复杂特征中表现出较强的综合性、跨学科性和方法论的普适性。关于复杂系统理论在区域协调发展的应用研究，段丹华提出区域的综合系统及子系统之间在共同演化、进化和发展过程中保持利益平衡，复杂系统理论为整体把握区域协调发展机理的宏观分析提供了理论和方法，实现功能分工，推进区域协作，并建立相关的制度来调节矛盾和冲突，实现整体协调发展[②]。由此可知新型城镇化的建设是一项大而复杂的工程，相关研究也需要从系统、全面的角度来审视、分析和思考新型城镇化系统的内涵和体系。

二　协同学理论

协同学理论是 20 世纪 70 年代由赫尔曼·哈肯（H. Haken）在一般系统论的基础上提出来的，并且哈肯指出协同现象普遍存在于现实世界之中。系统由无序向有序转变是通过系统内部各子系统之间的自组织协同作用来实现的，系统内部各子系统之间存在相互联系、彼此影响和协调一致的共同作用，这种联系、影响和协调一致的关系被称为"协同"。协同作用和协调程

---

① 张林研. 新型城镇化建设系统的内涵体系和复杂性研究 [D]. 广州：广东技术师范学院，2015.

② 段丹华. 基于复杂系统理论的京津冀区域协调发展研究 [D]. 天津：河北工业大学，2007.

度决定了系统在达到临界状态下由无序走向有序的不同阶段，协同学的框架
包含不稳定原理、支配原理、序参量和自组织原理，系统自组织取决于少数
序参量的变化，参量变化引起涨落，引诱系统演化和结构变化，而认识新的
有序结构，放大非线性相关作用的关联和序参量的形成，加快系统的进
化①，耦合协调度则有效度量系统由无序转变为有序过程中系统内部各个序
参量之间的协同作用的大小。

协同学理论在解决我国新型城镇化进程中出现的城市土地利用的外延式
扩张、资源利用效率低下、结构不合理和规划管理粗放等问题的协调有序发
展上提供了有效途径②。此外，协同学在新型城镇化建设的社会管理体制、
公共服务供给方面均取得显著的成效，徐大伟等指出协同学理论和机制设计
理论是我国新型城镇化、工业化和农业现代化同步发展的理论基础和保障条
件，有利于"三化"在系统协同条件下经济利益趋同，从而产生同步效
应③。新型城镇化是我国现代化建设的历史任务，是扩大内需、刺激消费、
加快发展的潜力和动力源泉，因此需处理好经济发展和环境保护、要素融合
和产业集群、资源利用和技术创新等之间的关系，因势利导，趋利避害，积
极引导城镇化自组织系统的协同健康发展。

三　区位理论

（一）地区差异理论

受地理空间的差异影响，不同地区的自然条件、经济发展水平、经济规
模在空间上表现为地区差异是必然的。区位理论认为工业集聚区拥有不同区
位，导致人口、物质、资源等要素的空间集聚程度不同，整体来看，城市领
域的集聚程度较高，在促进城市高质量发展中具有比较大的潜力和优势，主

---

① 刘岩. 城市再生资源协同管理研究［D］. 大连：大连理工大学，2009.
② 王雪莲，汪波. 基于协同学理论的城市土地利用协调发展研究［J］. 中国地质大学学报：
社会科学版，2007（1）：63－67.
③ 徐大伟，段姗姗，刘春燕. "三化"同步发展的内在机制与互动关系研究——基于协同学
和机制设计理论［J］. 农业经济问题，2012（2）：8－13，110.

要由个别增长点带动周边地区的发展，促进地区经济增长和城市经济发展。城镇化水平与区域人口的空间集聚程度、分布差异、地理位置、交通条件、历史基础、设施现状、产业结构、经济重心、文化程度及科技创新水平、协作配套条件等因素是息息相关的，这些因素产生不同的经济价值，导致经济驱动创新力和空间运动形式存在差异，从而影响城镇化水平。

（二）资源禀赋理论

资源禀赋又叫要素禀赋，广义上指与经济增长关系比较密切的生产要素，如自然资源、人力资本、资金、技术、对外经济关系等，不同地区的资源禀赋差距较大[①]。传统经济理论认为不同区域的经济发展水平主要取决于不同的资源禀赋优劣，20世纪中期以前，发展经济学一致认为资源禀赋与经济增长之间具有显著的正相关关系。1993年，美国经济学家奥蒂首次提出"资源诅咒"，指出资源禀赋优越阻碍经济增长，随后资源禀赋与经济增长的悖论关系研究演变为发展经济学的研究热点，相关的实证研究均表明自然资源禀赋与我国地区经济增长的总效应是负相关的关系，对城市化进程产生限制作用；并得出优良的制度、物质资本、科技创新和人力资本对区域经济增长的贡献较大，有利于以资源助推经济增长。

（三）比较优势理论

李嘉图认为不同国家的劳动生产率差异是机会成本差异的根本原因，不同的国家之间根据相对优势进行生产和交换，最后实现获利的双赢局面[②]。赫克希尔－俄林理论认为生产要素的比较优势增加了区域不同商品的产出规模，国家应该出口需要丰富要素禀赋生产的商品，进口需要扩大要素禀赋生产的商品，从而获得比较优势[③]。现代经济学则指出劳动力是比较优势理论中的关键要素，且不同情形下多要素比较优势难以解释，因此不同国家的企

① 赵丙奇，李玉举. 30个省市经济增长的资源禀赋状况研究［J］. 财经科学，2006（2）：99－106.
② 李曼. 比较优势理论与竞争优势理论关系探究［J］. 国际商务研究，2008（6）：19－21，52.
③ 欧玉芳. 比较优势理论发展的文献综述［J］. 特区经济，2007（9）：268－270.

业或产业发展水平、内容和技术可获得性的差异形成内生比较优势，影响区域分工、要素流动和劳动生产率，形成不同的规模收益，对区域经济产生不同的效益。从不同城市的专业分工精细度来看，宏观表现在资源配置、劳动力要素成本、产业结构和布局上的动态转化，以分工强化城市产业转型升级、技术进步来培育城市比较优势，促进经济发展，提高区域城镇化的协调水平。

（四）要素流动理论

新经济地理学认为不同区域间的要素流动不仅提高要素的边际生产效率，影响和改变地区产业结构，还能激发更多闲置的劳动力和资本要素参与生产，促进经济的增长。生产要素在经济规律的作用下自由流动有利于缩小城乡差距，加快城乡融合，推动城镇化发展。要素流动与产业转移相辅相成，但是不同要素在空间区域的流动方式不同，并且不同要素流动的依据随着区际产业结构和分工体系的演变而不同。生产要素在空间上的流动会带来产业的转移，劳动力和资本等要素流动导致产业产值动态转移，影响劳动力人均收入的高低[1]。劳动力、资金要素分别凭借地理空间的连接性和经济发展的不同水平、生产环境的差异对产业转移产生负面影响，技术流动凭借科学及技术水平的差距，且流动性高达某一临界值时将扩大区域经济差异水平，制约城镇化和经济发展水平，加重"城市病"的蔓延。

四 城镇等级理论

1932 年克里斯塔勒通过对经济空间结构的描述提出了中心地理论。该理论的中心地可理解为城市或城市中心，指在一个区域内居民所居住的周边地域，尤其是给农村地区的居民提供各种商品和服务的地方，城镇等级的分布呈现明显的正六边形特征，即任一级别的城镇周围都有六个次一级别的城镇分布[2]。由于城镇等级的划分依据众多，例如非农业人口规模、城镇占地

① 王晓芳，于江波. 中国产业结构变动驱动要素的动态轨迹——基于新古典经济学要素流动视角的研究 [J]. 上海经济研究，2015 (1)：69 - 80，88.
② 周锦. 基于 GIS 的内蒙古城镇化水平空间分布特征及影响因素研究 [D]. 呼和浩特：内蒙古大学，2015.

规模、行政级别、城镇社会经济综合发展指数等，故形成多种分类体系。我国城镇的等级主要划分依据为人口规模，我国城镇分为国际性城市、区域中心城市、省级中心城市、地级中心城市、县级中心城镇和一般集镇等。整体而言，城镇等级理论认为等级越高，提供的消费品等级越高、服务类型越多、吸纳能力越强、综合竞争力越大，并且高一级城镇可以提供次一级城镇需要的全部消费品和服务。

城镇等级与城镇规模息息相关，等级越高，规模越大，资源集中程度越高，城镇的集聚力和扩散力越大[①]。城市的发展主要依靠经济的驱动，根据城市综合发展指数、影响能力划分城市等级已是大势所趋，但是城镇等级体系是一个独立的复杂地理区域系统，是不同地域和功能分工相互耦合组成的有机体系，强调区域的整体性、系统性和层次性。根据城镇等级体系的划分依据和标准，特定地域系统中城镇等级越高则其规模越大，数量越小；反之，城镇等级越低则其规模越小，数量越多，并且区域的城镇等级体系具有典型的金字塔结构特征。

五　诺瑟姆曲线理论

美国城市学者诺瑟姆（Ray M. Northam）1979年根据发达国家城镇化的发展过程，提出"城市化过程曲线"，把一个国家和地区城镇人口比重的演变历程概括为一条稍微被拉平的"S"形曲线，即呈现一条"逻辑斯蒂"曲线，并将城镇化过程分为城市水平较低且发展较慢的初级阶段、人口向城市迅速聚集的中期加速阶段和进入高度城市化以后城镇人口比重的增长又趋缓慢甚至停滞的后期高质量阶段等三个阶段。

起步期城市化水平低于25%，发展水平低，速度缓慢，历经时间长，区域处于传统农业社会状态。中期加速阶段（加速期）城市化水平超过30%，城市人口快速增加，城市规模扩大，数量增多，城市人口占区域人口

① 刘艳. 基于土地利用视角的黑龙江省城镇等级、规模与功能的关系研究［D］. 哈尔滨：东北农业大学，2015.

比重达 60% ~70%，"城市病"开始显现。后期高质量阶段（成熟期）城市化水平高于 70%，经济发展以第三产业和高新技术产业为主导，城市人口增长速度趋缓甚至出现停滞，城市人口增长处于稳定或减少的发展时期，城乡发展剪刀差进一步缩小，区域空间一体化加快。关于城镇化发展阶段的研究，有学者尝试使用 Logistic 模型对城镇化发展的 "S" 形曲线进行测算，验证了城镇化进程的阶段性规律，与诺瑟姆曲线理论相一致。白志礼等通过模型测算我国四大区域城镇化的发展规律，发现城镇化率达到 30% 和 70% 时分别进入第二阶段和第三阶段①。城镇化发展的规律如图 1-1 所示。

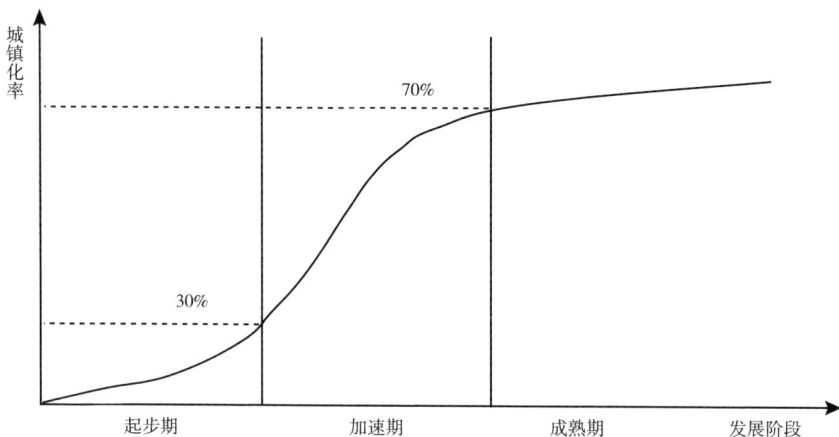

图 1-1　诺瑟姆 "S" 形曲线示意

　　结合 CAS 理论，新型城镇化发展阶段的形成是自组织系统在复杂性与有序性整体上涨落的结果，系统向自组织的临界状态不断发展，在经济、社会、产业、空间等不同层次系统、不同要素间的多重作用下，城镇化系统向稳定阶段发展。结合诺瑟姆曲线发展阶段理论，起步期是系统的涌现生成阶段，生成主体通过自组织系统生成，不断与外界交互产生系统的整体涌现，城市化进程开始缓慢发展；加速期是系统的协调发展阶段，系统外界的物

①　白志礼，张绪珠，贺本岚. 中国四大经济区域的城镇化发展特征与趋势比较 [J]. 软科学，2009（1）：104-108.

质、能量、信息熵增加，城镇化进程在波动中加速，系统间通过非线性竞争与协同不断涨落并向高级稳定发展状态演化；成熟期是系统的临界相变阶段，当系统涨落达到临界阈值时，原本稳定的系统结构发生相变，向更加高级有序或混沌的状态发展。

在复杂的社会经济系统中，市场的联系与要素流动为城镇发展架起了重要的经济纽带。城镇化系统较复杂，不同等级城镇之间的自组织系统和他组织系统的要素和发展环境有所不同，本研究重点关注新型城镇化自组织系统的协调发展。协调指系统及要素之间互相适应、相互配合、共同协作、彼此促进共同呈现的一种良性循环状态，进而推动系统的总体目标向更高层次发展。本书中协调发展的内涵是指区域新型城镇化自组织系统间的耦合协调发展，表现在城市与农村、区域之间，城镇化系统的人口与经济、社会、空间等系统及要素间的相互影响、配合、协作并促进区域新型城镇化系统达到良性循环的态势，实现城乡一体化的发展目标。新型城镇化自组织系统的结构从单一到复杂、从无序到稳定、从低级到高级的变化是系统自身协同发展、适应外部环境的内在表现，城镇依托其不同的空间区位、经济环境、人口规模、生产要素等物质载体，结合城镇化所处的发展阶段来制定区域产业分工及城镇发展战略，加强了城市与城镇之间的联系，以产业集聚带动城市的综合发展，进而影响城镇的现代化发展水平、发展质量和协调水平。

六 相关理论基础

（一）农业剩余学说

农业的发展在劳动力和资本的剩余方面为城镇提供生产要素。城镇的发展要求劳动力和资本增加和集中，这些生产要素很大一部分是由农业剩余中的劳动力和资本来提供，城市经济的高效率和高收益吸引着这些生产要素由农村向城镇流动，农业的发展在城镇发展中有着至关重要的作用。

（二）城镇化和工业化互动理论

城镇化与工业化在发展中相互联系、相辅相成，两者在发展过程中密切相关。工业方面的发展促进了城市的形成，同时城市这一区域为工业的集聚提供了空间条件。在城市中工业集聚式发展吸引了劳动力向城市转移与集聚，在此过程中，城市规模的增加和功能的提升也保障了工业方面发展所必需的资本和环境。城镇化发展过程中的相关聚集效应会对工业的健康快速发展提供动力，反过来工业化的高速、持续发展也促进了城镇化的发展。

（三）产业结构演变理论

产业结构的不断变化与升级推动了城镇化的发展进程，在不同方面依次促进着城镇化的发展，第一产业对城镇化的基础条件形成一定的推动，第二产业则扩大了城镇化的规模，第三产业提升了城镇化的发展质量。

（四）制度变革与城镇化

构建合理的积极的制度对城镇化的发展有着重要的影响。积极有效的制度能提高现代农业的科技水平、生产效率和生产水平，使农业能够充足地提供给城镇化发展所需要的基础要素（包括资本和劳动力），促进城镇化的健康、快速发展；积极有效的相关制度及制度创新为非农业方面提供良好的发展空间与条件，也能够充分吸收利用农业所产生的剩余要素，提升自身的发展水平，也提高了城镇化的水平；合理有效的制度安排能够促进城镇化发展中的有关基础设施、城镇建设、人口社会保障等方面的建设，全面推进城镇化的发展。

第四节　动力机制与城镇化的可持续发展

一　社会生产的动力与动力机制

（一）社会生产的动力

物质资料的生产与分配，是人类社会存在与发展的基础。人与动物的本质区别，在于"动物所能做到的最多是采集，而人则从事生产"。[①] 这也就

---

① 中共中央马克思恩格斯列宁斯大林著作编译局. 马克思恩格斯文集（第9卷）[M]. 北京：人民出版社，2009：548.

决定了人类社会的"生存斗争"并不是单纯围绕着生存资料进行的，而是围绕着享受资料和发展资料进行的。不断扩大对享受资料和发展资料的占有，是服从于人生来就有追求幸福的欲望的。对于个人而言，与生俱来的追求幸福的欲望，是其进行物质资料生产活动的直接动力。但是，正如恩格斯在《路德维希·费尔巴哈和德国古典哲学的终结》中指出的那样，"如果一个人只同自己打交道，他追求幸福的欲望只有在非常罕见的情况下才能得到满足，而且绝不会对己对人都有利。他的这种欲望要求同外部世界打交道"①。个人为了满足自身追求幸福的欲望而参与的物质资料生产活动，从一开始就必须是人类社会物质资料生产活动的组成部分；但从社会范围内物质资料生产与分配的视角来看，并不能说个人追求幸福的欲望就是社会生产的动力。追求幸福的欲望驱使着个人参与到物质资料的生产活动中来，更好地满足个人追求幸福的欲望要求人们在物质资料生产活动中结成相互关系。这就使得人类对社会物质资料的生产与分配的焦点，转变为享受资料和发展资料的生产与分配问题。享受资料和发展资料的日渐丰盈和合理分配，可以不断满足个人追求幸福的欲望，从而促进人的发展。显然，社会生产的动力不仅仅是满足某个人追求幸福的欲望，还是通过不断满足社会中的每个人追求幸福的欲望，最终达到促进整个人类社会发展的目的。因此，社会生产的动力可以理解为，在一定的物质资料生产与分配方式下，以社会中每个人追求幸福的欲望为激励，促使人们参与到社会生产活动中来，通过提供各种资源和服务，在满足自身欲望的同时推动社会生产的发展，最终促进人的全面自由发展。

社会生产的动力具有以下几个基本特征。

1. 社会生产的动力是一个持续发展的历史过程，社会生产的动力本身也是运动的、发展的

从心理学视角来看，个人追求幸福的欲望本身是无穷尽的。马斯洛曾将

---

① 中共中央马克思恩格斯列宁斯大林著作编译局. 马克思恩格斯文集（第4卷）[M]. 北京：人民出版社，2009：292.

人类的需要分为生理需要、安全需要、社交需要、尊重需要和自我实现需要五个层次的需要，并认为低层次的需要基本得到满足时更高层次的需要就会变得更加强烈，导致需要层次的提升①。需要层次越是提升，则对享受资料与发展资料的需求也越强烈；对享受资料与发展资料的需求不仅表现为对这些物质资料的数量提出更高要求，还会对这些物质资料的质量提出更高要求。这就意味着，为了实现人的全面自由发展的目标，社会生产的动力本身也在不断地运动发展，从而驱使着物质资料的生产与分配不断地运动发展，人们在物质资料的生产与分配中结成的相互关系也不断地运动发展。这也决定了不能将社会生产的动力视作一个静态的概念，必须将社会生产的动力视作一个动态的、不断发展的历史过程。

2. 社会生产的动力受一定历史时期社会生产力条件的制约，在具体的历史时期内社会生产的动力也是具体的

在任何一个历史时期内，包括享受资料和发展资料在内的一切物质资料的生产与分配，都是受到这个历史时期社会生产力条件的制约的。这也就决定了在一个具体的历史时期内，物质资料生产的数量和质量都是有限的，对个人追求幸福欲望的满足也是有限的。在特定的历史时期内，并不排除在特定的物质资料分配方式下，某个人或某些人追求幸福的欲望较好地得到满足，使这些人具有较高层次的需要的情况；但从整个社会的角度来看，部分人追求幸福的欲望的较高程度的满足，意味着用于满足其他人追求幸福欲望的物质资料则更加有限，从而就社会平均而言，需要的层次仍是相对较低的。社会生产的动力并不取决于某个人或某些人欲望满足的程度，而是取决于整个社会中人们追求幸福欲望的一般满足程度。这就决定了具体历史时期内社会生产的动力是具体的，不能超越这一历史时期社会生产力条件的制约。譬如，在农耕社会中，落后的社会生产力决定了人们追求幸福的欲望停留在较低的层次，对物质资料的需求也相对简单，吃得饱、穿得暖就是人的发展的主要目标，社会生产的动力也只能来自解决

---

① 马斯洛. 动机与人格［M］. 许金声，译. 北京：华夏出版社，1987：40-68.

人们的温饱问题。

3. 在具体的历史时期内，社会生产的动力能否得到充分发挥，受物质资料生产与分配中形成的人与人之间相互关系的影响

需要明确的是，人们追求幸福的欲望最多只构成社会生产的动力潜能；社会生产的动力能否转化为现实，还取决于物质资料生产与分配中形成的人与人之间的相互关系，能否激励社会中的个人参与到社会生产中来并创造尽可能多的物质资料。在一定的物质资料生产与分配方式下，个人与个人之间的相互关系如果表现为一种对抗性的、排斥性的关系，那么就不可能使生产力快速增长起来，也不能使财富的一切源泉都充分涌流，从而社会生产的动力也不能充分发挥，表现为社会生产动力的不足。因此，在社会生产动力不断发展的历史过程中，不断处理好物质资料生产与分配中形成的人与人之间的相互关系，就成为将社会生产的动力潜能转化为社会生产的现实动力的关键所在。以最大限度地发挥社会生产的动力为目标，讨论应当在物质资料的生产与分配中形成怎样的人与人之间的相互关系，则成为社会生产动力机制问题研究的主要内容。

（二）社会生产的动力机制

社会生产的动力机制是在一定的物质资料生产与分配方式下，通过一系列制度安排形成物质资料生产与分配中人与人之间的利益关系格局，以期发挥和调动社会生产的动力，促进社会生产的发展和人的可持续发展。就本质来讲，社会生产的动力机制可以理解为特定历史条件下在社会生产活动中形成的人与人之间的利益关系格局。在社会生产中形成的特定利益关系格局驱使着社会生产中的个人做出对个人来说最优的行为选择，进而影响人们参与社会生产的态度和行为，并决定社会生产的产出水平。从整个社会的视角来看，特定的社会生产的动力机制下形成的人际利益关系格局中，某个人或某些人的利益诉求并不会高于或优先于其他人的利益诉求。但特定的社会生产的动力机制中存在某个人或某些人的利益诉求优先地或更大限度地得到满足的可能性。这种可能性是由社会生产的动力机制中存在某个人或某些人在人际利益关系格局中占据优势地位所导致的。

　　社会生产的动力机制在社会生产的动力潜能转化为社会生产的现实动力的过程中，发挥着至关重要的作用。正如前文指出的那样，虽然个人的经济行为是受个人追求幸福的欲望驱使的，但是不同的个人对于幸福的需要层次也是存在差异的，这就使参与到社会生产活动中的每个人对物质资料生产与分配的利益诉求也存在差异。受社会生产力条件的制约，物质资料生产能力（特别是享受资料和消费资料的生产能力）的有限性导致在人类社会历史上各个时期内社会生产动力机制都难以充分地满足所有个人的利益诉求，从而社会生产中的部分个体的欲望是不能充分满足的。个人欲望的不充分满足则会反过来削弱个人参与社会生产的激励，导致社会生产的动力潜能不能完全转化为社会生产的现实动力，社会生产的动力不足且不可持续。社会生产动力机制的可持续发展必须以促进人的全面自由发展为总目标，通过调整物质资料生产与分配和人际利益关系格局，尽可能充分地满足社会生产中绝大多数个体的利益诉求，满足其追求个人幸福的欲望，从而激励绝大多数个人更积极地参与社会生产，推动社会生产的可持续发展。因此，伴随着社会生产动力的运动发展，社会生产动力机制也是不断运动、不断发展的，并不存在一种永恒的、最优的社会生产动力机制。

　　社会生产的动力机制也可以分为几个层次。

　　1. 第一层次，社会生产动力机制的生产资料所有制层次

　　在物质资料生产与分配中形成的人际利益关系格局中，最根本的利益关系是由生产资料所有制所决定的。在生产资料私有制条件下，个人通过参与社会生产而分配到的物质资料（特别是享受资料和发展资料），只在一定范围内取决于个人参与社会生产的积极程度。以剩余产品形式存在的享受资料和发展资料的分配，在很大程度上是由个人是否占有生产资料、占有多少生产资料所决定的。只有在生产资料归全社会共有的条件下，个人所能分配到的消费资料才与个人参与社会生产的劳动付出成比例。生产资料所有制的性质决定了物质生产与分配中人与人之间利益关系的性质，进而也就决定了社会生产动力机制的性质，以及社会生产动力机制将社会生产的动力潜能转化为社会生产现实动力的可行域。

2. 第二层次，社会生产动力机制的资源配置机制层次

在社会生产动力机制的生产资料所有制层次下，物质资料生产与分配中形成的人际利益关系格局还包含资源配置机制层次的内容。在生产资料所有制既定的条件下，社会生产能否有序进行依赖于资源配置机制的合理选择。在现代工业社会中，社会生产动力机制中的资源配置机制主要由市场调节机制、政府调控机制和社会协调机制等构成。相对于农业社会而言，现代工业社会的生产社会化程度已经空前提高，但在资源配置机制的选择上，实践则表明单一的资源配置机制并不能保证资源配置的效率达到最优，即单一的资源配置机制并不足以充分地满足社会生产中每个人的利益诉求尽可能多地得到满足。在社会生产动力机制的资源配置机制层次上，社会生产动力机制的可持续发展则是要求根据社会生产力的发展程度选择最优的资源配置机制组合，以期尽可能多地激励个人提高参与社会生产的积极性，促进社会生产的发展。相对于社会生产动力机制生产资料所有制层次上的制度变迁，资源配置机制层次上的制度变迁更加频繁、更加连续。

3. 第三层次，社会生产动力机制的生产协作组织层次

社会生产动力机制的资源配置机制决定了社会生产中经济资源和经济产品的配置方式，以及在资源配置过程中微观经济主体之间的利益关系格局。但在微观层面上的生产活动中，个体生产者只是微观经济主体的一种。为了充分利用劳动者之间分工协作所产生的社会生产力，还需要相应的微观经济组织将个人组织起来，在生产协作组织中进行生产活动。具体来说，社会生产动力机制中的生产协作组织主要包括家庭、企业和非营利性社会组织等。从社会生产的视角来看，一方面，不同类型的生产协作组织作为一个整体，直接受到资源配置机制的引导和约束，不合理的资源配置机制会打击作为微观个体的部分生产协作组织参与社会生产的积极性，从而导致社会生产动力的损失；另一方面，生产协作组织发挥着组织各种生产要素用于生产活动的作用，生产协作组织内部利益关系的不协调也会导致各种生产要素所有者提供生产要素的积极性下降，导致社会生产动力的损失。生产协作组织层次上的制度变迁是社会生产动力机制中制度变迁最为频繁的部分。

二 城镇化动力与城镇化动力机制

（一）对城镇化的界定

城镇化往往被认为是人口、用地和经济、文化模式由农村型转向城镇型的过程和趋势①。对城镇化的这一界定，基本上只是对城镇化进程的现象描述，对于城镇化的内在动力以及城镇化的动力机制基本没有涉及。笔者认为，在对城镇化进行界定时，有几个关键点是需要特别注意的。

1. 城镇化的本质是不断演化并发生质变的社会生产发展过程

城镇化进程并不是简单地将人口和经济活动集中到城镇的过程，而是社会生产具体内容产生质变的过程。在城镇化之前，散居于广阔农村地区的人口主要从事的是农业和手工业生产活动；通过城镇化进程，向城镇地区集中的大批人口不仅脱离了原来的农村生活环境，还与传统农业社会的农业和手工业生产活动相分离，转而从事制造业、服务业等生产活动。仅将农村人口强制性地转移到城镇地区，并不能实现社会生产具体内容的这种质变。城镇化进程中社会生产具体内容的质变过程，是社会总产品在种类上增加、在数量上增长、在质量上增进的过程。城镇化中社会生产的质变，依靠的并不仅仅是人口向城镇的简单集中，而是社会生产力的巨大进步和物质资料生产与分配方式的变革。要实现物质资料生产与分配方式的变革，最需要解放的就是人的因素，即要在城镇化进程中激励人们参与社会生产的积极性和创造性，不断增强城镇化的动力。从这个视角来看，人口的城镇化或土地的城镇化都只是作为一种不断演化和持续质变的社会生产活动的产品或结果，而非城镇化的本质。

2. 城镇化的目的是不断满足作为城镇化参与主体的人们追求幸福的欲望，促进人的解放和自由全面发展

城镇化本质上仍是一种不断演化并发生质变的社会生产活动，城镇化的参与主体也就是参与这种不断演化且发生质变的社会生产活动中的人。城镇

---

① 谢文蕙，邓卫. 城市经济学［M］. 北京：清华大学出版社，2008：27-28.

化的发展过程，就可以被视作城镇化的动力不断被挖掘和增强的过程。城镇化的最终目的，既不是简单地将农村土地转变为城镇用地（即土地的城镇化），也不是简单地将农村人口转变为城镇人口（即人口的城镇化），而是要在城镇化引起的社会生产的不断演化和持续质变中，不断为作为城镇化参与主体的人们提供满足其追求幸福欲望的机会和可能，从而激发城镇化参与主体为城镇化提供资源和服务的积极性和主动性。城镇化的最终目的，则是不断满足人们追求幸福的欲望，提升人们的需要层次，促进人的全面自由发展。从这个视角来看，城镇化率的提高或城镇用地面积的增加，都只是衡量城镇化发展水平的现象描述，并不是城镇化的目的。

3. 从城镇化的特征来看，城镇化不能被视作一种静态或比较静态的发展状态，而应当被视作一个动态的持续发展过程

从前文对城镇化本质和城镇化目的的分析来看，虽然在特定的历史时期可以用城镇化率或城镇用地面积对城镇化的发展状况进行评价，但城镇化进程并不是一种静态的发展状况，而是一个动态的发展过程，即城镇化进程具有动态持续性的特征。农村人口向城镇集中、农村土地转变为城镇用地，虽是城镇化进程中可以观察到的现象，却并不是城镇化的特征。城镇化的本质和城镇化的目的共同决定了城镇化的内容会随着城镇化的推进而不断丰富，城镇化的目标也会随着城镇化的推进而不断提高。土地的城镇化或人口的城镇化都只是城镇化某一发展阶段的具体内容或具体目标，并不能概括城镇化进程的全部。从这个视角来看，传统的城镇化定义将城镇化某一发展阶段的具体特点视作城镇化进程的特征，是有所偏颇的。

4. 从城镇化的路径来看，动态发展的城镇化也并不一定就是可持续的城镇化，可持续的城镇化只是城镇化的路径之一

如果只从城镇化率或城镇用地面积来考察，那么城镇化的路径就表现为城镇化率的上升和城镇化用地面积的增加，似乎城镇化路径是唯一的。但结合前文的分析可以看出，土地的城镇化或人口的城镇化既不是城镇化的本质，也不是城镇化的目的，更不是城镇化的特征。作为一种不断演化和持续质变的社会生产活动，城镇化进程服从于人的全面自由发展的需要。以人的

全面自由发展为标准，考察世界各国或各地区的城镇化进程，就会发现尽管城镇化率的提升或城镇用地面积的增加是城镇化不断发展的外在表现；但这并不意味着，城镇化率提升了，或者城镇用地面积增加了，城镇化进程就一定满足促进人的全面自由发展的标准。从世界各个国家和地区的城镇化进程来看，并不是所有的国家和地区都能实现可持续的城镇化。在很多国家或地区城镇化进程中出现的就业困难、房价上涨、犯罪猖獗、环境污染等现象都表明，这些国家或地区的城镇化进程至少在某些时期内是偏离促进人的全面自由发展的标准的，因而城镇化路径并不是可持续的城镇化路径。

通过对城镇化的本质、目的、特征和路径等视角的分析，笔者认为传统的城镇化定义并不能全面地概括城镇化进程。为此，笔者将城镇化界定为：以人口和经济活动向城镇集中为表象、以促进人的全面自由发展为最终目的、在发展路径上具有多样性的一种不断演化和持续质变的社会生产发展过程，这一过程会带来社会总产品在种类上的增加、在数量上的增长、在质量上的增进。

（二）对城镇化动力的界定

在前文的分析中，已经明确城镇化的参与主体是与生俱来具有追求幸福欲望的人。人们之所以参与城镇化，则是由于城镇化本质上是一种不断演化且持续质变的社会生产发展过程，可以为参与城镇化的人们提供更加丰富的、能够用于满足个人追求幸福欲望的物质资料（特别是享受资料和发展资料）。参与到城镇化进程中的人们，如果要从城镇化中获取更为丰富的物质资料以满足自身追求幸福的欲望，就必须为城镇化进程提供各种资源和服务，推动城镇化的不断发展，由此构成城镇化的内生动力。因此，笔者将城镇化的动力界定为：因自身利益诉求可以在城镇化进程中得到实现或者具有实现的可能性，城镇化的参与主体通过积极提供各种资源与服务，推动城镇化进程不断发展。

城镇化动力具有以下几个方面的特性。

1. 城镇化动力的多元性

在城镇化进程中，利益诉求相同或相近的人们往往会结成各种利益集团，一方面通过各种资源与服务提供过程中的规模效应与范围效应，提高资源与服务提供的效率；另一方面则试图改变城镇化进程中人际利益关系格局，使自身利益诉求得到更大程度满足。由于城镇化进程中不可能使所有的个人都拥有相同或相近的利益诉求，这就决定了以利益诉求的差异为标准，可以将参与城镇化的所有人分为不同类型的城镇化参与主体。不同类型的城镇化参与主体由于利益诉求不同，导致在特定的制度安排形成的利益关系格局之下，不同参与主体提供各种资源与服务的积极性有显著的差异，其对城镇化进程的推动作用也有较大差异，由此形成了城镇化动力的多元性特征。对城镇化动力多元性特征的把握，有助于减少因参与主体利益诉求满足不够引起的城镇化动力损失。

2. 城镇化动力的层次性

城镇化进程中不同参与主体的利益诉求，是由人们的需求层次决定的。不同需求层次的人尽管都有追求幸福的欲望，但能够满足其欲望的物质资料是不同的。对于停留在生存需要和安全需要的人来说，较为充足的生存资料的供应就足以满足其欲望；但对于有以社交需要、自我实现需要为主的较高层次需要的人来说，生存资料的供应即便极其充足也不能很好地满足其欲望，必须增加享受资料和发展资料的供应。在城镇化进程中，不同城镇化参与主体由于需要层次不同，就必然导致其在城镇化中的利益诉求也具有层次性特征。如果城镇化中制度安排决定的利益关系格局不能兼顾到不同参与主体利益诉求的层次性，就会使一部分参与主体提供各种资源与服务的积极性受到影响，从而降低其对城镇化进程的推动作用，导致城镇化动力损失。

3. 城镇化动力的竞争性

人作为社会生产中能动的要素，是可以根据自身所处的环境而做出一定行为选择并改善自身处境的。对于任何一个国家或地区的城镇化来说，人的因素既是城镇化进程中最有价值的因素，又是城镇化进程中最不稳定的因素。当不同国家或地区都处于城镇化进程中时，作为城镇化参与主体的人们，可以依据不同地区城镇化进程能够为自己提供的物质资料的多寡，以及这些物质资料满足自身追求幸福欲望的程度，决定究竟为哪个地区的城镇化进程提供资源和服务。这就使不同地区的城镇化进程处于相互竞争的关系：一个地区的城镇化能够持续下去，还要取决于是否能够从别的地区吸引更多的人，使之成为本地区城镇化的参与主体，为本地区的城镇化提供资源与服务，增强城镇化的动力。

4. 城镇化动力的动态性

如前文分析，由于人们的需要层次具有逐步提升的自我演化趋势，这就使参与城镇化进程中的参与主体的利益诉求也会随着需要层次的演化而演化。在城镇化中的特定制度安排下，如果某些参与主体所能取得的享受资料和发展资料在种类、数量和质量上是保持不变的，也会因为需要层次提升致使这些参与主体的利益诉求趋于提高，最终导致城镇化参与主体提供各种资源与服务的积极性下降，引起城镇化动力的损失。城镇化动力的动态性意味着城镇化动力并不必然随着城镇化进程的持续推进而不断得到增强，也有可能因城镇化进程中利益关系协调失灵，导致城镇化动力的动态衰减。城镇化动力的动态衰减，是导致城镇化进程不可持续的关键因素。为了实现可持续的城镇化路径，就必须注重城镇化动力的动态性特征。

5. 城镇化动力的潜在性

人们需要层次具有逐步提升的自我演化趋势，不仅可以使城镇化进程中参与主体利益诉求随需要层次演化而演化，还会因参与主体需要层次的提升使城镇化的动力潜能逐渐转化为城镇化的现实动力。当城镇化进程中参与主体的低层次需要尚未得到基本满足时，城镇化动力的层次也是相对较低的；但是一旦因为某些外部因素冲击致使参与主体的低层次需要短时间内得到满足，那么参与主体需求层次的提高就会推动参与主体利益诉求的提高。在城镇化进程中如果已经预先形成了与提高的利益诉求相适应的参与主体利益关系格局，那么利益诉求实现的可能性就会激励参与主体更加积极地为城镇化进程提供资源与服务，形成推动城镇化进程持续发展的动力。对城镇化动力潜能的挖掘，对实现城镇化进程可持续发展均有着重要意义。

（三）对城镇化动力机制的界定

本研究的一项关键内容是对城镇化动力机制的界定。笔者认为，城镇化动力机制可以定义为：具有不同利益诉求的城镇化参与主体，通过提供各种资源与服务而参与城镇化建设并实现自身利益诉求，在此过程中不同城镇化参与主体形成的利益关系格局。正如前文所述，城镇化是特定历史时期社会生产的具体实现形式，城镇化动力机制则是社会生产动力机制的具体表现形式；城镇化动力机制在本质上仍是一种利益关系格局，只是这种利益关系格局是在城镇化这种特殊的、具体的社会生产中形成的。作为一种具体的、特殊的社会生产动力机制，城镇化动力机制依旧要反映社会生产动力机制的一般性特征，即城镇化动力机制是受城镇化进程面临的资源约束、技术条件、发展历程、发展现状等因素影响的，因此并不存在一种永恒的、最优的城镇化动力机制。随着城镇化参与主体利益诉求的变化，城镇化动力机制也必须做出相应的调整，才能保证城镇化动力得以激发。对城镇化动力机制合理性的分析，就必须从城镇化参与主体的利益诉求以及不同参与主体利益诉求对立统一的角度去展开分析。

城镇化动力机制的分析大致可以分为两个层次。

1. 第一层次是城镇化参与主体及其利益诉求的分析

这一层次的城镇化动力机制分析，可以认为是微观层面的城镇化动力机制分析。分析的主要目标有两个。①明确城镇化参与主体到底有哪些。所有在城镇化进程中直接或间接地为城镇化建设提供资源与服务的个人，都应当被视作城镇化参与主体；但是对城镇化参与主体的分析并不能停留在此初步认识的层面。正如前文分析指出的那样，由于个人追求幸福的欲望受到需要层次的影响，能够满足个人追求幸福欲望的社会产品在种类、数量和质量上都会有很大差异，这就使作为城镇化参与主体的个人，在参与城镇化建设时提出的利益诉求也会有很大不同。如果不能清楚分析不同城镇化参与主体的具体利益诉求，就不可能清楚了解城镇化的动力何在，也就更无法判断形成怎样的城镇化动力机制可以调动起城镇化动力。所幸的是，在城镇化参与主体的分析中，由于总有一部分个人存在相同或相似的利益诉求，也就没有必要分析每个人的利益诉求，只需要将直接或间接参与城镇化建设的个人分成不同的群体或集团，分析作为群体或集团的城镇化参与主体的利益诉求即可。②明确每个城镇化参与主体的利益诉求究竟有哪些。每个城镇化参与主体之所以愿意参与城镇化建设，并在城镇化进程中提供各种资源与服务，正是因为通过参与城镇化建设，每个城镇化参与主体都有可能实现自身利益诉求，从而获取满足自身追求幸福欲望所需的各种物质资料。但分析中的现实困难在于：一方面，城镇化参与主体的利益诉求可能是多元化的、复合性的，甚至同一个城镇化参与主体的不同利益诉求也是难以同时实现的；另一方面，城镇化参与主体在一些特殊情况下倾向于刻意隐藏自身利益诉求，以至于通过参与主体自身的叙述或宣传并不能厘清城镇化参与主体利益诉求的隐藏内容。在微观层面的城镇化动力机制分析中，透过表象上的诱惑去厘清各个城镇化参与主体的利益诉求究竟是什么，恰恰这一层次是城镇化动力机制分析中最有挑战性也最有意义的工作。

2. 第二层次是城镇化参与主体之间利益关系的分析

与第一层次相对应，第二层次的城镇化动力机制分析即为宏观层面的城镇化动力机制分析。这一层次的分析也可以分为两个方面。①不同城镇化参与主体的利益契合点有哪些。尽管不同城镇化参与主体因需要层次和需要满足手段的不同而有着不同的利益诉求，但在特定城镇化动力机制下总能找到不同城镇化参与主体在利益诉求上的某些契合点。这就意味着可以通过激励相容机制的设计，使具有不同利益诉求的城镇化参与主体通过分工协作创造经济剩余，并在经济剩余的一定分配规则下实现各自的利益诉求。在分析城镇化动力机制的可持续性时，就必须寻找当前城镇化动力机制下不同城镇化参与主体的利益契合点有哪些：如果不同城镇化参与主体的利益契合点较多，则意味着城镇化动力机制具有较强的可持续性，可以长期维持下去；反之，则意味着城镇化动力机制缺乏足够的可持续性，需要通过城镇化动力机制的重构来扩大城镇化参与主体的利益契合点。②不同城镇化参与主体的利益冲突点有哪些。如果在当前城镇化动力机制下，具有不同利益诉求的城镇化参与主体不能通过某种现成的激励相容机制而形成和谐的分工协作关系和经济剩余分配规则，就会形成城镇化参与主体的利益冲突点。城镇化参与主体利益冲突点的累积是与城镇化参与主体利益契合点的衰减相伴随的，城镇化动力机制可持续性的强弱是由城镇化参与主体的利益契合点和利益冲突点的比例关系所决定的。当特定城镇化动力机制下城镇化参与主体的利益冲突点明显多于利益契合点，那么城镇化动力机制可持续性就会下降。通过激励相容机制的重新设计来重构城镇化动力机制的行为也会获得激励，从而城镇化动力机制动态演化路径也就随之形成。在城镇化进程中，城镇化动力的多元性决定了特定城镇化动力机制下城镇化参与主体只有利益契合点而没有利益冲突点的形成仅在理论上具有可能性，现实中特定城镇化动力机制下城镇化参与主体之间既会有利益契合点也会有利益冲突点。

三 城镇化动力机制与城镇化的可持续性

（一）城镇化进程不可持续的表现

纵观世界各国的城镇化进程，并不是所有国家或地区的城镇化进程都始终处于可持续的发展道路上。在某些国家或地区城镇化进程的部分阶段甚至整个过程中，都存在城镇化进程不可持续的问题。城镇化进程不可持续的表现，大致可以分为四类。

1. 城镇化与工业化不协调

城镇化进程不可持续的问题首先表现为城镇化与工业化不协调，即城镇化的速度明显快于或明显慢于工业化的速度。

（1）城镇化速度明显快于工业化的情形

过快的城镇化进程导致人口迅速向城镇集中，但相对迟缓的工业化进程却导致城镇无法为集中起来的人口提供足够多的非农就业岗位，从而导致严重的城镇居民失业问题，并引发贫富分化、犯罪猖獗等社会问题。这种情形的典型案例就是拉丁美洲国家。早在数十年前拉丁美洲国家城镇化率的平均水平就达到70%以上，但由于拉丁美洲国家长期以来依靠农矿产品等初级产品的加工和出口为主要的经济支柱，工业（特别是制造业）发展相当缓慢，工业化进程并不顺利，导致拉丁美洲国家普遍出现城镇居民就业困难、贫富分化严重和犯罪率高等问题。

（2）城镇化速度明显慢于工业化的情形

在工业化进程已经起步并且不断加快的同时，二元经济结构下的特殊制度安排等原因导致人口不能及时地向城镇集中，较低的城镇化水平造就了较小的市场规模，限制了工业化的进一步发展。城镇化进程明显慢于工业化进程，将会导致二元经济结构的固化，使城镇化与工业化陷入低水平循环。新中国成立之初到改革开放之前，我国就出现了城镇化进程长期慢于工业化进程的问题。1952 年，我国第一产业增加值比重为 50.95%，第二产业增加值比重为 20.88%；1978 年，第一产业增加值比重下降为 28.19%，第二产业增加值比重上升为 47.88%，工业化进程取得巨大成就；但就在同一历史时期，我国城镇化率由 1952 年的 12.46% 仅上升为 1978 年的 17.91%，城镇化进程明显慢于工业化进程。这就导致我国在改革开放之前逐渐形成了较为明显的二元经济结构，城镇工业部门与农村农业部门之间的比例关系长期失调。

由此可见，无论是城镇化速度明显快于工业化速度，还是城镇化速度明显慢于工业化速度，都是城镇化进程不可持续的表现。

2. 人口的城镇化与土地的城镇化不协调

城镇化进程不可持续还表现为人口的城镇化与土地的城镇化不协调，即人口的城镇化明显快于或明显慢于土地的城镇化。

（1）人口的城镇化明显快于土地的城镇化的情形

如果在一国或一地区的城镇化进程中人口快速地向城镇集中，但与此同时农业用地转化为城镇建设用地的速度却跟不上人口向城镇集中的速度，就会导致人口城镇化明显快于土地城镇化。一旦出现这一问题，快速涌入城镇的大量人口就将面临人均城镇建设用地下降，居民住房和公共活动场地紧张等问题。在市场机制作用下，与土地紧缺、住房紧张相对应的是土地价格和住房价格的飙升，由此带来的是城镇居民居住条件严重恶化，甚至出现贫民窟。以印度为代表的广大发展中国家，都或多或少地存在人口城镇化快于土地城镇化的问题。在这些国家的城市里，往往可以观察到气派的现代建筑群与脏乱差的贫民窟并存的景观。贫民窟往往也是滋生贫困、犯罪、疾病等种种城镇经济发展消极因素的温床。

（2）人口的城镇化明显慢于土地的城镇化的情形

如果一国或一地区的城镇化进程中人口向城镇集中的速度相对缓慢，但大量农村农业用地却极其迅速地转化为城镇建设用地，就会出现人口城镇化慢于土地城镇化的问题。这一问题的出现，意味着城镇土地利用效率下降，人均城镇建设用地过快上升，导致"鬼城"现象的出现。最近若干年我国部分地区的城镇建设中，城镇用地增长明显快于城镇人口增长，导致"鬼城"现象的出现。尽管新建了众多新城或城市新区，但这些新城或城市新区却普遍"人气不旺"，与城市经济相适应的非农经济活动密度极低。2006年我国城市人口密度为2238.15人/平方公里，到2016年我国城市人口密度仅上升为2399人/平方公里。城镇化进程导致人口集中、城市人口密度上升的一般规律在我国最近十年的城镇化进程中并不显著，表明我国最近十年城镇化进程中由于人口城镇化明显慢于土地城镇化，城镇土地利用效率不高，存在土地资源浪费的现象，这对于像中国这样一个人口众多、人均土地面积狭小的发展中国家来说，是极为不利的。

因此，无论是人口城镇化明显快于土地城镇化，还是人口城镇化明显慢于土地城镇化，都是城镇化进程不可持续的表现。

3. 人口的城镇化与社会治理的城镇化不协调

人口城镇化与社会治理城镇化的不协调，也是城镇化进程不可持续的重要表现，即人口的城镇化明显快于社会治理的城镇化。

所谓社会治理的城镇化，是指随着城镇化进程的不断推进，人口由农村向城镇集中，传统农业社会的治理结构不再适应城镇社会；在城镇人口规模不断增加、城镇人口流动不断加快的过程中，通过政府及非政府组织加大公共产品与公共服务的提供力度，不断促进与城镇社会相适应的城镇社会治理结构形成与发展的过程。如果说土地的城镇化和人口的城镇化主要反映了城镇化进程的速度，那么社会治理的城镇化则反映了城镇化进程的质量。由于城镇人口流动迅速、城镇非农经济波动较大，传统的、以家庭为单位的公共产品与公共服务提供方式已不再能够满足城镇居民的享受与发展需要，必须建立面向全体城镇居民的公共产品与公共服务提供方式，形成新的社会治理结构。相较于土地的城镇化和人口的城镇化，社会治理城镇化是城镇化进程中较容易被忽略的部分。

人口城镇化与社会治理城镇化的不协调，主要表现为人口城镇化明显快于社会治理城镇化。这一问题在包括我国在内的众多发展中国家较为突出。由于发展中国家人口众多、经济基础薄弱，低绩效的制度变迁路径长期驻存现象较为突出，发展中国家的政府和非政府组织往往对本国城镇化进程中的社会治理结构创新与优化问题缺乏关注，公共产品与公共服务的提供方式并没有及时转变。在人口快速向城镇集中的过程中，往往出现公共产品与公共服务严重供不应求的问题，导致城镇居民的生活质量长期得不到提高，甚至出现下降。一旦出现人口城镇化与社会治理城镇化不协调的问题，就意味着随着城镇化速度的加快，城镇化的质量难以得到提高，甚至略有下降。这种牺牲城镇居民福利的城镇化如果持续一段时间，就会导致城镇化动力的流失和不足，导致城镇化进程的停滞甚至倒退。

4. 城镇化与城乡一体化不协调

城镇化与城乡一体化的不协调，主要表现为城乡关系的失衡：城镇化进程中城镇与乡村之间存在利益冲突，城镇从乡村吸走大量的资源，在城镇日趋繁荣的同时却导致乡村日渐凋敝。从世界各国的城镇化发展历程来看，由于城镇化初期城镇化建设的焦点集中于城镇，以至于形成一系列的制度安排，激励人口、资源、产业活动等向城镇集中。对于任何一个没有外部资源支持的经济系统来说，城镇化初期各种经济资源的集中都必然导致乡村人口与资源的流失，引起乡村的凋敝。但是随着城镇化进程的推进，如果要为城镇非农产业发展提供更广阔的销售市场和原料产地，就必须要解决"乡村被城镇吸血"的问题，通过相应的制度安排建立"城镇反哺乡村"的机制与渠道，可以在提高城乡一体化发展水平的同时，为城镇经济部门提供进一步发展所需的销售市场和原料产地，促进城镇化进程的纵深推进。

城镇化与城乡一体化不协调问题，只有在城镇化进程达到一定水平时才会成为影响城镇化进程可持续发展的紧要问题。在城镇化进程初期，由于乡村人口比重较大，城镇人口规模较小，城镇从乡村吸走的人口与资源相对于庞大的乡村人口基数来说不显著，乡村的停滞和凋敝也并不明显。随着城镇化进程的推进，城镇人口比重的上升和城镇人口承载力的增加，城镇从乡村吸取人口与资源的规模和速度都迅速增加，此时乡村人口基数的锐减就使乡村的凋敝问题变得突出。如果不能在乡村凋敝问题出现之前就及时地形成促进城乡一体化的制度安排，势必会导致乡村销售市场和原料产地的萎缩，从而限制城镇化进程的持续发展。在过去的十多年里，我国政府之所以长期强调城乡统筹发展理念，并通过"新农村建设"等政策倾斜来加快城乡一体化发展，就是希望以此避免城镇化与城乡一体化不协调的问题出现。

（二）城镇化动力与城镇化的可持续性

1. 城镇化进程不可持续的原因：城镇化动力不足

城镇化进程不可持续的表现虽是多种多样的，但是城镇化进程不可持续的原因却是明确的，即城镇化动力不足以推动城镇化进程的可持续发展。由于城镇化动力具有多元性、层次性、竞争性、动态性和潜在性等特征，城镇化动力不足不仅可以使城镇化动力的整体不足，也可以使城镇化动力的结构性不足。对于城镇化进程不可持续现象来说，城镇化动力的结构性不足起着更为重要的作用。

首先，城镇化动力的层次性和潜在性是造成城镇化与工业化不协调的关键原因。一方面，对于城镇化速度快于工业化速度的情形来说，尽管人口向城镇集中的速度很快，但新增城镇居民的需要层次还来不及得到提升，新增城镇居民的利益诉求还是以"温饱型"诉求为主，"享受型"和"发展型"的利益诉求只能构成城镇化的潜能动力，缺乏转化为城镇化现实动力的条件。这就使新增城镇居民既缺乏向城镇非农产业部门提供劳动等生产要素的积极性，又不愿意进行物质资本或人力资本的积累，导致工业化启动所需的生产要素积累条件并不具备，工业化水平难以得到提高。另一方面，对于城镇化速度慢于工业化速度的情形来说，尽管快速的工业化创造了众多的城镇非农就业岗位，但是由于农村居民需要层次较低导致利益诉求层次不高，缺乏提出"享受型"和"发展型"利益诉求的条件，较为落后地区的农村居民宁愿固守"一亩三分地"，也不愿意参与到城镇化进程中来，导致人口向城镇集中的速度相对迟缓，同时也造成工业化进程因面临劳动力紧缺的问题而难以持续发展。

其次，城镇化动力的多元性和竞争性是导致人口城镇化与土地城镇化不协调的重要原因。一方面，城镇化动力的多元性意味着不同城镇化参与主体有着不同的利益诉求，当一部分城镇化参与主体的利益诉求得不到满足时，就有可能出现城镇化动力的结构性不足；另一方面，城镇化动力的竞争性指在一个地区城镇化进程中，城镇之间为争夺经济资源而出现的过度竞争会导致对城镇化参与主体利益诉求的非均衡满足。综合两种效应，当居民与家庭主体的"进城"利益诉求被过度地得到满足时，就会刺激人口的城镇化；若与此同时不能使企业和政府等其他主体的利益诉求得到满足，那么企业和政府就缺乏提供资本和土地用于城镇建设的动机，导致土地城镇化的迟缓，从而出现人口城镇化快于土地城镇化的现象。反之，如果居民与家庭主体的"进城"利益诉求受到城镇户籍配额、城镇房价约束等条件的制约，但企业的利润最大化诉求和政府的财政收入增长诉求却可以通过土地和房地产开发得到满足时，就会出现土地城镇化快于人口城镇化的现象。因城镇化参与主体利益诉求的非均衡满足和城镇化动力的结构性不足，以及因此引起的人口城镇化与土地城镇化的不协调，均会造成城镇化的不可持续。

再次，城镇化动力的动态性是导致人口城镇化与社会治理城镇化不协调、城镇化与城乡一体化不协调的重要原因。如前文分析所述，城镇化动力并不是一成不变的常量，随着城镇化参与主体需要层次的提升，城镇化参与主体的利益诉求也会改变，城镇化动力的结构也会随之发生改变。当城镇化动力结构发展改变时，如果不能及时满足城镇化参与主体新形成的利益诉求，就会导致城镇化动力的结构性不足。一方面，城镇化动力结构的变迁使城镇居民对城镇社会治理水平提出了更高的要求，如果城镇治理结构不能响应这一利益诉求的变化，那么就必然会导致人口城镇化快于社会治理城镇化的问题。另一方面，城镇化动力结构变迁如果使城乡居民对城乡一体化提出更高要求，而政府等参与主体却不能通过公共服务均衡化等手段促进城乡一体化发展，就会导致城镇化与城乡一体化的不协调。

综上所述，城镇化动力不足，特别是城镇化动力结构性不足，是导致城镇化进程不可持续的关键原因。

2. 城镇化的可持续性问题转化为城镇化动力的可持续性问题

通过对城镇化动力与城镇化可持续性关系的讨论，发现城镇化动力的结构性不足是导致城镇化进程不可持续的关键原因，进而对于城镇化可持续性问题的讨论自然就转化为对城镇化动力可持续性问题的讨论。随着问题的转化而出现的矛盾是：城镇化动力的强弱是由各个城镇化参与主体追求幸福欲望所驱使的资源与服务供给行为决定的，而城镇化参与主体追求幸福的欲望却因需要层次的提高而是无穷尽的；因此，由追求幸福欲望决定的城镇化动力应是无穷尽的，这与分析中指出的城镇化动力不足产生了矛盾。

一旦城镇化的可持续性问题转化为城镇化动力的可持续性问题，分析的重点就在于从理论上阐明导致城镇化动力不可持续的原因。显然，导致城镇化动力不可持续的原因并不能在城镇化动力中去寻找，只能在影响城镇化动力的利益关系中去寻找。由城镇化的可持续性问题向城镇化动力的可持续性问题的转化，最终必须进一步转化为对城镇化动力机制与城镇化动力可持续性之间关联的分析。

（三）城镇化动力机制与城镇化动力的可持续性

1. 城镇化参与主体、城镇化动力机制与城镇化动力增减

在城镇化参与主体既定的情况下，城镇化动力机制与城镇化动力之间的关系可以分为三种情形（见图 1 - 2）。

（1）情形 1：城镇化动力机制稳定且城镇化动力增强

不同城镇化参与主体提出的有差异性的利益诉求交织在一起时，如果不同参与主体之间的利益契合点多于利益冲突点，则参与主体倾向于接受当前城镇化进程中参与主体之间的利益关系格局，此时城镇化动力机制就能保持稳定。在相对稳定的城镇化动机机制之下，不同城镇化参与主体之间的利益关系也得以确定；参与主体可以根据既定利益关系格局下经济剩余的分配规则，预测参与城镇化进程可以获得的利益。参与主体根据参与城镇化进程的预期收益和参与城镇化进程的成本支出（即为城镇化进程提供资源与服务

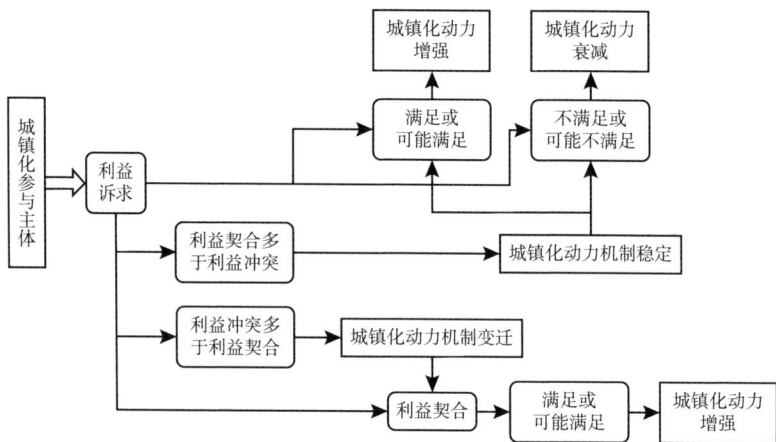

图 1 - 2　城镇化参与主体、城镇化动力机制与城镇化动力之间关系示意

的成本）之间比较，确定向城镇化进程提供资源与服务的最优水平。在参与主体预期自身利益诉求可以在城镇化进程中得到满足的情况下，参与主体向城镇化进程提供资源与服务的积极性也就随之提高，城镇化动力也因此得到增强。在此种情形下，城镇化动力机制是有效率的，城镇化进程也会因城镇化动力增强而持续推进。

（2）情形2：城镇化动力机制稳定但城镇化动力衰减

在城镇化参与主体既定的情况下，不同城镇化参与主体利益诉求的交织如果表现为不同参与主体之间利益契合点多于利益冲突点，那么参与主体仍倾向于使当前的城镇化动力机制保持稳定，进而使当前城镇化进程中参与主体之间的利益关系格局和经济剩余分配规则保持稳定。但假定在当前城镇化动力机制下，参与主体的利益诉求不能得到满足或可能得不到满足，那么参与主体的预期收益和成本支出的最优化决策将会使城镇化参与主体向城镇化进程提供资源与服务的积极性受到打击，从而城镇化动力不断衰减。在这种特定的情形下，由于城镇化参与主体之间利益关系格局稳固，因此即便城镇化动力不断衰减导致城镇化进程的停滞甚至倒退，城镇化参与主体仍缺乏改变当前城镇化动力机制的激励。这就使得低效率的城镇化动力机制得以长期驻留，城镇化进程陷入低水平陷阱。如果不能引入新的城镇化参与主体来打破长期驻留的低效率城镇化动力机制，那么城镇化进程将一直陷入低水平陷阱中而难以自拔。

（3）情形 3：城镇化动力机制变迁且城镇化动力增强

当不同城镇化参与主体之间的利益冲突点多于利益契合点时，城镇化参与主体在做出城镇化参与积极程度的最优决策之前，会优先考虑推动城镇化动力机制的变迁，以改变城镇化进程中不同参与主体之间的利益关系格局，寻求扩大参与主体之间的利益契合。一旦新的利益关系格局和经济剩余分配规则形成，参与主体则会在新的格局和规则下做出最优的城镇化参与积极程度决策。此时参与主体的利益诉求如果可以满足或可能满足，那么参与主体向城镇化进程提供资源与服务的积极性就会增强，从而城镇化动力也得到增强。须指出的是，在城镇化动力机制变迁的条件下，不会出现新的利益关系格局下参与主体的多数利益诉求得不到满足的情形。这是因为，在城镇化动力机制变迁的博弈中，参与主体可以预知城镇化动力机制变迁对自身利益诉求能否满足的影响；那些会导致参与主体利益诉求更难得到满足的城镇化动力机制路径，会在城镇化动力机制变迁的博弈中被淘汰。在情形 3 中，城镇化参与主体之间的博弈引起了城镇化动力机制变迁的内生动力，因此即便无法引入新的参与主体，城镇化动力机制的变迁和城镇化动力的增强也是可以自发实现的，城镇化进程并不会因为城镇化参与主体之间的短期的利益冲突而陷入停滞甚至倒退。

2. 城镇化动力机制与城镇化动力的可持续性

根据上文分析，可以得到以下两个基本结论。

第一，在城镇化动力机制既定的条件下，城镇化动力的可持续性取决于由城镇化动力机制决定的利益关系格局和经济剩余分配规则是否可以使参与主体获得自身利益诉求能够得到满足的预期。如果在城镇化动力机制决定的利益关系格局和经济分配规则下，城镇化参与主体预期到自身利益诉求可以通过参与城镇化进程来得到满足，那么城镇化参与主体提供资源与服务的积极性就会得到提高，从而导致城镇化动力的可持续性增强。反之，则既定的城镇化动力机制会降低参与主体提供资源与服务的积极性，导致城镇化动力的不可持续。故城镇化动力机制设计的基本原则，就是要通过让不同城镇化参与主体获得利益诉求可以满足的明确预期，增强城镇化动力的可持续性。

第二，城镇化参与主体之间的利益冲突可以导致城镇化动力机制的变迁，在城镇化动力机制的动态变迁路径上，参与主体对自身利益诉求得到满足的预期不断改善，也可以增强城镇化动力的可持续性，进而增强城镇化进程的可持续性。在特殊情况下，如果城镇化参与主体之间的利益契合多于利益冲突导致城镇化动力机制变迁存在困难，则可以通过外部引入新的参与主体，打破静态的利益关系格局，引起城镇化动力机制的变迁，达到增强城镇化动力机制可持续性的目的。城镇化动力机制动态变迁路径的选择原则，就是要在城镇化动力机制变迁中扩大利益契合、减小利益冲突，改善城镇化参与主体对利益诉求可实现性的预期。

从本章的分析来看，城镇化动力的可持续性是强是弱，最终取决于城镇化动力机制的合理性和稳定性。如果在城镇化动力机制中不能解决好不同城镇化参与主体之间的利益关系，那么城镇化动力就会被削弱，城镇化动力也将不可持续，最终必定会导致城镇化进程的不可持续。因此，可持续的城镇化进程必须以挖掘和发挥城镇化动力为前提，可持续的城镇化动力又取决于城镇化动力机制是否合理。这一研究结论对贵州省新型城镇化建设的启示是：必须明确贵州省新型城镇化建设需要怎样的城镇化动力机制，才能确保贵州省城镇化建设的可持续推进。

第五节　山地特色新型城镇化的使命重任

一般认为，城镇化建设有一定的阶段性，同时对不同地区来说其也承担着相应的使命和任务。譬如，在当前为了实现与全国同步全面小康之目标，贵州发展山地特色新型城镇化就不失为一条"捷径"。当然，贵州发展山地特色新型城镇化的作用意义远不于此，其还有着非常特殊的使命重任，主要表现在如下方面。

一 扶贫攻坚任务

"三农"问题一直是悬在贵州省干部群众头上的"达摩克利斯之剑"，其核心就是农民的脱贫致富问题。长期以来，贵州省农村的贫困面之广、贫困程度之深、脱贫之艰难是大家"有目共睹"的。据统计，目前贵州省仍有扶贫开发重点县（简称"国定贫困县"）50个，占全国国定贫困县总数（592个）的8.4%，也是全国国定贫困县个数第二多的省份（仅次于云南省的73个）。到2013年末，贵州省有农村贫困人口745万人，贫困发生率为21.3%，其中国定贫困县农村贫困人口580.4万人，贫困发生率为27.1%。更值得关注的是，这些贫困人口大多生活在高寒、高海拔的石山区、深山区，且这些地区也是少数民族聚居区、贵州省生态退化的重灾区、社会发展的迟滞区。因此，发展山区特色新型城镇化还必须要以解决贵州省"三农"问题尤其是贫困问题为落脚点，就是要发挥城镇化的以城带乡、以工哺农之作用，从而取得贵州省扶贫攻坚战的决定性胜利。

二 "后发赶超"任务

目前贵州省经济发展水平与全国平均水平及中东部地区还有不小差距。到2014年末，贵州省GDP为9251.01亿元，仅占全国GDP的1.45%，在31个省份中排名第26位；人均GDP为26415元，比全国46774元的平均水平低20359元，仅为全国平均水平的56.5%，在全国排名倒数第一。从居民人均可支配收入来看，2014年贵州省居民人均可支配收入为12371元，位居全国第29（仅高于甘肃、西藏），分别仅为全国平均水平（20167元）、全国最高水平上海市（44952元）的61.3%、27.5%。改变这种状况的一条可行途径就是大力推进山地特色新型城镇化发展。其原理在于如下方面。

一是新型城镇化发展将为城乡劳动力提供更多的就业岗位，从而直接提高其收入水平。"汪泓等学者利用1981年到2009年的就业数据研究得出，就业增长与城镇化水平之间存在长期的相关均衡关系，城镇化水平每升高1%，城镇就业人口就增长1.267%；马晓河研究得出，第三产业就业人数与城镇化呈线性相关关系，城镇化率每提高 1 个百分点，第三产业就业人数增加 663.84 万人。"'十一五'前四年，贵州省城镇化率每提高 1 个百分点新增就业 23.93 万人。"也就是说，随着贵州省的城镇化大发展，城乡居民尤其是农民非农就业就越多、越充分，收入提高也就越明显。

二是新型城镇化发展可以拉动农村消费市场，升级整个社会的消费需求结构，因而扩大消费需求总量。迟福林教授认为，"未来 10 年左右，通过彻底打破城乡二元结构，我国人口城镇化率有望达到 50% 以上，城乡居民消费需求将有望达到 45 万亿 ~50 万亿元，居民消费率将达到 50% 左右，最终消费率达到 60% 左右。这样，将基本形成以消费为主导的经济增长格局"。同样的，在贵州这种趋势也是存在的。

三是城镇化进程的加快将推动城镇建设性投资需求的增加。按照贵州省委省政府部署，到 2018 年贵州省拟增加城镇人口 430.3 万人。这意味着每年有 86.06 万人的农村人口转为城镇人口，相应地就需扩大城镇面积 172.12 平方公里，而每平方公里的城镇基础设施建设综合投资按 2.5 亿元计算（2003 年不变价格），每年共需基础设施投入 430.3 亿元。另若按照务工农民市民化以人均 10 万元的固定资产投资计算，则每年投资需求要增加 860.6 亿元。总之，随着消费需求、投资需求的增加，地区的经济"蛋糕"（GDP）也就必然会增大。

四是新型城镇化发展可以提升整个经济发展的效率。城镇化发展除了可以优化资源配置带来规模经济效益、集聚经济效益外，更重要的是在贵州这样的西部农村地区还极大地促进了社会分工，提高了劳动生产效率，解放了人们思想，改变了祖辈"遗留"下来的、落后的生产生活方式。

三　助促城乡融合任务

加快山地特色新型城镇化建设可有效破解贵州城乡二元结构问题，真正实现城乡一体化发展。其机理在于如下几点。

一是山地特色新型城镇化发展促进了城乡经济的一体化。因为城镇化发展可以促进诸如劳动、资本、技术、信息等生产要素在城乡区域间的相互

"对流"和优化配置,从而为缩小城乡经济差距提供了起码的基础条件。

二是山地特色新型城镇化发展促进了城乡公共服务的一体化。新型城镇化建设的起码要求就是要将"农村"和"城市"看成一个整体、置于一个体系下统一筹划,而绝不是"重城轻乡""重镇轻村"的畸形城镇化,这就必然要求诸如基础设施、社会保障、文化教育、生态文明建设以及包括社会管理和社会治理在内的公共服务和产品的统一政策、统一标准、统一供给,并最终趋于均等化。

三是山地特色新型城镇化发展促进了城乡居民生活方式的一体化。新型城镇化建设必然打破农村社会封闭式的生活方式,一方面,进城农民因受城市文明的熏陶而逐渐"城市化",另一方面,随着城市社会的新观念、新思想逐渐向农村渗透,留守农民的生活方式从"封闭"与城市社会那种开放的、文明的、现代化的生活方式"接轨"。

四是山地特色新型城镇化发展可以逐渐打破一些制度"坚冰"。为了配合城镇化建设,从前制约农民进城就业、安居的制度必将逐渐消失,如二元化的户籍制度、就业制度、公共财政制度、分配制度以及社会管理制度等都可能成为"历史"。由此可见,破解的制度"坚冰"对消除城乡二元结构、促进城乡一体化意义重大。

四 生态文明建设及文化传承任务

贵州境内山脉众多、山高坡陡、层峦叠嶂,是全国唯一没有平原和大型山间盆地支撑的省份,其中92.5%的面积为山地和丘陵,山间小盆地仅占7.5%;全省土地平均坡度值为17.78度,且15度以上约占60%。贵州的喀斯特地貌出露面积为10.91万平方千米,占全省总面积的61.9%;近80%的县(市、区)喀斯特面积占一半以上,甚至有10%的县(市、区)喀斯特面积占90%以上;近98%的城镇和工矿区人口、95%的农村人口都分布在喀斯特地形发育区。缘于这种特殊的地形地貌,"人地矛盾"问题在贵州农村更加凸显,也因此形成了一种所谓的"PPE怪圈",即"贫困(Poverty)、人口(Population)和环境(Environment)之间形成的一种互为因果的关系，更确切地说，是贫困—人口增长—环境退化的恶性循环"。因此，要打破这种循环就必须改变贵州农村社会的生产方式，显然山地特色新型城镇化建设就是一剂"良药"。它一方面要求城镇本身在规划建设中必须遵循"集约、智能、绿色、低碳"原则，而另一方面随着大量农民的非农化就业，贵州农民就可能从此结束向"山坡林地"要粮、"越穷越垦、越垦越穷"的生产生活方式，从而最终使生态得到修复、环境得到改善。

贵州还有很多优秀地方文化，这些传统文化如何保护、传承，以及如何进一步挖掘其文化内涵、提升其文化价值，等等，诸如此类问题都需要我们找到一种有效的解决方式或途径，也许在当前形势下城镇化建设就不失为一种有效选择。事实上，新型城镇化建设是一种有文化内涵的城镇化，是一种将地方传统文化融入其中的城镇化，也是一种可以传承和弘扬优秀传统文化的载体，而绝不是一座只有钢筋、混凝土的冰冷的"城"。

五 推进"五化同步"任务

山地特色新型城镇化战略绝不是一种孤立的战略行为，它背后的寓意非常深广，也可以说是"五化同步"战略推进的"中坚力量"，其理由主要在于以下几点。

一是"融"。就是各地方、各部门在山地特色新型城镇化建设中一定要将城镇化建设置于"五位一体"（新型工业化、信息化、城镇化、农业现代化、绿色化）的格局体系中来度衡，因为五大战略方向或战略任务彼此之间分裂开来的话，如若出现那种"产""城"分离的城镇化则"城必死"。

二是"基"。即山地特色新型城镇化建设是其他战略推进的基础，超前或滞后的城镇化都不利于贵州新型工业化、信息化、农业现代化或绿色化建设，即所谓的"五化同步"战略就不能达成预期目标。譬如，新型城镇化建设就可促进贵州工业化水平的提高。因为城镇化发展可以带来基础设施的改善，以及劳动、资本、技术、土地等生产要素的集聚，从而在工业化发展中将产生成本节约效应、规模经济效应等；同时城镇化推进还有利于非农产业发展以及地方产业结构的优化升级，有利于扩大内需进而为工业化发展创造新的需求条件，亦即会为工业化发展带来明显的"市场扩展效应"等。

三是"连"。山地特色新型城镇化建设绝不能只停留在"城"的层面，还应将它与改善农村生态环境、发展农村社会事业、调整农业产业结构等紧密结合起来，即切勿"开山造地"只抓城市建设而忽略对农村的关注，切勿搞"两张皮"式的、"一头重（城镇）、一头轻"的城镇化。事实上，从理论上讲，（小）城镇发展是"城市与农村的连接体和中转站"，山地特色新型城镇化建设则正好使其功能发挥正常化、"合法化"。

四是"创"。新型城镇化是一种载体，是"大众创业、万众创新"的载体，是技术创新和信息化建设的前沿阵地，也是一些新思想、新创举、新模式、新业态的发源地。从某种程度上说，所谓"创新、创业、创意、创造"绝大部分都来自城镇，也都要以城镇化为支撑。

第二章
贵州省城镇化发展历程

城镇化是传统农业社会向现代工业文明社会转型的必然过程，它是指伴随着工业化进程的推进，城镇数量增加及城镇空间范围扩大，城镇功能不断提升，同时农村人口不断向城镇转移就业和生活，城镇区域内居住人口占总人口比例逐步增长，同时城镇文明要素不断向周边农村扩散的过程。

第一节　贵州省城镇化发展概况

由于受经济体制条件以及国家宏观政策环境的影响，贵州省的城镇化经历了一个曲折发展的过程。

一　城镇化发展阶段

总体来看，贵州省城镇化大致可以划分为七个阶段。

（一）城镇化的起步发展阶段（1949～1957年）

中华人民共和国成立后，经过三年的经济恢复，国民经济虽然得到了根本好转，但那时我国仍然是一个不折不扣的、落后的农业国，工业化水平极其低下。为此，党和政府制定了发展国民经济的第一个五年计划（1953～1957年），其任务和目的就是"通过优先发展重工业，以初步建立起我国独立的工业体系、奠定社会主义的工业化基础，并由此迅速发展社会主义的生产力"。正是受此"战略"的影响，包括贵州省在内的很多省份的大量农村劳动力随之流入城镇以满足工业发展和城市建设对劳动力的需求，亦即在这样的一个过程中贵州省城镇的发展和城镇化的起步就开始了。例如，贵州省的城镇人口就由 1949 年的 106.3 万人增加到 1957 年的 165.5 万人（见表 2-1），净增加 59.2 万人，增长率高达 55.7%，年均增长 5.69%。此时贵

表 2-1   1949~2020 年贵州省城镇化发展情况

单位：万人，%

年份	年末总人口	城镇人口	城镇化率	年份	年末总人口	城镇人口	城镇化率	年份	年末总人口	城镇人口	城镇化率
1949	1416.4	106.3	7.5	1973	2395.2	292.1	12.2	1997	3605.8	755.8	21.0
1950	1417.2	103.5	7.3	1974	2463.4	296.2	12.0	1998	3657.6	797.7	21.8
1951	1444.7	105.6	7.3	1975	2531.0	298.3	11.8	1999	3710.1	819.5	22.1
1952	1489.9	107.7	7.2	1976	2585.1	301.4	11.7	2000	3755.7	896.5	23.9
1953	1521.5	109.5	7.2	1977	2640.1	316.0	12.0	2001	3798.5	910.1	24.0
1954	1557.1	114.8	7.4	1978	2686.4	324.0	12.1	2002	3837.3	932.1	24.3
1955	1586.8	122.6	7.7	1979	2731.0	378.1	13.8	2003	3869.7	958.5	24.8
1956	1628.1	147.1	9.0	1980	2776.7	432.1	15.6	2004	3903.7	1025.9	26.3
1957	1680.9	165.5	9.8	1981	2826.8	486.2	17.2	2005	3730.0	1002.3	26.9
1958	1710.0	344.4	20.1	1982	2875.2	540.2	18.8	2006	3690.0	1013.3	27.5
1959	1744.0	350.3	20.1	1983	2901.5	550.6	19.0	2007	3632.0	1025.7	28.2
1960	1643.0	359.0	21.9	1984	2931.9	560.9	19.1	2008	3596.0	1046.8	29.1
1961	1623.5	270.9	16.7	1985	2972.2	571.3	19.2	2009	3537.0	1057.3	29.9
1962	1664.3	206.0	12.4	1986	3025.9	581.7	19.2	2010	3479.0	1176.3	33.8
1963	1703.6	202.9	11.9	1987	3072.6	592.0	19.3	2011	3469.0	1212.8	35.0
1964	1752.0	213.1	12.2	1988	3127.3	602.4	19.3	2012	3484.0	1268.5	36.5
1965	1820.7	225.5	12.4	1989	3171.0	611.9	19.3	2013	3502.2	1324.9	37.8
1966	1885.0	235.9	12.5	1990	3267.5	623.2	19.1	2014	3508.0	1403.6	40.0
1967	1957.0	244.9	12.5	1991	3314.6	645.0	19.5	2015	3529.5	1482.5	42.0
1968	2035.0	254.5	12.5	1992	3361.0	666.8	19.8	2016	3555.0	1569.5	44.2
1969	2108.0	264.3	12.5	1993	3408.7	688.6	20.2	2017	3580.0	1647.5	46.0
1970	2180.5	277.3	12.7	1994	3458.4	710.4	20.5	2018	3600.0	1710.7	47.5
1971	2259.0	271.8	12.0	1995	3508.1	732.2	20.9	2019	3650.0	1767.6	49.0
1972	2323.2	281.5	12.1	1996	3555.4	754.0	21.2	2020	3720.0	1840.5	50.0

资料来源：①1949~1999 年的年末总人口数、1949~1978 年的城镇人口数均来自贵州统计局编.贵州六十年〔Z〕. 北京：中国统计出版社，2009：245。

②1979~1999 年的城镇人口数来自单晓刚，孔维林，陈隆诗. 贵州省城镇化水平分析与预测〔J〕. 贵州科学，2007（增刊）：283。

③2000~2013 年的年末总人口数及城镇人口数均来自贵州统计年鉴（2014）。

④2014 年的年末总人口数及城镇人口数均来自 2015 贵州省国民经济和社会发展统计公报。

⑤2020 年数据为预测数。

州省已设有两个建制市，分别是贵阳市和遵义市。在城镇化水平方面，此时的城镇化率（即城镇人口在总人口中的占比）已由 1949 年的 7.5% 提高到了 1957 年的 9.8%。当然，若换一个角度来看，也就是说 8 年间其城镇化率仅提高了 2.3 个百分点，即平均每年仅提高 0.29 个百分点，比全国同期每年提高 0.59 个百分点的平均增速还低 0.3 个百分点；且从时间序列来看，贵州省的城镇化率在 1949~1954 年基本上都维持在 7.2%~7.5% 的水平，而真正呈现明显增长态势则始于 1955 年，为 7.7%，其后的 1956 年、1957 年分别提升到 9.0%、9.8%，不过也均未超过 10.0% 的水平。因此从这个方面来说，这个阶段的贵州省城镇化发展只能被称为"起步阶段"。

（二）城镇化的无序化发展阶段（1958~1965 年）

从 1958 年到 1965 年的短短 7 年间，中国社会经历了"大跃进""自然灾害"及其后的"调整整顿"的三大"特殊事情"。在这样的一个大背景下，与之相"对应"的就是包括贵州省在内的全国城镇化发展的"大起大落"。例如，1958~1960 年的"大跃进"时期，贵州省的城镇人口也得到了跃进式增长——由 1957 年的 165.5 万人增加到 1960 年的 359.0 万人（见表 2-1），净增加 193.5 万人，增长率高达 116.97%，年均增长 29.46%；城镇化率相应由 1957 年的 9.8% 上升到 1960 年的 21.9%，提升了 12.1 个百分点，年均提升 4.03 个百分点。

然而，由于以户籍管理制度为代表的城乡二元制度在这期间的逐渐形成，以及"大跃进"带来的"后遗症"和三年"自然灾害"（1959~1961 年）的严重影响，贵州农村人口流入城镇受到了极大限制。特别是 1961 年初在全国范围内对国民经济实行的"调整、巩固、充实、提高"方针更是进一步精减和压缩了城镇人口。如到 1961 年 6 月，全国共精减来自农村的职工 1887 万人，城镇人口 2600 万人。正因如此，贵州省的城镇人口也由 1960 年的 359.0 万人猛减到 1961 年的 270.9 万人，净减少 88.1 万人；城镇化率也由 1960 年的 21.9% 下降到 16.7%，激降 5.2 个百分点。到 1962 年时，贵州城镇人口进一步下降到 206.0 万人，城镇化率也降到 12.4%，相较 1960 年下降了近 10 个百分点。不过，经过持续、全面、有力的调整，在其后的两三年时间内（1963～1965年）国民经济发展也有了新转机，此时的贵州省城镇人口才基本趋于稳定并略有增加，城镇化率大体维持在12.0%左右。总之，这个时期的贵州省城镇化发展是处于一种大起大落的状态。

（三）城镇化的停滞发展阶段（1966～1978年）

1966～1976年，中国国内发生了"文化大革命"，以工农业生产为重点的国民经济发展陷于崩溃，再加之受上山下乡运动以及国家实施的"三线建设"政策影响，大量的城市知识青年和干部职工被下放到农村。在这种情况下，就使我国尤其是类似于贵州这样的西部山区省份的城镇化推进异常缓慢。例如，贵州省城镇人口从1966年到1978年的12年间仅增加了88.0万人，年均增加7.33万人，年均增长率仅为2.68%。且据有关学者的研究，这种城镇人口的增加可能更多地属于一种自然增长，真正属于农村人口流入城镇的机械增长的比重并不大。亦即城镇人口的增长是随着贵州省人口总量的增长而增长的，这样就导致了其城镇化水平始终徘徊在12.0%左右的现实，个别年份如1975年、1976年下降到12.0%以下，尤其是1978年对比1966年而言，其城镇化率整体上下降了0.4个百分点，即由1966年的12.5%下降到了12.1%。由是观之，则可间接表明贵州省城镇化发展基本处于停滞状态。

（四）城镇化的恢复性发展阶段（1979～1984年）

1978年党的十一届三中全会作出了把工作重点转移到国家经济建设上来的战略决策，从而开启了我国改革开放的历史新时期，其首要"举措"就是在全国全面推行家庭联产承包责任制，从而也极大地激发了农民生产潜能，提高了农业劳动生产率。正因如此，农村非农产业也以此为基础才有了发展的机会和条件，这样又直接助长了乡镇企业的发展壮大。例如，1979～1984年，贵州省的乡镇企业数从24129家增加到203830家；乡镇企业从业人数也相应地从276379人增加到754368人（见表2-2）。这也意味着我国城市工业化和农村工业化的"并驾齐驱"，在这样的"双轮"甚至是"多轮"驱动下，我国农村城镇化的步伐明显加快，城镇化率也得到了显著提高。在此背景下，贵州省城镇人口就从 1979 年的 378.1 万人快速增加到 1984 年的 560.9 万人（见表 2-1），净增加 182.8 万人，增长 48.3%；城镇化率也相应地从 13.8% 上升到了 19.1%，提高了 5.3 个百分点，基本快赶上 1958 年的 20.1% 的水平。这就是说，贵州省的城镇化伴随着农村经济体制改革进入恢复性发展阶段，即恢复到先前的较高水平状态。

表 2-2　1979~1984 年贵州省乡镇企业发展及从业人员情况

单位：家，人

年份	1979	1980	1981	1982	1983	1984
乡镇企业数	24129	30674	30206	40837	50765	203830
企业职工人数	276379	262058	269252	363334	442553	754368

资料来源：农业部乡镇企业局组编. 中国乡镇企业统计资料（1978~2002）［M］. 北京：中国农业出版社，2003。

（五）城镇化的相对快速发展阶段（1985~1991 年）

1984 年党的十二届三中全会确立了从农村走向城市的以城市为重点的经济体制改革方向，其中一项重要的政策就是鼓励发展小城市以及农村集镇，以此来吸纳从农业释放出来的农村劳动力；与之不同的是，政府在大城市则采取了严格限制农村人口流入的政策，其目的是规避人口过多地流入大城市所带来的经济社会问题。这样一来的结果就是包括贵州省在内的全国各地的小城镇都得到了快速发展，城镇化程度也相对维持在一个高位水平，不过也很难出现如原先那种跃迁式的发展。譬如，1985 年贵州省的建制镇有 390 个，到 1991 年时增加到了 496 个[①]，6 年间增加 106 个，增长幅度可谓之大；不过，其城镇人口只相应地从 571.3 万人增加到了 645.0 万人（见表 2-1），净增加 73.7 万人，增长率仅为 12.9%，年均仅增长 2.04%；城镇化率从 1985 年的 19.2% 到 1991 年的 19.5% 仅仅提高了 0.3 个百分点。因此我们说，这个阶段的贵州省的城镇化几乎是在匀速发展（城镇化率"恒

---

①　贵州统计局编. 贵州六十年［Z］. 北京：中国统计出版社，2009：41.

定"为 19.3% 左右），只不过相对过去的 36 年（1949～1985 年）而言又是一个较高水平的匀速。

（六）城镇化的快速健康发展阶段（1992～2010年）

1992 年党的十四大正式提出了建立社会主义市场经济体制的改革目标，这标志着我国工业化、城镇化的发展已进入一个新的历史发展时期。特别是随着改革的深入以及市场经济体制的日益完善，原先一些阻碍农村人口流入大中城市务工经商的限制性政策也逐渐松绑，亦即为城镇化发展创造了更加有利条件，从而也使得我国城镇化进程得到了加速推进，当然贵州省的城镇化发展也享受到了这种改革带来的"红利"。例如，贵州省的建制镇数量1991 年时还只有 496 个，而到 1992 年时激增到 653 个，即一年内净增 157个；且自 1992 年以来贵州省城镇化率基本上都维持在 20.0% 以上（见表2－1），并且每年还在以大小不等的速度提升，特别是进入"十一五"时期后，这种提升的速度明显加快。

（七）新型城镇化阶段（2011年至今）

进入"十二五"时期以来，贵州省的城镇化进入快速发展阶段。根据贵州省城镇化率较低的实际情况，贵州省委、省政府制定了城镇化带动战略作为贵州省的两大战略之一，开启了贵州省城镇化发展的快速键。2013 年国家实施新型城镇化发展战略，2015 年全省常住人口城镇化率达到 42.0%，"十二五"期间年均城镇化率提高 1.6 个百分点，超过国家城镇化率年均水平。贵州省根据自己的实际制定了山地特色新型城镇化发展战略，成为国家新型城镇化试验区。贵州新型城镇化进入持续健康发展时期。

二 贵州省城镇化的速度和水平

从表 2－3 可以看出，改革开放以来贵州省的城镇化发展总体上保持了一个稳步推进的态势，只不过在不同时期其城镇化率提高幅度和程度不尽一致。如"六五"时期贵州省的城镇化率年均提高 0.72 个百分点，而"七五"时期、"八五"时期其提高幅度明显下降，分别仅为 －0.02 个百分点、0.36 个百分点。到"九五"时期、"十五"时期时，其城镇化速度又开始提升，基本上是以每年 0.6 个百分点的速度在推进；尤其是"十一五"时期时，其城镇化推进速度更是上升到每年 1.38 个百分点，几乎相当于全国同期的平均增速（见表 2 - 3）。也就是说，贵州省的城镇化速度大致呈现的是一个"由快到慢、由慢到快并趋于加速"的"V"形发展过程。

随着城镇化的加快，贵州省的城镇发展也进入一个新阶段。据统计，到 2014 年末，贵州全省共有建制市或设市城市 13 个。其中：地级市或地级以上城市有 6 个，分别是贵阳、六盘水、遵义、安顺、铜仁和毕节；县级市或县级城市有 7 个，即清镇、赤水、仁怀、凯里、都匀、兴义和福泉。另有建制镇 762 个[①]，比 2012 年的 729 个增加了 33 个，这也是近年来贵州省一次性增加建制镇个数较多的一年，同时也意味着有一批中心镇正在崛起。例如，到 2011 年末，贵州省建制镇中镇区人口超过 1 万人的就已发展到了 146 个[②]，比 2003 年的 84 个净增 62 个。与此同时，贵州省的城镇化率到 2009 年末基本宣告进入 3.0 的时代（即城镇化率大于等于 30.0% 的时代），如 2010 年、2011 年其城镇化率则分别增长到 33.8%、35.0%。到 2014 年末，贵州全省常住总人口 3508.0 万人，比上年末增加 5.8 万人。其中，城镇人口 1403.6 万人，比上年末增加 78.7 万人；乡村人口 2104.5 万人，比上年末减少 72.9 万人。年末城镇化率为 40.0%。[③] 可以说，这些成绩的取得都是城镇化的结果。

三 贵州省城镇化水平的横向比较

近些年来，虽然贵州省的城镇化进程明显提速，但若横向比较，我们认为无论是其城镇化速度、城镇化水平还是城市数量、城镇规模等级等都处于一种低水平状态。

---

① 国家统计局. 中国统计年鉴 ［J］. 北京：中国统计出版社，2015.
② 国家统计局农村社会经济调查司. 中国建制镇统计年鉴 ［J］. 北京：中国统计出版社，2012.
③ 贵州省统计局，国家统计局贵州调查总队.2014 年贵州省国民经济和社会发展统计公报 ［N］. 贵州日报，http：//gzrb. gog. com. cn/system/2015/03/23/014198212_ 02. shtml，2015 - 02 - 23.

表 2 - 3   不同时期的贵州省城镇化率比较

单位：%，百分点

时期		"六五" 1981 ~ 1985	"七五" 1986 ~ 1990	"八五" 1991 ~ 1995	"九五" 1996 ~ 2000	"十五" 2001 ~ 2005	"十一五" 2006 ~ 2010	"十二五" 2011 ~ 2015	"十三五" 2016 ~ 2020
贵州	期初城镇化率	15.6	19.2	19.1	20.9	23.9	26.9	33.8	42.0
	期末城镇化率	19.2	19.1	20.9	23.9	26.9	33.8	42.0	50.0
	年均提高程度	0.72	-0.02	0.36	0.60	0.60	1.38	1.64	1.58
不同时期全国城镇化率年均提高程度		0.86	0.54	0.53	1.43	1.35	1.39	1.42	1.36

资料来源：①"贵州城镇化率年均提高程度"系根据表 2-1 提供数据计算得出。
②"全国平均城镇化率"数据来自简新华，何志扬，黄锟.中国城镇化与特色城镇化道路〔M〕.济南：山东人民出版社，2010：236。

1. 城镇化速度比较

从表 2 - 3 可以看出，"六五"时期我国的城镇化率年均提高 0.86 个百分点，而同期贵州省年均提高 0.72 个百分点，较全国平均水平低 0.14 个百分点，"七五"时期其差距更是扩大到 0.56 个百分点。"八五"时期其差距虽一度有所缩小，但到"九五"时期、"十五"时期其差距反而进一步拉大了，分别相差 0.83 个百分点、0.75 个百分点。可喜的是，"十一五"期间贵州省城镇化的速度与全国平均水平仅仅相差 0.01 个百分点，几乎"等速"。从"十二五"时期开始，贵州省城镇化发展速度加快，10 年城镇化率年均涨幅超过全国平均水平（见表 2 - 3）。

2. 城镇化水平比较

由于城镇化动力不足以及缺乏规划等，长期以来，贵州省的城镇化率都要较全国平均水平低，且其与全国城镇化水平差距也有进一步拉大的趋势。如 1949 年时，贵州省的城镇化率为 7.5%，全国平均水平为 10.6%，仅相差 3.1 个百分点；到 1965 年、1975 年和 1985 年时其差距有所扩大，分别相差 5.6 个百分点、5.5 个百分点和 4.5 个百分点。尤其是进入 20 世纪 90 年代后，城镇化水平的发展差距更是显著拉大，1997 年时其与全国城镇化率相差 10.9 个百分点，亦即其差距首次超过 10.0 个百分点；到 2009 年时，其城镇化发展水平一度相差高达 18.4 个百分点，这也是新中国成立以来的最大差距值，而后几年差距又相对有所缩小。到 2019 年末，贵州省的城镇化率仍比全国 54.8% 的平均水平低 5.8 个百分点。

贵州城市发展水平与全国城市发展的差距，主要是通过体现贵州城市发展的相关指标与全国水平同类指标存在的差距来衡量的，两者的差距主要表现在以下几个方面。

一是贵州城镇化率较低。近年来，贵州省城镇化发展速度较快，但无论与全国平均水平相比，还是与周边省份相比，城镇化水平仍然偏低。截至 2018 年，贵州省城镇化率为 47.5%，仅高于西藏，居全国倒数第二位，比全国平均水平低 12.5 个百分点。

二是中心城市带动功能不强，且城市数量较少。贵阳作为贵州省唯一的大城市，虽然首位度高，但经济实力仍然较弱。2018 年，贵阳市人均 GDP 为 7.9 万元，在西部省会城市中排倒数第三位，目前仍处于要素集聚阶段，对周边区域乃至全省的生产要素产生较强的聚集功能，尚未发挥经济的辐射带动作用。同时，从城市之间的关联情况来看，全省除了贵阳是唯一的大城市外，省内中等城市数量也较少，缺乏有效的纽带。各级城市之间联系也较为松散，同质化竞争较为激烈，分工协作格局尚未形成，既影响了自身发展功能的优化，也没有形成与周边城市协调发展。遵义、六盘水、安顺、铜仁等区域中心城市更多的是承担了行政职能，经济发展后劲不足，对区域辐射带动能力较弱。从城市数量上来说，截至 2018 年底，贵州省城区人口 100 万人以上的大城市仅 2 个，城区人口 50 万～100 万人的中等城市 3 个；城市建成区面积平均为 1477 平方公里①，均小于全国城市发展同类指标平均

---

① 贵州省住房和城乡建设厅. 推进海绵城市、地下管廊、智慧城市等建设，力争 2019 年全省常住人口城镇化率达到 49%［EB/OL］.

水平。

三是城市基础设施建设水平落后。贵州城市建设速度慢，城市道路、供电、供水、排水等基础设施落后，根据《中国统计年鉴2018》：2017年底，贵州城市供水普及率92.86%，列全国第29位；燃气普及率74.86%，列全国第29位；人均拥有道路面积9.58平方米，列全国第29位；城市平均每万人拥有公交车9.60标台，列全国第26位；城市人均公园绿地面积11.41平方米，列全国第21位；城市每万人拥有公共厕所1461座，列全国第25位。在城市市政设施方面，城市年末实有道路长度3118千米，列全国第27位；城市桥梁共有537座，列全国第26位；城市排水管道长度5260千米，列全国第27位；城市污水日处理能力188.5万立方米，列全国第24位；城市道路照明灯367.7千盏，列全国第23位（见表2-4）。

表2-4　2017年贵州城市公共事业建设情况及全国排名

项目指标	数据	全国排名
供水普及率(%)	92.86	29
燃气普及率(%)	74.86	29
人均拥有道路面积(平方米)	9.58	29
平均每万人拥有公交车(标台)	9.60	26
人均公园绿地面积(平方米)	11.41	21
城市每万人拥有公共厕所(座)	1461	25
年末实有道路长度(千米)	3118	27
城市桥梁(座)	537	26
城市排水管道长度(千米)	5260	27
城市污水日处理能力(万立方米)	188.5	24
城市道路照明灯(千盏)	367.7	23

资料来源：中国统计年鉴［J］.2018.

3. 贵州城市发展与东部、中部、西部及东北地区城市发展的差距

自2005年起，国家统计局统计口径上东部、中部、西部和东北地区的分组方法是：东部地区包括北京、天津、河北、上海、江苏、浙江、福建、山东、广东、海南10个省市；中部地区包括山西、安徽、江西、河南、湖

北、湖南 6 个省份；西部地区包括重庆、四川、贵州、云南、西藏、陕西、甘肃、青海、宁夏、新疆、内蒙古、广西 12 个省区市；东北地区包括辽宁、吉林、黑龙江 3 个省份。为了便于比较贵州与东部、中部、西部及东北地区的城市发展水平，我们亦参照这一区域划分方法。

贵州与东部省市城市发展水平比较。贵州的城镇化率远远落后于东部 10 个省市，2017 年贵州城镇化率仅为 46.0%，较东部城镇化率最高的上海 87.7%，相差 41.7 个百分点；就是比东部城镇化率最低的海南省，还落后 12.0 个百分点。城市个数，因北京、上海、天津三个直辖市都是特大型城市，均只有 1 个城市，因此贵州地级及以上城市数 6 个多于东部的北京、上海、天津，同时也比海南多 2 个。建成区面积，贵州 986.4 平方公里，仅高于东部的海南省 323.8 平方公里，略低于上海 998.8 平方公里。城市人口密度，贵州 2302 人/平方公里，高于东部的北京、江苏、浙江、山东、海南。年末城市供水管道长度、年末城市燃气管道长度，贵州分别为 14453 公里和 6515 公里，两个指标仅超过东部的海南省。建成区绿化覆盖率，贵州为 37.0%，仅高于东部的天津市。城市污水处理能力，贵州为 493.5 万立方米，仅高于东部的海南省和天津市。通过上面的比较可以看出，除城市人口密度外，其他指标贵州省仅高出东部 10 个省市的个别省市，特别是城镇化率与东部省市有巨大差距。

表 2 - 5 贵州与东部、中部、西部及东北地区 2017 年的城市发展水平比较

项目 地区	城镇化率（%）	地级及以上城市数①（个）	建成区面积（平方公里）	城市人口密度（人/平方公里）	年末城市供水管道长度（公里）	年末城市燃气管道长度②（公里）	建成区绿化覆盖率（%）	城市污水处理能力（万立方米）
北京	86.50	1	1445.5	1144	27491	26597	48.4	687.6
天津	82.93	1	1087.6	3276	18553	20706	36.8	369.8
河北	55.01	11	2120.2	2675	18713	25371	41.8	935.0
上海	87.70	1	998.8	3814	37643	30650	39.1	579.1
江苏	68.76	13	4426.5	2092	93317	72082	43.0	3538.4
浙江	68.00	11	2829.3	2109	69183	40937	40.4	1555.7

续表

项目 地区	城镇化率(%)	地级及以上城市数①(个)	建成区面积(平方公里)	城市人口密度(人/平方公里)	年末城市供水管道长度(公里)	年末城市燃气管道长度②(公里)	建成区绿化覆盖率(%)	城市污水处理能力(万立方米)
福建	64.80	9	1516.9	2854	21142	9857	43.7	813.1
山东	60.58	17	4971.5	1554	53964	56139	42.1	1941.8
广东	69.85	21	5911.1	3253	103270	32653	43.5	2557.5
海南	58.04	4	323.8	2070	6015	3046	40.1	174.3
山西	57.34	11	1178.3	3454	10548	15746	40.6	545.5
安徽	53.49	16	2039.3	2535	27139	23904	42.2	946.6
江西	54.60	11	1454.1	4740	18621	13224	45.2	706.1
河南	50.16	17	2685.3	4871	24419	22939	39.4	948.3
湖北	59.30	12	2340.8	2746	32796	32072	38.4	800.3
湖南	54.62	13	1709.4	3883	25083	17052	41.2	666.2
内蒙古	62.02	9	1269.2	1824	9304	10190	40.2	584.4
广西	49.21	14	1413.7	1950	18528	5985	39.1	695.6
重庆	64.08	1	1423.1	2017	17789	22320	40.3	584.2
四川	50.79	18	2832.3	2962	40197	50417	40.0	1344.9
贵州	46.02	6	986.4	2302	14453	6515	37.0	493.5
云南	46.69	8	1142.1	3000	13258	6714	38.9	500.1
西藏	30.89	6	147.6	1232	1640	3452	34.8	26.1
陕西	56.79	10	1287.1	4101	9520	16570	39.9	723.6
甘肃	46.39	12	868.7	4066	5803	3525	33.3	318.3
青海	53.07	2	199.9	2777	2709	2244	32.6	131.2
宁夏	57.98	5	458.1	1388	2833	6280	40.4	247.6
新疆	49.38	4	1243.6	2436	10206	13419	40.0	615.2
辽宁	67.49	14	2643.8	1770	35335	30173	40.7	1287.6
吉林	56.65	8	1452.2	2284	12001	10460	35.8	438.0
黑龙江	59.40	12	1819.7	5515	15885	9934	35.5	632.1

注：①地级及以上城市数按城市市辖区年末总人口分组的城市个数统计。其中北京、上海、天津、重庆四个直辖市均只有1个城市，因为它们都是特大型城市。

②年末城市供水管道长度为人工煤气管道、天然气管道、液化石油气管道三者之和。

资料来源：中国统计年鉴〔J〕.2018.

　　贵州与中部省份城市发展水平比较。城镇化率、地级及以上城市数、建成区面积、城市人口密度、年末城市燃气管道长度、建成区绿化覆盖率、城市污水处理能力均落后于中部 6 个省份。年末城市供水管道长度，在中部 6 个省份中，仅高于山西省。缘于中西部经济发展水平较为接近，通过与中部城市比较，可以更好地看出贵州城市发展需补齐的短板。上述贵州城市发展的数量和质量均落后于中部省份，各方面都与中部省份存在一定的差距，今后城市发展可以考虑先以中部省份为参照。

　　贵州与西部省区市城市发展水平比较。在西部 12 个省区市中，贵州城镇化率仅高于西藏自治区；地级及以上城市数高于重庆市、青海省、宁夏回族自治区、新疆维吾尔自治区；建成区面积高于西藏自治区、甘肃省、青海省、宁夏回族自治区；城市人口密度高于内蒙古自治区、广西壮族自治区、重庆市、西藏自治区、宁夏回族自治区；年末城市供水管道长度高于内蒙古自治区、云南省、西藏自治区、陕西省、甘肃省、青海省、宁夏回族自治区、新疆维吾尔自治区；年末城市燃气管道长度高于广西壮族自治区、西藏自治区、甘肃省、青海省、宁夏回族自治区；建成区绿化覆盖率高于西藏自治区、甘肃省、青海省；城市污水处理能力高于西藏自治区、甘肃省、青海省、宁夏回族自治区。在西部省区市中，除城镇化率明显落后外，其他方面均处于中上水平，具有较大的发展潜力。

　　贵州与东北三省城市发展水平比较。东北是我国著名的老工业基地，城市发展有较强的产业支撑，但由于资源枯竭、生产效率低下、污染严重等问题，经济出现较严重的衰退，导致城市一度发展缓慢。尽管如此，贵州城镇化率、地级及以上城市数、建成区面积、年末城市燃气管道长度均落后于东北三省；城市人口密度高于辽宁省，年末城市供水管道长度高于吉林省，建成区绿化覆盖率高于吉林省和黑龙江省，城市污水处理能力高于吉林省。

　　通过与东部、中部、西部及东北地区城市发展水平的比较，贵州城镇发展呈现以下特征，一是城镇化水平还有很大的潜力，高城镇化率增长率还将会持续一段时期；二是城市数量或规模还有突破空间，伴随贵州经济的强劲增长，贵州的城市数量或规模肯定会跃升新的台阶；三是贵州城市基础设施亟须完善，受制于贵州经济存量和发展阶段，现有城市基础设施远远满足不了城镇化的快速推进，加大基础设施建设，提升公共服务供给能力是城市快速发展的强力支撑。

第二节　城镇化建设取得的成绩

一　城镇化水平快速提高

党的十八大以来，是贵州省新型城镇化发展最快的时期，2018 年贵州常住人口城镇化率达到 47.5%，较 2012 年提高了约 11 个百分点；2012~2018 年城镇化率年均增长约 1.8 个百分点，超过全国平均水平；常住总人口从 2012 年的 3484.0 万人增长至 2018 年的 3600.0 万人，增长 116 万人，增幅为 3.3%；城镇人口规模得到较大幅度的提高，城镇人口由 2012 年的 1268.5 万人增至 2018 年的 1710.7 万人，城镇人口规模净增约 442 万人，增幅为 34.85%，人口城镇化进程明显加快（见表 2-6）。

表 2-6　2012~2018 年贵州人口城镇化进程

单位：万人，%

类型＼年份	2012	2013	2014	2015	2016	2017	2018
常住总人口	3484.0	3502.2	3508.0	3529.5	3555.0	3580.0	3600.0
城镇人口	1268.5	1324.9	1403.6	1482.5	1569.5	1647.5	1710.7
城镇化率	36.5	37.8	40.0	42.0	44.2	46.0	47.5

资料来源：根据 2012~2018 年贵州统计年鉴及 2019 年贵州政府工作报告整理。

二　城镇化体系不断完善，空间不断优化

贵州各地区通过加强区域规划、城市（县城）总体规划，使城镇化空间布局依据不断更新完善。通过实施省内重要城市及区域规划：黔中城市群

规划、贵阳市总体规划 2017 年修订、安顺市城市总体规划等，以及区域规划：惠水、兴仁、兴义等城市（县城）总体规划，全省城镇化格局得到进一步完善。以交通路网为纽带，基本建立了"近海近江近边"开放型新型城镇空间格局；以"美丽乡村"、县域小城镇建设为抓手，初步形成大中小城市和小城镇协调发展的现代城镇体系格局。同时，创新开展"多规融合"改革试点，分头推进省、市县两级空间规划改革，制定形成市县空间规划编制办法，城镇空间布局不断优化。经过近几年的快速发展，贵州逐渐形成了以黔中城市群为城镇化发展主体形态，集聚贵阳—安顺、遵义两大都市圈，以市（州）政府所在地城市（六盘水市、毕节市、铜仁市、凯里市、都匀市、兴义市为中心的六大城镇组群）联动周边城镇打造区域城镇组群的省域城镇化空间格局。

三 城镇化产业支撑加强

贵州不断加快以大数据为重点的电子信息、新医药大健康产业、现代山地高效农业、文化旅游产业、新型建筑建材产业等五大新兴产业发展。出台支持"五张名片""四个一体化"等传统特色优势产业加快发展政策措施，推动传统特色优势产业改造提升。出台支持现代物流业、电子商务等加快发展的意见，启动实施"十百千"工程，培育发展省级现代服务业集聚区。加快推动一、二、三产业发展，不断强化城镇产业支撑，增强城镇辐射带动能力（见表 2－7）。

表 2－7　2012～2017 年贵州三次产业发展情况

单位：亿元

类型＼年份	2012	2013	2014	2015	2016	2017
第一产业增加值	891.91	999.34	1281.52	1641.99	1861.81	2032.27
第二产业增加值	2677.54	3297.3	3882.17	4175.24	4669.53	5428.14
第三产业增加值	3282.75	3819.7	4136.83	4723.77	5261.01	6080.42

资料来源：根据贵州统计年鉴 2018、贵州统计年鉴 2013 整理。

四 城镇化发展绿色和谐

在推进山地特色新型城镇化进程中，贵州持续加大生态环境保护力度，改革完善体制机制，积极推动生态环境质量改善、生态环境保护事业稳步发展，走出了一条经济增长与环境改善的双赢之路。贵州不断丰富"1＋7"的环境保护路径措施，全面推动"建、管、改、治"和水、气、土三个"十条"的落实，通过实施城镇绿化美化工程、退耕还林工程等项目，贵州山水田园林地融合型城镇环境不断优化（见表2-8）。

表2-8 2012~2017年贵州环境保护情况

类型 ＼ 年份	2012	2013	2014	2015	2016	2017
环保资金投入（亿元）	97.35	133.7	175.25	161.16	177.18	171.43
达到国家环境空气质量二级标准城市（个）	12	11	11	10	10	13
工业废气中二氧化硫去除率(%)	69	70.3	77.2	76.1	85	84.6
工业固体废物综合利用率(%)	60.9	50.5	56.9	59.8	58.1	54.7
自然保护区(个)	130	121	123	119	119	119
城市人均公园绿地面积（平方米）	6.68	7.98	8.66	9.61	11.65	13.02
建成区绿化覆盖率（%）	25.06	24.94	24.35	28.15	30.04	32.84
公园个数(个)	147	161	160	242	295	397

资料来源：根据贵州统计年鉴2018、贵州统计年鉴2013整理。

五 城镇化支撑体系完善

十八大以来，贵州交通基础设施通达能力及服务能力进一步提升，基础设施对城镇化支撑作用显著增强。以贵阳为中心双通道连接各市（州）行政中心的 3 小时交通圈已初步建立。乌江实现全程通航，赤水港、镇宁港等 13 个内河港口建成或基本建成。全省市县公交开通率达到 100%。保障城镇化发展的基础设施体系不断完善，2017 年，新增城镇道路长度 893 公里，开工建设城市地下综合管廊长度 74 公里，海绵城市项目 173 个，新增城镇污水处理规模 43 万吨/日，雨污分流管网长度 1815 公里，社会公共停车泊位数 5.2 万个，城镇基础设施服务功能大幅提升（见表 2-9）。

表 2-9　2012~2017 年贵州城市基础设施建设概况

类型 年份	2012	2013	2014	2015	2016	2017
高速铁路营运里程（公里）	—	—	234	560	835	860
国家高速公路里程（公里）	1772	1890	1985	2231	3179	3280
内河航道里程（公里）	3563	3563	3661	3661	3664	3664
机场个数（个）	6	9	10	10	10	11
机场通航城市（个）	59	68	81	81	92	101
城市年末供水综合生产能力（万立方米/日）	376.94	364.28	371.97	381.31	420.35	462.96
城市供水管道长度（公里）	11629.67	12579.11	13608.14	15239.84	17074.76	22688.00
城市供水总量（万立方米）	71168	74730	79789	85454	92090	101100
城市用水普及率（%）	87.6	88.5	90.2	91.8	92.9	93.2
城市燃气普及率（%）	55.2	58.7	60.3	70.7	72.1	73.7
城市年末实有道路长度（公里）	4875	5787	6325	7014	8021	8723
城市污水日处理能力（万立方米）	173.0	188	191	199	250	270
城市生活垃圾清运量（万吨）	449.41	461.47	490.44	501.17	522.34	576.74

资料来源：根据贵州统计年鉴 2018、贵州统计年鉴 2013 整理。

六 城镇化质量持续提升

贵州城乡教育资源总量不断扩增，大力实施"百院大战建设工程"，着力增加医疗卫生资源有效供给，继续推进棚户区改造，同步实施"三改"，积极构建统一的城乡居民基本养老保险制度，医保实现跨省异地结算，城乡社会保险转移和接续机制进一步完善。贵州逐步实现社会保障兜底（见表2-10）。

表2-10 2012~2017年贵州基本公共服务水平概况

类型＼年份	2012	2013	2014	2015	2016	2017
普通中学（所）	2067	2664	2604	2558	2536	2499
小学（所）	11529	10632	9275	8520	7818	7113
幼儿园（所）	3159	4016	4767	5993	8008	9772
卫生机构（个）	27379	29182	28995	28740	28023	28053
文化机构（个）	2213	2241	2235	2204	2230	2298
城镇职工基本养老保险参保人数（万人）	309.38	337.29	361.45	392.09	423.58	588.17
城镇职工基本医疗保险参保人数（万人）	329.27	344.72	354.76	372.74	389.81	410.42
城市居民最低保障人数（万人）	53	51	47	40	35.82	31.50

资料来源：根据2013~2018年贵州统计年鉴整理。

七 城镇化扶贫助力增加

自2011年以来，贵州坚持以城镇集中安置为主，依托县城规划区、重点小城镇、产业园区、旅游景区等对搬迁群众进行安置，促进了贫困地区人口、产业的集聚，从而有力推动了新型城镇化的进程。安置以岗定搬、以产定搬，从实施的效果来看，城镇化集中安置能让搬迁群众实现更好发展。易地扶贫搬迁带来人口和资源的聚集，给城镇注入内生动力，增强了城镇活力，推进了城镇扩容和二、三产业发展，壮大了城镇规模，加快了贵州省新型城镇化进程（见表 2 – 11）。

表 2 – 11　2012～2017 年贵州易地扶贫搬迁概况

年份＼类型	搬迁人数（万人）	建档立卡贫困户（万户）	城镇化集中安置点（万个）
2012～2015	62	—	668
2016	43.16	35.23	562
2017	76.28	68.62	251

资料来源：根据 2013～2018 年贵州统计年鉴整理得出。

八　贵州经验不断涌现

全省纳入全国新型城镇化试点的县市区有 11 个，分布在全省 7 个市州和贵安新区，新型城镇化综合试点加快推进，试点实施成效不断彰显。湄潭县在促进城乡要素高效配置、推进城乡一体化发展、引导农民自愿有偿退出农村合法权益、推动农村集体经营性建设用地入市、完善乡村金融服务体系等方面，都匀市在拓宽融资渠道方面，玉屏在改善城镇基本公共服务保障方面，贵安新区在提高城市精细化治理水平方面的探索，为全国新型城镇化建设贡献了"贵州经验"。

第三节　城镇化发展的问题分析

一　贵州省城镇化发展面临特殊实情

总体来看，全国各地发展城镇化既面临一些"共性"问题，也存在一些特殊情况，即"共性"与"个性"或"一般"与"特殊"并存。在"共性"问题方面，如"改革""开放"力度加大加深、国内外产业结构调整加快、区域协调与城乡一体之要求进一步强化、国家新型城镇化规划出台等方面问题都是各地方在城镇化建设中必须要时刻面对和重点研判的。然而，与全国其他地方不同的是，贵州省的城镇化发展还面临着一些特殊实情，主要表现在如下几方面。

1. 较差的自然条件

贵州东毗湖南，南邻广西，西连云南，北接四川和重庆，是一个典型的"三不靠"（不靠边、不靠江、不靠海）的内陆省份。贵州全省总面积为17.6万平方千米，占全国国土面积的1.8%。从某种程度上讲，"高原""山地"为其"省情"：一方面，贵州境内地势西高东低，平均海拔1100米左右，属云贵高原的一部分；另一方面，贵州境内山脉众多，重峦叠峰，绵延纵横，地貌主要为山地、丘陵和盆地三种，其中山地和丘陵占全省总面积的92.5%，山间盆地占比7.2%，尤其是适宜开发利用的坝区更是占比甚微——仅占0.57%，约1011平方千米。显然，在这样一种较差甚或恶劣的自然条件下，推进城镇化建设难度之大、成本之高、约束之多、效率之低等都是其他地方所无法比拟的。

2. 脆弱的生态本底

贵州省是一个岩溶地貌发育非常典型的山区省份，其喀斯特（出露）面积达109084平方千米，占全省总面积的61.9%，即其境内岩溶分布范围相当广泛。正因如此，一定程度上也昭示着贵州省有着异常脆弱的生态本底。

一是贵州省的水土流失面广量大。贵州是中国水土流失较为严重的省份，1987年全国第一次水土流失调查结果显示，贵州省水土流失的总面积是76670.12平方千米，占全省总面积的43.52%；至2000年，贵州省水土流失趋势虽然有所减弱，但其流失面积仍高达73179.01平方千米，占全省面积的41.54%。[1] 到2010年，相关遥感调查结果显示，贵州省水土流失面积仍有5.5万余平方公里，占全省土地总面积的31.4%[2]。特别是贵州省有些区域如石漠化严重地区，其水土资源已经到了难以维系人类生存和发展境

---

[1] 贵州省水土流失公告 [EB/OL]. 中国广播网，http://gz.cnr.cn/xw/zfgg/200609/t20060914_ 504290127_ 3. html.

[2] 贵州今年投3亿治理水土流失 [N]. 贵阳晚报.2015 - 02 - 28 [A03].

地，在这些地方就更别提搞"工业强省"或"城镇化建设"了。

二是贵州省的石漠化程度相当严重①。与全省水土流失相对应的就是其石漠化程度的加剧。截至 2011 年底，全省石漠化面积、潜在石漠化面积分别为 302.38 万公顷、325.56 万公顷，分别占全省面积的 17.16%、18.48%。在石漠化土地中，轻度石漠化面积 106.49 万公顷，中度石漠化面积 153.41 万公顷，重度石漠化面积 37.50 万公顷，极重度石漠化面积 4.97 万公顷，重度和极重度石漠化面积占全省石漠化面积的 14.0%。从流域分布看，长江流域、珠江流域石漠化面积分别为 177.80 万公顷、124.58 万公顷，分别占全省石漠化面积的 58.80%、41.20%。从市（州）分布看，贵阳市 18.71 万公顷，遵义市 35.80 万公顷，六盘水市 28.36 万公顷，安顺市 32.99 万公顷，毕节市 59.84 万公顷，铜仁市 27.92 万公顷，黔东南州 13.14 万公顷，黔南州 49.70 万公顷，黔西南州 35.92 万公顷。亦即毕节市石漠化面积最大，占全省的 19.79%，安顺市石漠化发生率最高，为 47.35%。从全国范围来看，贵州省还是全国石漠化面积最大、程度最深、危害最重的省份，其石漠化面积占全国的 25.2%。据有关专家测算，按照现在年均净减少 500 平方公里左右的速度，贵州尚需 60 年左右才能完成石漠化治理任务。不难想象，在这样一种生态异常脆弱和极度敏感的地区，要推进城镇化战略将是何其艰难和受"掣肘"。

三是较为频发的地质灾害。作为典型的西部山区省份，贵州省每年发生各类地质灾害（滑坡、崩塌、泥石流、塌陷等）的频率也较高。如 2010 年共发生各类地质灾害数量为 827 起（次），直接经济损失 10222 万元；2011 年 214 起（次），直接经济损失 12825 万元；2012 年 181 起（次），直接经济损失 5564 万元。到 2013 年，虽然各类地质灾害发生的次数大为减少，仅 98 起（次），但其直接经济损失仍较高，达 7704 万元②。显然，这样一种脆弱的生态状况也将深度影响贵州城镇化建设。

---

①　贵州省石漠化状况公报［EB/OL］.贵州省人民政府网，http://www.gzgov.gov.cn/zxfw/ztfw/gysy/yllh/557375.shtml，2013 – 04 – 07.
②　中国统计年鉴［J］.2011～2014.

四是贵州工程性缺水现象突出。据测算，2015 年、2020 年贵州全省缺水分别为 58.7 亿立方米、74.6 亿立方米①。其实，贵州并不是绝对意义上的缺水，年均降雨量达 1179 毫米，只是由于自然条件和投入不足等客观原因，其开发利用率较低，仅为 9.6%，从而加重了"水"的供需矛盾，进而也必将制约贵州经济社会发展尤其是其工业化建设、城镇化建设等。

3. 多样的民族文化

贵州是一个多民族的省份，共有 17 个世居少数民族。第六次人口普查数据显示，全省常住人口中少数民族人口有 1240.44 万人，占比 35.7%。其中人口数超过 10 万人的少数民族主要有：苗族 396.84 万人、布依族 251.06 万人、土家族 143.70 万人、侗族 143.19 万人、彝族 83.45 万人、仡佬族 49.52 万人、水族 34.87 万人、回族 18.48 万人、白族 17.95 万人②。显然，每一个民族都有着自己优秀的传统文化，可以说它们都是多姿多彩"贵州文化"的一个组成部分，我们也完全有理由相信，在未来共同的生产生活实践中，各民族同胞也必将创造出更加灿烂、更加辉煌的"贵州文化"，同时在建设贵州、发展贵州、创新贵州中也必将发挥出不可磨灭的作用。因此，贵州在推进城镇化建设中也必须要考虑这种多元多样的民族文化"禀赋"，才不失为城镇化建设尤其是特色城镇化、新型城镇化建设的本意。

4. 突出的二元结构或现象

这里的二元现象有两重含义。一是指区域差异较大。即从全国范围看，贵州与其他中东部区省份的差距依然存在且还较显著，近似于一种"二元"结构或现象。如 2014 年，贵州省的 GDP 为 9251.01 亿元，在全国排名第 26，仅相当于全国 GDP（636463 亿元）的 1.45%、广东省（全国 GDP 最高省份）的 13.6%、四川省（西部地区 GDP 最高省份）的 32.4%；从人均 GDP 来看，2014 年贵州省人均 GDP 仅为 26414.7 元，全国排名倒数第一，仅为全国平均水平 46773.99 元的 56.5%、天津市 106796.02 元（人均 GDP

① 王斌. 加快解决贵州工程性缺水步伐 [N]. 贵州日报. 2010 - 06 - 10.
② 贵州统计年鉴 [J]. 2014.

最高省份）的 24.7%；从地方公共财政收入总额来看，2014 年贵州省财政收入仅为 1366.42 亿元，而与全国排名前 6 位省份〔广东（8060.06 亿元）、江苏（7233.14 亿元）、山东（5026.7 亿元）、上海（4585.6 亿元）、浙江（4121.17 亿元）、北京（4027.20 亿元）〕相比较，其差距也是"非同一般"。二是指贵州省内城乡差异较大。具体表现为贵州城乡经济发展差距、城乡生活水平差异、城乡社会发展差距显著以及城乡人口难以融合等方面。如据课题组测算，2012 年贵州城乡居民收入差异化系数达到了 0.75，城乡居民恩格尔系数差异系数达 4.9%[①]，等等，诸如此类数据都一定程度地反映了贵州城乡发展差异较大的事实。而且更为突出的是，贵州农村还存在贫困人口较多、贫困面大且贫困程度较深的客观现实，这也更加凸显了贵州城乡差异。也正是鉴于存在这种二元结构或"绝对贫困"现象，贵州省在推进城镇化建设中就一定至少要明晰两个方面问题，即一是不能一味地模仿中东部地区的城镇化道路，二是贵州省城镇化发展的重心和重点何在。

5. 长期化的新常态

长期以来，我国宏观经济都保持着一种高位运行状态，如从 1978 年到 2014 年，我国 GDP 平均每年增长 9.7%，这期间国民经济也从未出现过负增长。然而，自 2008 年全球性的金融危机尤其是 2011 年以来，我国经济发展则出现了较明显的"减速"态势，如 2011 年、2012 年、2013 年和 2014 年的 GDP 增长率分别降为 9.3%、7.7%、7.7% 和 7.4%，比改革开放以来的年平均增速低了 2 个多百分点，这在一定程度上也预示着中国经济以及贵州经济进入发展转型的新阶段，即步入经济发展新常态。显然，经济新常态除具有一些"新"特点（如新的增长速度、新的思维方式和发展理念、新的增长条件和环境、新的经济结构、新的增长动力等）外，还可能包含有其他方面的"新"：一是"新要义"，大致可归纳为"人本""绿色""创

---

① 李华红. 贵州省城乡统筹发展再观察：对城市"反哺"论的批判［J］. 贵阳市委党校学报，2014（6）：6.

新""协调"等；二是新的平台和载体，一定程度上讲即为"新型城镇化"。也就是说，包括贵州省在内要适应经济新常态还必须要加快推进新型城镇化建设，但在具体实践中又必须要以其核心要义为统领。

6. 较多的省外转移人口

由于资源条件有限以及发展机会的相对不足，贵州省每年都有大量农村劳动力外出务工。据统计，"2012 年贵州省农村劳动力在外就业人数达到 742.59 万人，同比增长 5.39%，其中省外就业 557.12 万人，同比增长 3.90%。2013 年全省农村劳动力外出就业人数达到 781.38 万人，同比增长 5.22%，其中省外就业 581.06 万人，同比增长 4.29%"。[①] 由此可看出，贵州省农村劳动力大体分成三类，即省外转移就业劳动力、省内转移就业劳动力和留守农民，且更为重要的是，前两类劳动力还有进一步增长态势。毋庸置疑，如果以促进农业转移人口"市民化"的目标和要求来审视，这三类人群的诉求显然是不尽相同的。亦即贵州新型城镇化建设中的体系布局、相应模式以及动力机制选择还必须要有针对性、有重点地推进，不能"一刀切"，这样才能彰显"人的城镇化"本意。到 2018 年 9 月，贵州省共有流动人口 955.69 万人，其中流出省域的达 495.15 万人，占流动人口总数的 51.8%[②]。

二 城镇化发展问题突出表现

贵州省城镇化发展主要问题体现在以下几方面。

1. 城镇化总体发展水平偏低，城镇综合承载能力不强

（1）城镇化率不高

虽然贵州与全国常住人口城镇化率的差距从 2012 年的阶段性高点 16.1 个百分点缩小到 2018 年的 12.1 个百分点，但是从城镇化率的绝对值来看，贵州城市化水平远低于世界发达国家以及全国平均水平。2018 年世界发达

[①] 贵州年鉴［J］. 2013~2014.
[②] 此数据由贵州省卫生健康委员会人口家庭处提供。

国家城市化水平大多在75%以上，中国常住人口城镇化率为59.6%，而贵州常住人口城镇化率只有47.5%。

表 2 – 12 2012 ~ 2018 年贵州与全国常住人口城镇化率对比

单位：%，百分点

年份	2012	2013	2014	2015	2016	2017	2018
贵州	36.5	37.8	40	42	44.2	46	47.5
全国	52.6	53.7	54.8	56.1	57.4	58.5	59.6
差值	16.1	15.9	14.8	14.1	13.2	12.5	12.1

（2）城市规模不大

①贵州城市人口规模不大。根据《中国统计年鉴（2018）》，全国有289个城市市辖区年末总人口超20万人，其中有15个省区市的19个城市市辖区人口超过400万人，18个省区市的42个城市市辖区人口200万~400万人。但是贵州只有6个城市市辖区年末总人口超20万人，且没有城市市辖区年末总人口在400万人以上，只有2个城市市辖区人口为200万~400万人。②城市经济总量相对不大。2017年，全国省会城市和计划单列市地区生产总值过万亿元的有12个，还有12个城市生产总值为5000亿~10000亿元。同年，省会城市贵阳地区生产总值3538亿元，在全国省会城市和计划单列市中排名第28位。如果按全国所有城市进行排名，贵阳地区生产总值会排在更后面，全省其他13个城市的排名则更在后面了。

（3）城镇综合承载能力不强

①资源承载能力不强。石漠化面积大、程度深、危害重，山地比重大，严重影响全省的人口密度、人均耕地、人均林地、人均粮食总产量等支撑城镇发展的指标。②环境承载能力不强。在山地建设废水、废渣等污染治理的投资大于平原地区，再加上石漠化地区的生态脆弱性，环境的自我恢复能力弱。③经济承载能力不强。2018年，全省人均地方财政收入偏低；全省人均地区生产总值41244元，低于全国人均地区生产总值23276元，全省居民人均可支配收入18430元，远低于全国居民人均可支配收入9798元。④社

会承载能力不强。教育是全省社会承载力的短板之一，特别是高等教育入学率低、缺乏一流高校是较为突出的短板。全国九年义务教育巩固率为94.2%，高中阶段毛入学率为88.8%，高等教育毛入学率为48.1%；贵州九年义务教育巩固率为91.0%，高中阶段毛入学率为88.0%，高等教育毛入学率为36.0%。另外，贵州是全国深度贫困省份之一。经过近几年的脱贫攻坚，虽然很多贫困户已出列，但是2018年末全省还有建档立卡贫困人口155.12万人，大部分出列的贫困户也未富起来，甚至部分出列贫困户有返贫的可能。那些扶贫搬迁到城镇的贫困户直接影响城镇的社会承载力。

2. 城乡收入差距仍较为明显，新型城镇化与新型工业化发展不协调

城乡收入差距大：2018年，全省城镇常住居民人均可支配收入31592元，增长8.6%；农村常住居民人均可支配收入9716元，增长9.6%。城镇常住居民人均可支配收入比农村高21876元，是农村的3.25倍，而全国城镇常住居民人均可支配收入是农村的2.69倍。全省城镇常住人口比农村常住人口少，进一步放大了城乡收入差距的影响。2018年城镇常住人口1710.72万人，农村常住人口1889.28万人。

新型城镇化与新型工业化发展不协调：常用IU比和NU比这两个指标来分析一个国家和地区的城镇化与工业化之间的发展关系。IU是指劳动力工业化率与城镇化率的比值，NU比是指劳动力非农化率与城镇化率的比值。根据2018年统计年鉴数据，贵州IU比、NU比分别为0.422、1.74。IU比低于0.5的标准、NU比高于1.2的标准，表明全省新型城镇化与新型工业化发展不协调。

3. 城市群的辐射带动作用不足，区域城镇化发展水平不平衡

黔中城市群的辐射带动作用不足。黔中城市群包括贵阳市、遵义市、安顺市、毕节市、黔东南州、黔南州6个市（州）及贵安新区的33个县（市、区），占全省（市、区）总数的37.5%。但是黔中城市群涉及的平行部门多，生产要素和商品的分散和集聚能力较为松散，核心区贵阳的经济总量与遵义市相比没有优势，贵阳的工业经济更是缺乏中心辐射带动能力。

城市群产业布局不完善。城镇之间产业布局的雷同和互斥，带来的或是

城市群内经济的此消彼长，或是相互排斥，最终将导致区域整体竞争力的下降。以装备制造业为例，全省有 64 家省级以上开发区进入《中国开发区审核公告目录》（2018 年版），其中有 22 家涉及装备制造业。这 22 家开发区分别位于省城、地（州市）、县（市），导致装备制造业布局严重雷同，容易过度竞争。另外，单个城镇存在产业布局和发展环境不匹配的情况。如正安经济开发区超前布局智能制造业，但所在城镇能级与产业发展不匹配，缺乏必要的人才、技术和资金等方面的支撑。

全省城镇化发展水平不平衡。从人口城镇化水平看，黔西南州、黔东南州、毕节市的城镇化水平低于全省平均水平，其他州市均高于全省城镇化水平。2018 年，全省常住人口城镇化率如下：黔西南州 46%、黔南州 52.05%、黔东南州 47.4%、贵阳市 75.43%、遵义市 53%、安顺市 52%、铜仁市 49.34%、毕节市 42.5%。2017 年，六盘水市常住人口城镇化率是 49.45%（无 2018 年数据）。

4. 城市对人口的集聚度不够，户籍人口城镇化率与常住人口城镇化率差距过大，农民工市民化进程滞后

人口是社会经济和社会活动的主体，人口集聚是新型城镇化的第二基础，人的规模化聚集是推动区域城镇化建设的基础，农业转移人口市民化的最终目的是实现人口向城镇聚集，人口集聚带来劳动力供给增加，然而，贵州省在推进人口市民化进程中出现明显的半城镇化现象，全省常住人口城镇化率高于户籍人口城镇化率，与城镇就业、城镇人口密度等直接关联，也是导致半城镇化的主要原因。2014 年贵州省约有 694.2 万城镇常住人口未进行户籍登记和纳入城镇户籍管理，这是半城镇化的直接体现，农村滞留了大量老、弱、病、残群体，主要源于农业转移人口的成本分担机制、基本公共服务机制、职业技能培训机制、激励机制等体制机制不够完善。户籍人口城镇化率与常住人口城镇化率差距大，农业转移人口市民化进程滞后，从绝对数量来看，2014 年全省城镇常住人口为 1403.57 万人，户籍城镇人口为 709.22 万人，相差 694.35 万人，差值比 2012 年的 576.2 万人扩大了 118.15 万人。2016 年后，贵州省户籍人口城镇化率迅速提升，与全国平均

水平相比，2018 年贵州常住人口和户籍人口城镇化率分别低 12.06 个和 4.37 个百分点。户籍人口城镇化率全国挂末，尚存在较大的提升空间。

表 2 – 13　2012 ~ 2018 年全国和贵州省城镇化情况

年份	2012	2013	2014	2015	2016	2017	2018
全国平均城镇化率（%）	52.57	53.73	54.77	56.10	57.35	58.52	59.58
全国户籍人口城镇化率(%)	35.33	35.73	36.63	39.9	41.2	42.35	43.37
差值（百分点）	17.24	18	18.14	16.2	16.15	16.17	16.21
贵州省户籍人口（万人）	4249	4286	4325	4395	4453	4475	—
户籍城镇人口（万人）	692.34	701.98	709.22	—	—	—	—
贵州年末常住人口（万人）	3484	3502	3508	3530	3555	3580	3600
城镇常住人口（万人）	1268.54	1324.89	1403.57	1482.74	1569.53	1647.52	1710.72
户籍人口与常住人口差值（万人）	765	784	817	865	898	895	—
贵州常住人口城镇化率（%）	36.41	37.83	40.01	42.01	44.15	46.02	47.52
贵州户籍人口城镇化率（%）	16.3	16.4	16.4	16.4	35.25	37.15	39
差值（百分点）	20.11	21.43	23.61	25.61	8.9	8.87	8.52

　　支撑城镇化发展的根本动力是省内部的农业转移人口市民化，贵州省城镇化人口地域转移滞后于职业转移，自然的农民身份和职业的产业工人身份集一身，大量城镇化人口没有解决城镇户籍问题，处于城镇挣钱乡村消费、闲时进城务工忙时返乡团聚的"两栖"状态，导致城镇化质量大打折扣，城镇化作为扩大内需潜力、拉动经济增长引擎的功能作用难以最大化地发挥出来。随着贵州与发达地区之间的差距逐步缩小，返乡创业就业等系列优惠政策的推出，加上发达地区高生活成本、落户困难等问题，贵州省本应进入

人口回流的黄金时期，但由于该部分人口长期在外打工，生活需求层次已然改变，且返乡后无法继续从事农业劳动，作为承载返乡人员重要载体的城镇，生活配套滞后，加上第二、三产业发展还存在许多不足，无法提供充足就业岗位，没有充分发挥吸纳农村剩余劳动力的作用，与实现人口向城镇聚集的功能存在较大差距。

5. 产业支撑不够，特色产业优势发挥不足

贵州是我国典型的后发省份，工业化水平仍较低，战略性新兴产业处于起步阶段，一方面，提供就业岗位少，2017 年规模以上高技术企业从业人员年平均人数为 13.31 人/万人；另一方面，劳动力素质不高，与特定技术要求的第二、三产业岗位需求之间不匹配，供给和需求衔接不当。全省产业带动就业能力较弱，非农产业就业人员所占比例过低，2017 年贵州省第二、三产业从业人员比重为 44.45%，滞后于全国 28.57 个百分点（见表 2 - 14），有待加快工业、新兴产业发展。

表 2 - 14　2012 ~ 2018 年贵州省第二、三产业从业人员比重情况

单位：%，百分点

年份	2012	2013	2014	2015	2016	2017	2018
贵州省第二、三产业从业人员比重	24.88	36.72	38.68	40.33	42.69	44.45	—
全国第二、三产业从业人员比重	66.40	68.60	70.50	71.70	72.30	73.02	73.89
差值(贵州省三带后于全国)	41.52	31.88	31.82	31.37	29.61	28.57	—

尽管贵州省近年来经济增长速度较快，但经济总量低于全国平均水平，同时侧面也体现了产业结构不合理。新型城镇化以产业城镇化为支撑，但贵州省产业就业支撑较弱，由于城镇化水平较低，产业基础薄弱，经济总量较小，工业化程度不高，导致产业带动就业人口能力较弱，2012 ~ 2017 年，贵州省第二、三产业从业人员比重虽然逐年增长，但与全国水平相比仍存在较大差距（见表 2 - 14）。

城镇新增就业人口总量较小，制约城镇化进程发展。自十八大以来，虽然城镇新增就业人口逐年增加，从 2013 年的 55.49 万人增长到 2018 年的 77.71 万人（见表 2-15），六年来累计新增就业人数 426.93 万人。另外，区域解决就业人口基数也较小，2017 年，全省 107 个产业园区吸纳就业人员 131 万人，116 个城市综合体从业人员 4.5 万人，总体来说，产业集聚带动人口就业能力还有待进一步增强。

表 2-15 2013~2018 年贵州新增就业人数概况

单位：万人

年份	2013	2014	2015	2016	2017	2018
新增就业人数	55.49	68.37	72.68	75.78	76.90	77.71

工业、物流、旅游等相关产业结构不尽合理，发展方式粗放，创新能力不足，协作能力较弱，同质竞争现象较普遍，各地区及各产业间协同发展体系还未建立，围绕交通网络搭建的城镇及地区间产业协作集群还不成熟，产业融合协同发展水平还有待进一步提高，新交通格局促进产业发展的潜能还有待进一步挖掘。

6. 基本公共服务发展基础薄弱，供需不平等

贵州省基本公共服务发展滞后于全国，未达到全国平均水平，与发达省市及全国发展差距较大。全省医疗卫生事业总体存在服务发展水平低、人均拥有医疗卫生资源少、医疗服务质量差等问题。受贵州省城乡发展二元体制的影响，城市的规模效应和首位度明显，形成了以城市建设为中心的发展模式，导致城乡在基本公共服务方面存在巨大差距。

基本公共服务供需不对等，其表现在住房保障覆盖面不高，医疗卫生资源紧缺、配置不合理，教育资源供给不足、分布不均衡。部分中低收入家庭住房难的问题仍未解决；优质的医疗、教育资源大多趋向集中于中心城市，农村不能实现就近就医、就近入学等；基本社会保障未能实现城乡的标准转换、跨行政区转接等困难，制约了城镇化的发展。流动人口的基本公共服务

有了一定的改善，但基本公共服务对落户城镇的新增人口和常住人口覆盖面仍然较为狭窄。

7. 产业联动有待加强

贵州小城镇产业仍以依托当地原材料的食材加工、木材加工及其他能矿型产业和以当地农产品为基础的农副产品加工为主导，但是，镇村产业联动关系较弱。由于整体乡镇企业匮乏，且产业门槛低、企业规模小、同质化竞争激烈，产业对就业的带动不明显，对农业转移人口的吸纳能力弱。镇村旅游产业发展互动不足，城镇旅游产业和乡村旅游业未能形成有效的互促关系。

第四节　新型城镇化面临的机遇

一　国家层面推动新型城镇化高质量发展

自 2014 年以来，为推动我国新型城镇化稳步前行，国家相继出台了《国家新型城镇化规划（2014—2020 年）》、《国务院关于进一步推进户籍制度改革的意见》（国发〔2014〕25 号）、《国务院关于实施支持农业转移人口市民化若干财政政策的通知》（国发〔2016〕44 号）、《国务院办公厅关于印发推动 1 亿非户籍人口在城市落户方案的通知》（国办发〔2016〕7号）等文件。2019 年政府工作报告部署的十项重点任务中的第六项，就是"促进区域协调发展，提高新型城镇化质量"，并对"深入推进新型城镇化"提出了多项任务要求。4 月，国家发展和改革委员会印发《2019 年新型城镇化建设重点任务》，提出了总体要求，并从加快农业转移人口市民化、优化城镇化布局形态、推动城市高质量发展、加快推进城乡融合发展等方面，给各地方各部门分工部署了 22 项重点任务。文件指出推动新型城镇化高质量发展，是顺应城市发展规律、促进经济高质量发展、建设现代化经济体系的正确发展途径。

国家层面实施推动新型城镇化战略，为贵州省推进山地特色新型城镇化建设注入了新活力,促进了贵州农业转移人口市民化进程。按照中央要求,要加快实施以促进人的城镇化为核心、以提高质量为导向的新型城镇化战略,突出抓好在城镇就业的农业转移人口落户工作,推动1亿非户籍人口在城市落户目标取得决定性进展。而要尽快完成此项任务,必须促使城镇化提速,据规定,城区常住人口100万~300万人的Ⅱ型大城市应当全面取消落户限制;城区常住人口300万~500万人的Ⅰ型大城市应当放宽落户条件,取消重点群体落户限制。贵州省城区常住人口100万~300万人的Ⅱ型大城市,仅有贵阳和遵义,其他城市城区常住人口均少于100万人,按规定,贵州省域内所有城市全面取消落户限制,城市吸引力将大大提高,农民工市民化将加快推进,城镇化率加速提升。

二 精准扶贫战略的全面实施

加快农民工市民化转化是城镇化建设的重要任务,在这方面,精准扶贫和城镇化建设具有一致性。在精准扶贫的措施中,劳动力转移就业促使贫困农民的职业转换,生态易地扶贫搬迁加速了农村贫困人口的整体迁入城镇进程,产业扶贫促进了农村第二、三产业发展,教育扶贫体现了城乡教育均等化,这些都为农民市民化转变奠定了基础。

作为全国贫困人口最多、贫困面积最大、脱贫攻坚任务最重的省份,贵州省是中国脱贫攻坚的主战场。"十三五"时期,贵州省易地扶贫搬迁规划实施总规模为188万人(其中建档立卡贫困人口150万人);整体搬迁自然村寨10090个;共规划集中建设安置点946个。贵州省通过加快农业转移人口市民化(易地扶贫搬迁),推动城乡基本公共服务均等化,坚持产城融合,增强经济辐射带动作用,坚持以城市群为主体形态推动各级城市体系协调发展,统筹实现新型城镇化战略与乡村振兴战略融合发展,推动城乡一体化。

三 科学的城镇化发展顶层设计

党中央、国务院以及贵州省委、省政府高度重视城镇化以及城乡统筹等问题，近年来对城镇化建设更是给出了明确意见。2012 年党的十八大报告指出，"坚持走中国特色新型工业化、信息化、城镇化、农业现代化道路，推动信息化和工业化深度融合、工业化和城镇化良性互动、城镇化和农业现代化相互协调，促进工业化、信息化、城镇化、农业现代化同步发展"。2013 年党的十八届三中全会《中共中央关于全面深化改革若干重大问题的决定》中再次指出，"完善城镇化健康发展体制机制，坚持走中国特色新型城镇化道路，推进以人为核心的城镇化，推动大中小城市和小城镇协调发展、产业和城镇融合发展，促进城镇化和新农村建设协调推进"。"优化城市空间结构和管理格局，增强城市综合承载能力"。特别是 2013 年召开的中央城镇化工作会议以及 2014 年国务院颁布出台的《国家新型城镇化规划（2014—2020 年）》则对我国城镇化建设作出了具体部署。

　　"十二五"期间，中共贵州省委确定了"加速发展、加快转型、推动跨越"的主基调，其中还明确了今后要重点实施的两大主战略即"工业强省战略"和"城镇化带动战略"。在此基础上，贵州省委第十届九次、十次全会，第十一届四次全会以及全省第一、第二次城镇化推进大会等又均对贵州省城镇化工作作了进一步部署。特别是贵州省委、省人民政府发布实施的《关于支持"5 个 100 工程"建设政策措施的意见》《关于深入实施城镇化带动战略加快推进山地特色新型城镇化的意见》《贵州省城镇体系规划（2012—2030 年）》等政策文件，也必将进一步助推贵州山区特色新型城镇化建设和城乡统筹发展。

　　"十三五"以来，新型城镇化作为贵州省的主战略之一，先后出台了《贵州省人民政府关于深入推进新型城镇化建设的实施意见》、《贵州省人民政府关于印发〈贵州省山地特色新型城镇化规划（2016—2020 年）〉的通知》、《贵州省人民政府办公厅关于印发贵州山地特色新型城镇化示范区建设实施方案的通知》（以下简称"三位一体"）等文件。根据"三位一体"要求，推进贵州省新型城镇化发展要以提高质量为关键，充分释放新型城镇化蕴藏的巨大内需潜力，为全省经济社会发展提供强劲动力，实现全省城镇化质量大幅提高。

四 大数据蓬勃发展，数字经济方兴未艾

党的十八大报告中明确指出了要走中国特色的"新四化"道路，即新型工业化、信息化、城镇化和农业化。其中信息化就是能够促进信息交流和分享的多种新技术的综合，能够十分有效地对经济的发展起到促进作用。作为当前世界经济持续稳定发展的一种必然趋势，大力发展信息化，能够在新型城镇化过程中起到关键性作用。大数据时代的到来，使新型城镇化的发展更加离不开信息化的建设，通过大数据、互联网等数据分析和信息分享手段，以政府、市场为载体，在信息化不断推进的同时，也必将带动新型城镇化的发展。在建设方式上，大数据对新型城镇化建设的推动作用主要体现在基础设施建设方面。大数据对人们传统的认知方式产生了冲击，揭示了事物之间的普遍联系，并能够通过足够多的样本数据分析，对事物的整体变化趋势做出一定的预测。以数据为基础，引导人们在进行城镇化建设过程中更好地对土地、交通、资金等资源进行合理布局，从而很大程度上避免了城镇化建设当中资源浪费、矛盾突出的情况。

五 "一带一路"建设的深入推进

"一带一路"建设将会提高中西部地区的基础设施、经济活力和国际化程度，吸引人口在全国合理集疏和均衡分布，促进中西部地区的城镇化发展。"一带一路"将与西部大开发、中部崛起、东北振兴及新型城镇化战略和长江经济带等一系列国家战略形成互动，促进经济增长、市场空间、基础设施和公共服务等由东向西、由南向北梯次拓展，极大改善中西部地区的投资环境，拉动经济增长，进而从规模、力度、深度和广度上都将大大推动东部产业向中西部的转移，全面加快推进中西部地区的城镇化。

国家将贵州纳入"一带一路"、长江经济带、珠江—西江经济带，特别是批复建设内陆开放型经济试验区，使贵州迎来开放发展新机遇，高速公路、铁路、通航机场全面腾飞，乌江高等级航道实现通航，出省开放通道建设又迈出历史性一步。城市和小城镇作为新型城镇化的重要载体，扩大对外

开放可营造国际合作发展的空间，利用国外先进理念、技术、人才促进贵州山地特色新型城镇化持续健康发展。

六 国家产业升级背景下的新一轮产业承接机遇

随着产业分工和结构调整向纵深推进，东部地区经济结构转型和产业升级换代显得尤为迫切，亟须将劳动密集型产业向中西部地区转移，贵州具有资源环境承载能力较强，区位条件优越，土地、劳动力资源丰富，人力和能源成本较低等承接东、中部地区产业转移的有利条件，处于承接东部产业转移的机遇期。通过大数据综合试验区、生态文明先行示范区等的设立，吸引大批企业在贵州投资，沃尔玛、TCL集团、富士康、奇瑞、吉利、英特尔、谷歌等230多家世界500强企业落户贵州。2018年，贵州引进省外各类项目7317个，实际到位资金10128亿元，实际利用外资44.9亿美元，同比增长15.3%，增速居全国第六位。承接产业转移将促使大量劳动力向城镇迁移，带动人口要素向城镇聚集，拓展贵州城镇发展的空间。

七 城镇化发展的文化氛围趋于成熟

城镇化发展必须要有一定的良性氛围或理性文化做"支撑"，否则可能就会"事倍功半"。不过，对贵州省来说，这种文化正日趋理性，这种氛围日趋浓厚，主要表现在如下方面。一是"以人为本"的理念正得到强化。这里的"人"主要是指进城农民工，就是说城市社会原先对农民工的那种"经济接纳、社会排斥"的功利性态度正在转变为重视"人"、关心"人"和尊重"人"的层面上来，即进城农民工的"民权"问题正得到相当程度的重视和尊重。二是要地不要人的"土地城镇化"旧观念正得到扭转或摒弃，转而是人口城镇化抑或人的城镇化等理念渐入人"心"。三是粗放低效、贪大求洋的城镇建设模式正在为集约、智能、绿色、低碳的城镇化道路所取代。四是重城轻乡、重镇轻村的城镇化建设旧理念正为城乡统筹、城乡协调或城乡一体化的新型城镇化建设理念所代替。毫无疑问，这种新观念、新举措烘衬下的理性文化对贵州省的城镇化建设也是大有裨益的。

第五节　新型城镇化发展趋势及对策

一　发展趋势

贵州省山地特色新型城镇化有以下发展趋势。

（一）新型城镇化发展理念由以环境换增长向以环境促增长转变

作为国家生态文明试验区的贵州省，绿色发展成为贵州省山地特色新型城镇化发展的主题；以人为本、绿色发展、可持续发展、生态城市、海绵城市、城市双修、田园城市等一系列新型城镇化发展理念应运而生。各地在山地特色新型城镇化过程中，应根据自身资源禀赋和生态环境承载能力，对城镇开发边界、开发规模、土地利用、人口密度、产业园区等方面进行科学界定和严格管控，逐步实现产业集聚与人口集聚同步发展，实施城镇生态园林建设工程，充分发挥国家级新型城镇化综合试点地区先行先试、示范带动作用，力争打造一批生态园林城市；城市管理要注重和强化城市的绿线管控，科学规划、合理布局城镇的绿地生态系统。

（二）城市发展空间格局向城市群发展

从全国城镇化发展的基本态势看，在资源条件、人口基础、潜力空间的城市群的快速发展已经成为新型城镇化进程中不可阻挡的主流趋势。我国未来经济增长最为活跃、最具潜力的核心区域就是城市群，城市群是未来我国新型城镇化的主要方向。贵州省的黔中城市群将是贵州省核心的经济增长级，贵阳—贵安新区—安顺核心城市群、遵义城市群、七星关—大方—金海湖区域发展、凯里—麻江—都匀等城市群发展是贵州省新型城镇化发展战略的重点。

（三）城镇功能向高层次宜居转变

随着贵州省工业强省战略和城镇化带动战略的实施，贵州省进入经济快速增长期，经济增长率连续几年居全国前三位，创造了经济发展的贵州现象。与此同时，贵州省的城镇化也进入快速发展期，城镇化率年平均增长近

2 个百分点，超过同期全国城镇化率增长水平。在城镇化的快速推进过程中，我们考虑的多是城市作为经济发展的载体，而没有充分考虑到城市作为人生活的环境的重要性所在。从而城市在发展中出现土地城市化、工业城市化、半城市化等一系列问题。由于产业和城市的盲目发展，部分城市盲目扩张导致没有产业支撑；部分城市无序的人口集聚和城镇规划、建设、管理问题使得人们生产、生活越来越不便利，部分城市低质量的城镇生活让人们缺乏幸福感等，城市处于低层次集聚状态。这就要求贵州省在新型城镇化推进过程中，通过加强城镇基础设施建设，提高城镇公共服务供给，加快民生建设，使城镇功能向高层次宜居转变。

（四）城市形态向特色发展，凸显个性转变

在贵州省的城镇化过程中，由于过分注重体量、高度、规模等，忽视地方特色、历史文化、区域环境、民族特色等因素，城镇发展千城一面、同质化现象严重。个性缺失成为城市发展的最大弊端。在山地特色新型城镇化推进过程中，逐步破除盲目追求城市功能大而全的倾向，更加注重对资源环境承载能力、对历史文化传承与保护的考虑，根据不同城市的区位条件、资源禀赋、地方特色、民族特色明确不同城市的差异化和功能定位；城市发展要由"摊大饼"向设边界转变，逐步改变对城市规模的偏好，将开发边界、人口规模、土地利用作为城镇发展的前提条件，在规划中明确确定；在城镇化进程中加强历史文化、民族文化的传承与保护，更加注重历史文化、民族特色、地方特色与现代文明的有机融合。

二 新型城镇化的目标预设

根据《贵州省山地特色新型城镇化规划（2016—2020 年）》《中共贵州省委贵州省人民政府关于深入实施城镇化带动战略加快推进山地特色新型城镇化的意见》《贵州省国民经济和社会发展第十二个五年规划纲要》等文件，并结合贵州省的实情综合研判，"十三五"时期贵州省城镇化发展的主要目标如下。

——全省一半以上常住人口实现城镇化。2020 年，全省城镇常住人口达到 1900 万人，其城镇化率达到 50% 以上。

——中心城市集聚经济和人口的能力显著提升。2020 年，在城区人口中，贵阳超过 500 万人，遵义、贵安新区达到 200 万人；六盘水、安顺、毕节、铜仁、凯里、兴义、都匀等城市形成承载 100 万人城区人口的区域中心城市框架。

——基本公共服务实现城镇常住人口全覆盖。2020 年，全省城市内部二元结构基本消除，教育、住房、就业、养老、医疗卫生等城镇基本公共服务覆盖全部常住人口。

——山地特色新型城镇化格局初步形成。2020 年，黔中城市群初具规模，城市、城镇、乡村组团式集聚、串珠式连接，山水城市、绿色小镇、美丽乡村浑然一体、良性互动，依山傍水、显山露水、河在城中、城在山中、城乡一体、产城互动、宜业宜游的山地特色新型城镇化格局初步形成。

——以人为本、城乡一体的城镇化发展体制机制基本形成。2020 年，城乡一体的户籍管理、土地管理、社会保障、财税金融、行政管理、生态环境等体制机制改革创新取得重大突破，城乡政策有效衔接，城乡二元体制加快破除，以人为本、城乡一体的城镇化体制机制基本形成。

三 新型城镇化发展的对策建议

（一）完善各种政策，促进农业转移人口市民化

贵州省在促进农村进城人口融入城镇、实现市民化方面采取了许多举措，包括户籍制度改革等，贵州省人民政府 2015 年出台了《贵州省人民政府关于进一步推进户籍制度改革的实施意见》，其内容包括实施城乡统一的户口登记制度，取消农业户口和非农业户口性质区分，统一登记为居民户口。在全省中小城市和建制镇有合法稳定住所（含租赁）的人员，本人及其共同居住生活的配偶、未成年子女、父母等，可以在当地申请登记常住户口。实行居住证制度，公民离开常住户口所在地到其他设区的市级以上城市居住半年以上的，在居住地申领居住证。以居住证为载体，建立健全与居住年限等条件相挂钩的基本公共服务提供机制。居住证持有人享有与当地户籍

人口同等的劳动就业、基本公共教育、基本医疗卫生、证照办理等基本公共服务和受灾救助、临时救助权利。虽然这一系列的户籍制度改革举措有利于农村人口的市民化，但是因为公共服务的投入不足，对进城农村人口的公共服务能力包括基础教育提供能力、保障性住房提供能力等不足，导致一部分进城的农村人口子女入学仍然较为困难，居住条件很差，因此要继续完善各种政策，加大对城市基本公共服务投入力度，要按城镇人口流动和分布要求调整公共服务的供给，使进城人口能充分享受城镇基本公共服务，使进城农村人口真正实现市民化。

（二）大力发展特色产业，强化贵州新型城镇化的产业支撑

新型城镇化的发展需要有相应的产业支撑，工业化是城镇化发展的基本动力，工业化发展不充分仍然是目前贵州城镇化相对落后于其他省区市的主要原因，因此当前要大力推行新型工业化发展。要大力发展新兴产业，用高新技术和先进适用技术改造传统产业，注重延伸工业产业链，增加产品附加值，大力发展贵州具有独特优势的烟酒业、中药材加工及食品加工等产业。要大力推进产业园区集中区建设，加大对各类产业园区、集中区的扶持建设力度，进一步完善园区基础设施。进一步改善贵州省投资环境，加大招商引资的力度，充分利用好东部地区产业升级和部分产业转移机会，围绕贵州优势资源、特色产业发展和沿海地区产业向内陆转移进行招商引资，吸引更多企业入户园区。推动工业企业向园区和集中区集中，增强产业集聚和配套能力，促进产业园区与城镇化互动发展。尤其要注重特色工业园区的建设，特色工业园区经营活力充足、发展较快、产业特色鲜明。

在推进新型工业化发展的同时大力发展第三产业，继续发展大数据产业，占领大数据产业的制高点，让大数据成为贵州高科技产业的领头羊。积极发展交通运输、仓储、邮政、批发、零售、住宿、餐饮、金融、房地产和旅游业等，尤其发展吸收劳动力较多的住宿、餐饮、物流、旅游业等。建设服务业聚集区，使服务业聚集与小城镇建设实现互动发展。小城镇要充分利用贵州独特的自然资源、民族文化资源和红色文化资源大力发展观光旅游、避暑旅游、民族风情旅游、红色旅游、乡

村旅游等，吸引农村劳动力就业。

（三）构建合理的城镇体系

目前，贵州省已经初步形成"一核一群、两圈、六组、多点"的城镇体系，空间布局日趋合理，"一核"是指以贵阳市（含贵安新区）作为贵州省区域内的核心城市，"一群"是指黔中城市群，"两圈"是指贵阳—安顺都市圈及遵义黔北都市圈，"六组"是指六盘水、毕节、铜仁、凯里、都匀、兴义六大城镇组群，"多点"是指多个重要节点城镇，目前的城镇体系的问题是区域中心城市规模较小，贵州省的区域中心城市中人口超过 50 万人的只有遵义、六盘水和安顺三个城市，且人口均不超过百万人，辐射带动能力较弱，因此，要加大对都匀、毕节、凯里等区域中心城市的政策及资金支持力度，构建更合理的城镇体系。

（四）在乡村振兴战略中注重小城镇发展，走城乡融合发展之路

从推进山地特色新型城镇化的内容来看，发展小城镇是贵州现阶段推进城镇化的一个重点，作为城市之尾，小城镇因其区域中心地位和相对完善的功能设施，成为广大乡村区域就地就近城镇化的主要载体，它的建设与发展是决胜新型城镇化的关键所在。作为乡村之首，小城镇的发展对乡村具有辐射和引领作用，建设与发展小城镇，是补齐乡村发展滞后短板、实现乡村振兴的有效路径。以小城镇连城带乡的核心功能为抓手，走城乡融合发展之路，不断推进贵州山地特色新型城镇化进程。一是优化小城镇与乡村腹地的功能布局和规模结构，激活小城镇环境舒适、生活成本适中、连城带乡等发展优势，围绕小城镇连城带乡的核心功能定位，加强人口流动、资源调控、产业调整、基础设施、绿色生态空间等方面的供给与管理，提升小城镇发展质量，提高小城镇经济影响力和生活环境魅力。二是以城乡产业融合发展为政策引领，挖掘小城镇与乡村腹地的资源禀赋优势，整合生产力结构差异等要素，以互补融通思路，指导小城镇与乡村形成互动融通的城乡发展格局。三是重视经济合作组织建设，引导城乡要素双向流动，引导区域内的小城镇和乡村互动融合发展。

（五）优化生态环境，加快绿色宜居城镇建设

以国家生态文明试验区为依托，持续推进绿色家园建造，通过开展"城市修补""生态修复"，实施农村人居环境整治三年行动计划，立足山地特色，走好山地特色新型城镇化路子，大力营造山水城市，打造绿色生态城市，建设美丽乡村，构建和谐社区。继续实施"青山、碧水、净土、蓝天"工程，开展山水林田湖系统保护和治理，筑牢绿色屏障。健全绿色发展市场规则，完善绿色发展管控机制，实施绿色绩效评价考核机制，健全绿色发展法治环境，深化生态文明制度改革，不断完善绿色制度。加强城镇产业生态化，将绿色经济作为新的经济增长点，加快推进生产方式绿色化，大力发展生态利用型、循环高效型、低碳清洁型、环境治理型等"四型"绿色产业体系。广泛开展绿色生活行动，推动全民在衣、食、住、行、游等方面加快向勤俭节约、绿色低碳方式转变，推动树立生态文明新风尚，培育环保意识、生态意识、生命意识等绿色理念，加快培育绿色文化。

第三章
新型城镇化发展动力机制

城镇化是社会经济发展的必然结果，它是一个城镇人口逐渐集聚，城市规模不断扩大，并引发社会和经济发展变革的过程。[①] 新型城镇化是我国促进经济社会持续发展和深化改革的强大动力与战略选择，是扩大内需最雄厚的潜力所在，也是经济结构调整的重要内容。党的十九大报告指出：中国特色社会主义进入了新时代，"我国经济已由高速增长阶段转向高质量发展阶段，正处在转变发展方式、优化经济结构、转换增长动力的攻关期"。贵州省山地特色新型城镇化建设也必须适应新时代的要求，转换发展的动力，以期探索一条有别于东部、不同于西部其他省份的新型城镇化道路。

第一节　贵州新型城镇化研究背景

一　研究背景

改革开放以来贵州省的城镇化发展总体上呈现"由快到慢、由慢到快并趋于加速"的"V"形发展过程。"六五"时期贵州省的城镇化率年均提高 0.72 个百分点，而"七五"时期、"八五"时期其提高幅度明显下降，分别仅为 - 0.02 个百分点、0.36 个百分点。"九五"时期至"十一五"时期贵州省城镇化进入快速发展时期，"十二五"期间贵州省城镇化速度以平均每年 1.64 个百分点推进，超过全国同期的平均增速。

随着城镇化的加快，贵州省的城镇发展也进入一个新阶段。据统计，到

---

① 胡萍 . 广东省城镇化动力机制文献研究 [J] . 农村经济与科技，2014 (6)：164 - 166.

2019 年末，贵州共有建制市或设市城市 14 个。其中：地级市或地级以上城市有 6 个，分别是贵阳、六盘水、遵义、安顺、铜仁和毕节；县级市或县级城市有 8 个，即清镇、赤水、仁怀、凯里、都匀、兴义、盘州和福泉。与此同时，贵州省的城镇化率到 2014 年末基本宣告进入 4.0 的时代（即城镇化率大于等于 40.0% 的时代），2019 年末城镇化率达到 49.1% 以上，接近"十三五"规划 50% 的目标。

贵州省城镇化虽然取得了很大的成绩，但与全国平均水平以及东部沿海发达省份的城镇化水平相比，城镇化发展处于低水平状态，差距达 13 个百分点以上。贵州省城镇化发展仍然存在动力不足、特色不鲜明、资源与环境冲突显著以及整体城镇管理水平亟待提升等问题。

二 研究意义

贵州省作为中国欠发达、欠开发、欠开放的西部省份，要完成习近平总书记对贵州走出一条有别于东部、不同于西部其他省份的发展新路的要求，必须大力推进山地特色新型城镇化，发挥城镇化推动整体经济发展的重要作用。随着城镇化带动战略的推进，贵州省进入以山地为特色的新型城镇化快速发展阶段。与传统城镇化的动力和运行机制相比，新型城镇化发展的动力结构和运作机制随着条件和环境的改变也将发生变化，这就需要对贵州省新型城镇化发展的动力结构和运作进行认真科学的研究，构建贵州省山地特色新型城镇化发展需要的动力机制，才能推动新型城镇化健康、快速发展。因此，研究贵州省城镇化发展过程中动力两个因素的变化，分析贵州省新型城镇化的动力结构和运行机制，对为贵州省山地特色新型城镇化发展提供有针对性的建议有着重要意义。

三 研究思路

在城镇化发展以及动力机制等相关理论指导下，结合贵州省城镇化发展实际，围绕城镇化发展动力结构及运行机制的变迁，梳理城镇化发展理论基础，分析贵州省新型城镇化发展的战略态势，在对贵州省城镇化动力结构进行实证分析的基础上，构建贵州省山地特色新型城镇化发展的动力机制，提出完善新型城镇化发展动力的对策措施。

四　研究方法与技术路线

（一）研究方法①

1. 归纳分析法

在对研究对象进行了充足的调研后，对有关城镇化发展动力方面的研究做出归纳总结，在对国内外大量有关产业、区域经济学等的相关理论和文献进行研读的基础上，归纳推理出新型城镇化发展动力机制。

2. 比较分析法

对贵州省新型城镇化发展中存在的缺陷进行分析，通过与其他地域的比较，找出存在缺陷的原因。

3. 定量与定性研究相结合

在定性方面以城镇化发展历史、政策和文献分析为主，定量上基于客观数据，运用相关因素分析、回归分析等方法，辅助以计算机和各种软件，来对贵州省新型城镇化相关动力机制方面进行预测。

（二）研究路线

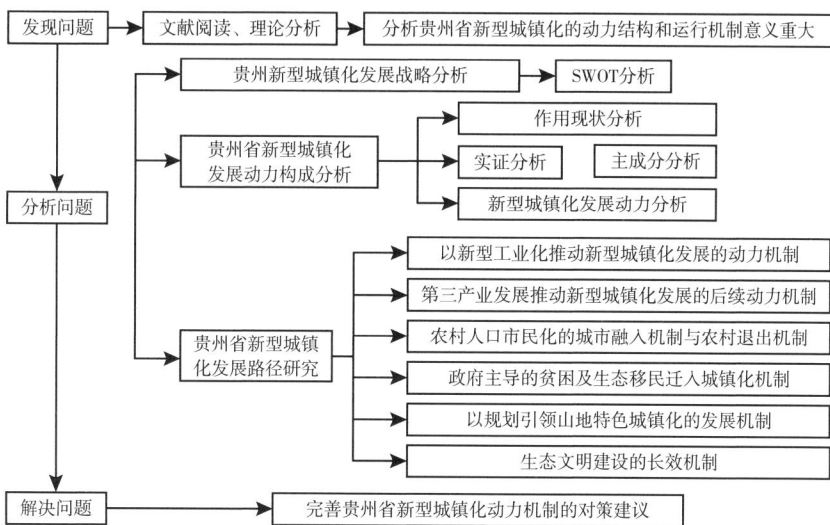

图 3-1　动力机制研究路线

① 代玮. 河北省新型城镇化动力机制研究 [D]. 天津：河北工业大学，2015.

第二节　贵州新型城镇化发展战略分析

　　要保证山地特色新型城镇化的健康持续发展，必须明确新型城镇化发展的目标，选择贵州省新型城镇化发展应该实施的发展战略。

　　我们借鉴 SWOT 矩阵的四个维度①，分析贵州省新型城镇化发展动力的结构，从而全面系统地把握贵州省新型城镇化发展动力的来源。SWOT 矩阵分析模型，即强弱危机综合分析法，是海因茨·韦里克（Heinz Weihrich）在 20 世纪 80 年代初提出的，主要用于企业战略的制定和竞争对手的分析。SWOT 矩阵的四个维度可以排列组合为四种不同的类型，即机会 + 优势、机会 + 威胁、优势 + 威胁、劣势 + 威胁。② 不同的类型对应于不同的企业战略竞争能力，SWOT 矩阵的四个维度如下（见表 3 – 1）。

表 3 – 1　SWOT 矩阵的四个维度

内部条件	外部环境
优势 – S	机会 – O
劣势 – W	威胁 – T

　　通过上述对 SWOT 矩阵分析模型的分析，我们建立起一个两个维度、四个象限的分析框架，把这个分析框架作为我们的思维工具来研究贵州省新型城镇化动力机制，保持贵州省城镇化健康、持续发展。

一　新型城镇化动力机制的类型

　　借鉴 SWOT 矩阵的四个维度，可以把城镇化动力机制划分为两种类型，即内生型发展动力和外源型发展动力。内生型发展动力是指由主体内部自发

---

① 内部的优势（Strength）—内部的劣势（Weakness）—外部的机会（Opportunities）—外部的威胁（Threats）这四个分析维度。

② 徐家博. 大学生创业动力机制研究初探——基于 SWOT 矩阵分析模型的视角［J］. 湖北函授大学学报，2013，26（3）：12 – 13.

产生的动力，它是由诸多的正向要素和负向要素构成。① 正向要素包括主体的优势，如强烈的城镇化发展需求、较强的城市经济实力、良好的多层次城市群发展态势、日益完善的综合交通运输体系、发展经验的丰富程度等。负向要素就是其劣势，其劣势则成为城镇化发展的阻力，如与工业化发展的不协调、区域发展的不均衡、城镇综合承载能力的不足、发展经验的匮乏、城乡收入差距等。

外源型发展动力是指由主体外部环境提供的动力，同样我们也分为两个维度，即正向和负向。② 正向主要是指城镇化发展面临的机会，如政府政策的大力支持、市场机会的巧妙把握等。负向主要是指主体面临的威胁，构成了城镇化发展的阻力，如周边省份竞争对手的强大、资源和环境的支持不足等（见表 3 -2）。

表 3 - 2　贵州省城镇化动力机制的四个维度

内生型发展动力	外源型发展动力
城镇化发展的优势——发展动力	城镇化发展的机会——发展动力
城镇化发展的劣势——发展阻力	城镇化发展的威胁——发展阻力

从表 3 -2 可以看出，城镇化发展动力（优势—机会）和阻力（劣势—威胁），可以同 SWOT 矩阵的四个象限一一对应起来，内外型动力及其正负向的不同的交叉和综合会对城镇化发展动力产生积极的促进作用或消极的阻碍作用。③ 因此将 SWOT 矩阵分析模型运用于城镇化发展动力机制的研究中，有助于把握影响城镇化发展动力的要素，变革削弱城镇化动力的因素，

① 徐家博. 大学生创业动力机制研究初探——基于 SWOT 矩阵分析模型的视角 [J]. 湖北函授大学学报，2013，26（3）：12 - 13.
② 徐家博. 大学生创业动力机制研究初探——基于 SWOT 矩阵分析模型的视角 [J]. 湖北函授大学学报，2013，26（3）：12 - 13.
③ 徐家博. 大学生创业动力机制研究初探——基于 SWOT 矩阵分析模型的视角 [J]. 湖北函授大学学报，2013，26（3）：12 - 13.

从而进一步完善城镇化发展动力机制,^① 以期不断强化城镇化发展动力,增强城镇化发展活力,最终促进贵州省城镇化有序和高速发展。

(一)贵州省新型城镇化发展动力——内部优势

"十二五"以来,贵州省城镇化建设取得了显著成绩,常住人口城镇化率进入快速发展的启动阶段,年均增长达 1.58 个百分点,超过全国的平均水平。未来 10 年,贵州省以山地为特色的新型城镇化将在快速发展一段时间后进入起飞阶段,在 2020 年城镇化率将达到 50%。

1. 城市经济实力大有提高,城镇化率快速增长

全省城区面积由 2010 年的 4103.09 平方公里增加到 2014 年的 4918.41 平方公里,增长幅度近 20%。截至 2016 年底,全省完成基础设施投资 5340.13 亿元,比上年增长 29.1%,承载产业和人口聚集的能力明显提升。2016 年,贵州省地区生产总值为 11734.43 亿元,比上年增长 10.5%,增速高于全国(6.7%)3.8 个百分点;^② 一般公共预算收入 1561.33 亿元,比上年增长 8.1%;固定资产投资完成 12929.17 亿元,比上年增长 21.1%;社会消费品零售总额完成 3708.99 亿元,比上年增长 13.0%;全省城镇化快速发展,城镇化率由 2010 年的 33.8% 提高到 2016 年的 44.1%,6 年增加 10.3 个百分点,平均每年增加 1.73 个百分点。全省经济呈现增长平稳、结构优化、质量提高的良好态势。^③

2. 新型工业化快速推进

新型城镇化离不开新型工业化作为产业支撑,贵州新型工业化快速推进为新型城镇化奠定了坚实的基础。从工业企业数量来看,2016 年全省规模以上工业企业数量达到 5047 家,比 2010 年底增加 1889 家,年均增加 395 家;从工业总量来看,2016 年全省全部工业增加值 4636.74 亿元,比上年增长 11.1%,全省规模以上工业增加值为 4032.11 亿元,比上年增长

---

① 徐家博. 大学生创业动力机制研究初探——基于 SWOT 矩阵分析模型的视角 [J]. 湖北函授大学学报, 2013, 26 (3): 12-13.
② 蒋楚麟. 贵州新型城镇化发展展望 [N]. 贵州日报, 2018-12-11 (011).
③ 蒋楚麟. 贵州新型城镇化发展展望 [N]. 贵州日报, 2018-12-11 (011).

9.9%；从工业增速来看，贵州工业经济增速持续高于全国平均增长速度，2015 年全省规模以上工业增加值增速在全国排第 3 位。① 2015 年，贵州省全部工业增加值和规模以上工业增加值分别同比增长 7.5% 和 13.9%；从新兴产业来看，战略性新兴产业高速发展。大数据信息产业年均增长 37.7%，电子商务交易额年均增长 64%；装备制造业年均增长 25.5%；特色轻工业年均增长 15.6%；建筑建材业年均增长 21.6%；医药产业年均增长 14.2%；计算机、通信和其他电子设备制造业增加值 52.51 亿元，比上年增长 153.3%，远高于同期工业增加值增速，成为贵州经济增长的强大引擎，引领产业转型升级。

3. 多层次城市群发展态势良好，区域中心城市辐射带动作用增强

在新型城镇化发展进程中，中央提出要走以城市群为主体形态，大中小城市和小城镇协调发展的城镇化之路。贵州近几年，逐渐形成了以黔中城市群为城镇化发展主体形态，集聚贵阳—安顺、遵义两大都市圈，以市州政府所在地城市（以六盘水市、毕节市、铜仁市、凯里市、都匀市、兴义市为中心的六大城镇组群）联动周边城镇打造区域城镇组群的省域城镇化空间格局。②

4. 综合交通运输体系日益完善

"十二五"期间，全省逐步构建以现代综合交通运输体系为标志的基础设施建设。贵广高铁、沪昆高铁通车运营，高速铁路实现"零"的突破，达到 701 公里；与珠三角、长三角和京津冀地区快速连接，全面打通与东部发达地区的快速通道。2015 年，贵州省铁路里程达到 3037 公里；公路里程达到 18.4 万公里，其中高速公路 5128 公里，实现县县通高速、乡乡通油路、村村通公路。贵州成为西部地区第一个县县通高速公路的省份。通航机场实现贵州省的市州全覆盖，机场旅客吞吐量达到 1563 万人次。③ 建成黔中水利枢纽一期工程，全省高等级航道达到 690 公里，乌江基本实现通航。

① 蒋楚麟. 贵州新型城镇化发展展望 [N]. 贵州日报，2018 - 12 - 11（011）.
② 蒋楚麟. 贵州新型城镇化发展展望 [N]. 贵州日报，2018 - 12 - 11（011）.
③ 蒋楚麟. 贵州新型城镇化发展展望 [N]. 贵州日报，2018 - 12 - 11（011）.

2016 年，新增高速公路 305 公里，新增高等级航道 56 公里。

5. 市政基础设施大为改观

2016 年，贵州省基础设施投资 5340.13 亿元，比上年增长 29.1%，占固定资产投资的比重为 41.3%。污水处理厂处理能力 258.66 万立方米/日，比上年提高 30.2%，县级以上城市污水处理率、生活垃圾无害化处理率达到 90.5% 和 87.3%，比上年提高了 0.5 个和 2.6 个百分点。全省各市州中心城市集中式饮用水源水质达标率稳定在 100%，空气质量优良天数比例达到 96.6%，单位生产总值能耗下降 6.5%。全省完成退耕还林 130 万亩，森林覆盖率提高到 52%。①

6. 常住人口城镇化率逐年提升，城镇承载能力增强

2016 年，全省常住人口城镇化率达到 44.15%，其中，贵阳市、六盘水市、遵义市、安顺市分别超过全省平均水平 31.09 个、3.69 个、5.63 个、0.66 个百分点；而毕节市、铜仁市、黔西南州、黔东南州及黔南州的常住人口城镇化率则低于全省平均水平。与此同时，城镇产业支撑不断强化，综合承载能力不断提升，全省常住城镇新增就业 75.78 万人，比上年增长 4.3%。②

7. 注重城镇化顶层设计

贵州省委、省政府高度重视城镇化发展，省内相继出台了一系列支持城镇化发展的措施和办法，指明了新形势下推进新型城镇化的思路、目标、路径和方法。2012 年省委省政府做出了建设 100 个小城镇的重要战略部署，并相继出台了《关于加快 100 个示范小城镇改革发展的十条意见》《关于开展乡镇行政管理体制改革试点工作的意见》等 29 项配套政策措施。"十三五"期间全省小城镇建设"3 个 1 工程"，抓住内陆开放型试验区的机遇。③2013 年 9 月，省政府印发《贵州省提高城镇化人口比重五年行动计划》，该行动计划提出今后五年贵州省城镇化发展的总体目标和重点任务。2014 年 3

---

① 蒋楚麟. 贵州新型城镇化发展展望 [N]. 贵州日报，2018 – 12 – 11 (011).
② 蒋楚麟. 贵州新型城镇化发展展望 [N]. 贵州日报，2018 – 12 – 11 (011).
③ 蒋楚麟. 贵州新型城镇化发展展望 [N]. 贵州日报，2018 – 12 – 11 (011).

月，出台了《中共贵州省委贵州省人民政府关于深入实施城镇化带动战略加快推进山地特色新型城镇化的意见》。随后，2016 年相继编制印发《贵州省山地特色新型城镇化规划（2016—2020 年）》《省人民政府关于深入推进新型城镇化建设的实施意见》《贵州省山地特色新型城镇化示范区建设实施方案》。文件的出台，极大地为贵州新型城镇化发展提供了有力的支撑和指引。[①]

（二）贵州省新型城镇化发展阻力——内部劣势

与贵州省城镇化发展动力的内部优势相对应的，影响城镇化发展的内部劣势同样明显，主要表现为如下几方面。

1. 城镇化总体发展水平偏低

近年来，贵州省城镇化发展速度较快，但无论与全国平均水平相比，还是与邻省相比，城镇化水平仍然偏低。2016 年，贵州城镇化率为 44.15%，仍落后全国平均水平 13.2 个百分点。

2. 新型城镇化与新型工业化发展不协调

城镇化滞后于工业化，产业支撑能力不足。城镇化率和工业化率比值通常用来衡量两者的协调关系，该值的合理范围应在 1.4 ~ 2.5。经过测算，2010 ~ 2016 年，贵州省城镇化率与工业化率的比值分别是 1.268、1.216、1.213、1.208、1.187、1.243 和 1.285（见表 3 - 3）。该比值均未达到合理发展区间，甚至距区间的下限仍有不小距离，表明贵州省城镇化水平相对落后于工业化水平。

新型工业化没有形成集群效应，对城镇化集聚效应不明显。特别是同领域的企业，例如制药业，贵州省已拥有益佰、景峰、同济堂等知名药业，它们尚未形成资源共享的产业集群。不能有效发挥产业集群效应，在某种程度上制约了该产业的发展，进而制约了新型工业化的发展，同时也极大地影响了新型城镇化的进程，从而贵州省不能建立起新型城镇化与新型工业化的良性互动格局。

---

① 蒋楚麟. 贵州新型城镇化发展展望［N］. 贵州日报，2018 - 12 - 11（011）.

表 3-3　2010~2016 年贵州省城镇化率与工业化率比值

指标	2010 年	2011 年	2012 年	2013 年	2014 年	2015 年	2016 年
城镇化率(%)	33.81	34.96	36.41	37.83	40.01	42.01	44.15
工业化率(%)	26.67	28.74	30.00	31.31	33.70	33.80	34.36
城镇化率/工业化率	1.268	1.216	1.213	1.208	1.187	1.243	1.285

资料来源：据 2010~2016 年贵州省统计年鉴进行测算。

3. 区域城镇化发展不均衡

首先，全省各市州城镇化率差异较大。2013 年，全省 9 个市州中仍有黔东南州（33%）、黔西南州（32.7%）、毕节市（31.7%）3 个市州的城镇化率仍低于全省平均水平，特别是毕节市，其城镇化率只有 31.7%，低于全省 6.1 个百分点。其次，城镇等级规模不平衡。2016 年贵州省 13 个建制市（城市）中，属于特大城市的只有贵阳；中等城市有 3 个①，分别是遵义、六盘水和安顺；而其他 9 个均为小城市（见表 3-4）。贵州缺乏大城市，中等城市数量也明显偏少，且规模不大，城市规模效应没有得到充分体现。最后，城乡公共服务设施水平差距较大，优质公共服务资源主要集中在城市，农村的文化、教育、医疗、卫生资源较为匮乏，农村基础设施配套水平薄弱。②

表 3-4　贵州省建制市（城市）等级结构比较（2016 年）

单位：万人

城市	市区人口	城区人口	备注
贵阳	189.18	162.0	特大城市
遵义	142.24	73.6	中等城市
六盘水	60.84	28.9	中等城市
安顺	77.90	46.5	中等城市
凯里	54.31	24.4	小城市

① 2016 年盘州仍为盘县，2017 年 4 月，经国务院批准，同意撤销盘县，设立县级盘州市。
② 《省人民政府关于印发〈贵州省山地特色新型城镇化规划（2016-2020 年）〉的通知》[EB/OL]. mall.cnki.net/magazine/Artick/GZSR 201607002.htm.

城市	市区人口	城区人口	备注
都匀	46.69	21.8	小城市
毕节	115.55	21.65	小城市
铜仁	31.58	24.4	小城市
兴义	82.42	29.5	小城市
盘州	105.34	—	中等城市
清镇	48.20	14.0	小城市
仁怀	55.88	13.0	小城市
福泉	29.44	7.1	小城市
赤水	24.41	9.9	小城市

资料来源：贵州省领导干部手册（2017）。

4. 城镇综合承载能力不强

贵州城镇基础设施不完善，尚未形成健全的立体交通网络。具体表现在与西南各省份的高速铁路尚不完善，水运航道通行能力仍处于低位，机场旅客吞吐量仍然较小，乡镇道路仍存在等级低、路况差的情况。

城镇基本公共设施建设尚不完善。供水、污水处理、垃圾处理能力不能满足现状需求，特别是供水配水管网、污水处理设施和垃圾处理设施投入不足，供水管漏水严重，污水、垃圾处理能力接近满负荷，大大滞后于城市发展的需求。管道煤气普及率较低，除贵阳市、遵义市等中心城市外，其他城市管道煤气推进建设较慢，全省管道煤气用气人口仅占总用气人口的40.3%。

城镇公共服务体系不健全。贵州省公共服务水平提升缓慢，服务能力滞后于城镇化发展水平，基本公共服务与社会保障能力不足。

5. 城乡居民收入差距仍较明显

2019年贵州省城镇常住居民人均可支配收入和农村常住居民人均可支配收入分别为34435元和10736元，比上年名义增长9.0%和10.5%，城乡收入比为3.22∶1。虽然近年来贵州省城乡收入比有逐年缩小的趋势（见表3-5），但该比值仍高出全国平均水平，2016年贵州城乡收入比高出全国平均水平0.59个百分点。

表 3 - 5   2011~2019 年全省城乡居民收入情况

年份	2011	2012	2013	2014	2015
城镇常住居民人均可支配收入(元)	16495	18701	20667	22548	24580
农村常住居民人均可支配收入(元)	4145	4753	5434	6671	7387
城乡收入比	3.98:1	3.93:1	3.80:1	3.38:1	3.33:1

年份	2016	2017	2018	2019
城镇常住居民人均可支配收入(元)	26742.6	29080	31592	34435
农村常住居民人均可支配收入(元)	8090.28	8869	9716	10736
城乡收入比	3.31:1	3.28:1	3.25:1	3.22:1

资料来源:据 2011~2019 年《贵州省统计年鉴》进行测算。

(三)贵州省新型城镇化发展动力——外部机会①

1. 从国家宏观发展来看,新型城镇化正处于战略机遇期

2014 年 3 月,《国家新型城镇化规划(2014—2020 年)》出台,明确了五大战略任务并提出新型城镇化发展的具体措施。同年 12 月,国家发改委等 11 个部门联合印发《国家新型城镇化综合试点方案》,围绕农业转移人口市民化成本分担机制等内容开展试点工作。一系列关于新型城镇化的顶层设计为城镇化的发展带来前所未有的巨大机遇。

2. 供给侧结构性改革推动新型城镇化

推进供给侧结构性改革,意味着我国经济增长从主要依靠需求侧发力转变为依靠供给侧和需求侧同时发力。新型城镇化是我国最大的内需潜力和发展动力所在,推进新型城镇化、推动小城镇建设能够释放新需求、创

---

① 蒋楚麟. 贵州新型城镇化发展展望[N]. 贵州日报,2018 - 12 - 11(011).

造新供给，是化解目前经济下行压力与推进供给侧结构性改革的重要契合点。

3. 中央对贵州支持力度进一步加大

国家专门为贵州省制定、出台了《国务院关于进一步促进贵州经济社会又好又快发展的若干意见》（国发〔2012〕2 号）文件。之后，国家相继批准贵安新区、贵阳综合保税区、贵安综合保税区、生态文明先行示范区、大数据综合试验区、山地特色新型城镇化示范区的设立；批准实施水利建设生态建设石漠化治理综合规划、黔中经济区发展规划，把贵州省纳入"一带一路"、长江经济带、珠江—西江经济带；将贵州作为全国扶贫开发攻坚示范区，实现中直机关、东部城市对贵州省定点帮扶和对口帮扶全覆盖。

4. 新阶段西部大开发为新型城镇化发展提供强劲动力

2001 年是西部大开发政策落实的第一年，西部地区城镇化率在当年即出现了较快的增速，在随后几年逐渐缩小与中东部地区的差距。近十几年来，贵州省通过实施西部大开发战略和产业结构调整取得积极进展，新型产业格局得到巩固，为贵州省城镇化的发展提供了动力和保障。

5. 从发展阶段看，贵州正处于承接产业转移黄金期

从区域发展阶段看，东部沿海地区经济已经进入优化发展阶段，中西部地区仍然处于加速工业化阶段，沿海产业加速向内地转移的趋势将更加明显。资料显示，2010 ~ 2015 年，贵州省引进泛珠三角区域投资额 3000 万元以上项目 3900 个，投资总额 16238 亿元，实际到位资金 8217 亿元。通过大数据综合试验区、生态文明先行示范区等的设立，贵州吸引大批企业投资，TCL 集团、万科、戴尔、华为、英特尔、甲骨文、富士康等一批知名企业已经入驻贵州。承接产业转移加速将进一步推动贵州省新型工业化的发展，从而为农民就地城镇化提供有利的条件。

（四）贵州省城镇化发展阻力——外部挑战

1. 城镇化与贵州面临的资源、环境相冲突

自然资源的日益减少，尤其是土地资源、水资源瓶颈，已经深度影响到

新型城镇化建设的推进。另外，资源配置不合理，技术水平落后，造成资源利用效率不高。同时，随着工业化的进一步发展，环境容量和可用的环境指标日益减少，环境的承载能力也会降低。

2. 经济发展外部软环境有待进一步优化

区域经济发展离不开区域发展环境的影响，而发展环境分为硬环境和软环境。在软环境方面，虽然贵州在诸如法律法规、地方文化、制度体系等方面努力改善，但依然存在如行政审批效率总体偏低、行政部门主动服务意识淡薄、组织保障力度不足、尚未建立完善的农业转移人口市民化"人地钱"三挂钩机制及其要素配套等、缺乏与户籍制度改革相配套的政策等问题。这些问题在一定程度上必将影响贵州省新型城镇化的发展。

3. 面临西部邻省的强烈竞争

贵州在区位上和发展环境上与邻省相比存在一定的差距，目前邻省都基于自身的优势，在基础设施建设、招商引资、市场开拓、资源环境等方面制定相应的城镇化发展策略，这在一定程度上挤压了贵州省新型城镇化发展，特别是城市群的发展空间。贵州省城镇化率与周边省（区、市）相比仍存在一定差距，位列所有周边省（区、市）末位。2010～2014年贵州省的新型城镇化质量指数在西南5省（区、市）中排名靠后，2015～2017年贵州省赶超云南省，排名第四。从增长速度的角度分析，7年间各省（区、市）新型城镇化质量增长速度较快的是贵州省和四川省，年均增速分别为5.4%和4.3%，其次为重庆市（3.7%），云南省的年均增速最低，且新型城镇化发展水平靠后，在增长速度和发展质量上都有待提高。虽然贵州增速较快，近两年实现了进位赶超，但与重庆、四川，乃至沿海发达地区之间的差距仍然较大。2016年，贵州城镇化率低于云南0.18个百分点，较上年差距缩小0.23个百分点，比湖南、四川、广西和重庆分别低8.6个、5.06个、3.95个和18.45个百分点，较上年差距缩小0.28个、0.62个、1.1个和0.44个百分点（见表3-6）。

表 3 – 6　贵州与周边省（区、市）2015～2016 年城镇化率及其城镇化率差距

单位：%，百分点

省（区、市）	2015 年城镇化率	贵州城镇化率与周边省（区、市）城镇化率差距（2015）	2016 年城镇化率	贵州城镇化率与周边省（区、市）城镇化率差距（2016）
贵州	42.01		44.15	
云南	42.42	– 0.41	44.33	– 0.18
四川	47.69	– 5.68	49.21	– 5.06
广西	47.06	– 5.05	48.1	– 3.95
湖南	50.89	– 8.88	52.75	– 8.60
重庆	60.9	– 18.89	62.6	– 18.45

资料来源：据各省（区、市）2015～2016 年统计公报进行测算。

二　城镇化动力机制的分析模型

城镇化发展的内生型动力，分别包含了内因的优势和内因的劣势项目，而其外源型动力，同样也包含了其自身的机会和威胁，[①] 这就决定其动力组合形式主要有以下四种组合形式——SO 增长型战略、WO 扭转型战略、ST 多元化战略和 WT 防御型战略（见图 3 – 2）。

1. 机会 + 优势：SO 增长型战略/进攻型战略

此时城镇化发展的内部优势和外部机会相一致。在这种情形下，主要考虑贵州省新型城镇化发展动力之内部优势和外部机会，最大限度地利用自身内部优势，牢牢把握外部机会，使机会与优势充分结合，以寻求更大的发展前途。贵州要充分利用其现有的交通运输优势及其巨大的经济发展潜力，依托多层次城市群发展的良好态势，抓住供给侧结构性改革和国家对贵州支持力度空前加大的契机，加快经济发展速度，助力贵州省新型城镇化推进。

---

① 徐家博. 大学生创业动力机制研究初探——基于 SWOT 矩阵分析模型的视角 [J]. 湖北函授大学学报，2013，26（3）：12 – 13.

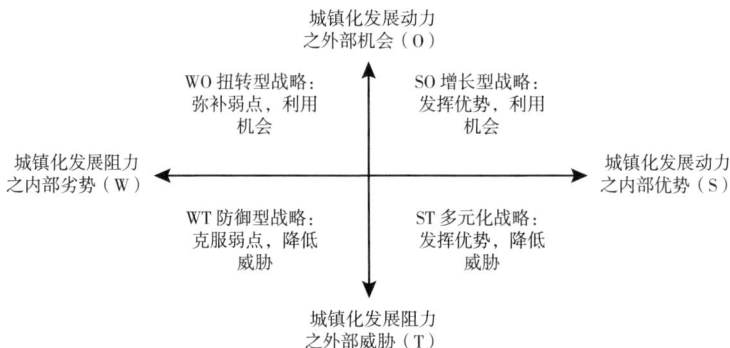

图 3 - 2　贵州省城镇化发展动力机制的分析模型

2. 机会 + 劣势：WO 扭转型战略/合作型战略

此时城镇化发展的内部优势与外部机会不协调。在这种情况下，主要考虑贵州省新型城镇化发展阻力之内部劣势和城镇化发展动力之外部机会，力争通过借助、提供和追加某些资源，从而使阻力趋于最小的同时动力推动至最大，促使内部劣势转化为优势，以迎合或适应外部机遇。贵州省在推进新型城镇化的过程中要抓住生态文明先行示范区、大数据综合试验区、山地特色新型城镇化示范区建设的机遇，克服内部障碍，通过促进全省各等级规模城镇的发展，进而带动周边城市发展，从而推动贵州省的城镇化发展。

3. 优势 + 威胁：ST 多元化战略

此战略主要考虑贵州省新型城镇化发展阻力之外部威胁和发展动力之内部优势。这种情形意味着城镇化发展动力的内部优势被城镇化发展阻力的外部威胁所削弱。当外部不利环境对城镇化发展的优势构成威胁时，优势得不到充分展现，出现优势不优的脆弱局面，此时城镇化的发展必须克服威胁以发挥优势。[①] 当前贵州面临着日趋激烈的区域竞争以及资源、环境的冲突，政府及有关部门应着眼自身优势，同时加强与周边省份的合作，力争最大限度地降低或化解外部威胁。

---

① 徐家博. 大学生创业动力机制研究初探——基于 SWOT 矩阵分析模型的视角 [J]. 湖北函授大学学报，2013，26（3）：12 - 13.

4. 劣势 + 威胁：WT 防御型战略

此种情形意味着城镇化发展没有任何的动力。当内部劣势与外部威胁相遇时，城镇化发展就会面临严峻的挑战，如果处理不当，可能直接威胁城镇化的失败。此时需要把城镇化发展阻力的不利影响降到最低，尽可能把劣势转化为优势，把威胁转化为机会，从而激发城镇化发展的动力。[①]

三 贵州省新型城镇化发展的战略选择

基于 SWOT 矩阵分析模型，我们可以对城镇化发展的动力机制类型及其运用策略加以分析研究。这对于认识城镇化发展动力机制及其结构并进而指导贵州省城镇化发展的动力具有重要意义。通过分析城镇化发展动力类型的具体结构构成，结合分析模型可以有针对性地化解劣势，提升优势，增强城镇化发展能力。[②] 第一，要探讨城镇化发展内生型动力的构成。内生型动力是城镇化发展动力的内因构成。第二，要探讨城镇化发展的外源型动力构成。外源型动力是城镇化发展动力的外因构成，是城镇化发展的外部环境和条件。城镇化发展的外源型动力构成可以包括市场机会的把握、政府政策的完善等方面。第三，要具体分析 SWOT 矩阵模型对于城镇化发展动力培养的运用策略。

基于贵州省山地特色的新型城镇化发展的实际情况，课题组认为，贵州省山地特色新型城镇化的发展应该选择城镇化增长型战略和多元化战略。

第三节　新型城镇化发展动力构成分析

贵州省城镇化近年来得到了迅速发展，以山地为特色的新型城镇化示范区的推进，促进了全省社会经济等方面的发展。要分析贵州省新型城镇化发

---

① 徐家博. 大学生创业动力机制研究初探——基于 SWOT 矩阵分析模型的视角 [J]. 湖北函授大学学报，2013，26（3）：12 – 13.

② 徐家博. 大学生创业动力机制研究初探——基于 SWOT 矩阵分析模型的视角 [J]. 湖北函授大学学报，2013，26（3）：12 – 13.

展的动力机制，就要从贵州城镇化发展动力因素现状的分析入手，从多个角度探索贵州省新型城镇化发展的动力因素，研究城镇化发展动力存在的问题，科学研究贵州省新型城镇化发展需要的新动力。

一 城镇化动力作用现状分析

（一）现代农业的推力作用明显增强①

近年来，交通运输条件的改善为农业扩大开放创造了条件，干部群众观念的不断更新推动了农业结构调整、拓宽了农业发展空间，新型工业化、新型城镇化加速推进，为加快农村发展、扩大农民就业创造了需求、机遇和条件。2016 年贵州农业增加值达 1860 亿元，增长 6%，农村居民人均可支配收入达到 8162 元，增长 10.5%。

通过农业结构调整，贵州把资源优势转化为经济优势，拓宽农民增收渠道。坚持以市场为导向，依托多样的自然条件和丰富的生物资源，发挥优势，扬长避短，因地制宜发展特色优势种养业，积极培育农业经济新增长点，加快建设无公害农产品、绿色食品、有机农产品大省，以结构调整带动脱贫致富，不断提高农民收入水平。以产业裂变为抓手，集中财力办大事，调整结构增效益。裂变县规模化种养比例，科学化、标准化水平明显提高，产业聚集度、品牌创建水平明显提升。

通过扩大农业开放，加快转变农业发展方式。以农业产业园区建设为抓手，大力引进龙头企业，引进资本资金，引进品种技术，引进农村金融，引进体制机制，促进贵州省农业扩大经营规模，提高经营效益，提升整体水平。2016 年贵州拥有省级以上农业产业化经营重点龙头企业达 711 家，农民专业合作社达到 4.5 万户，培训新型职业农民 1.14 万人，规模以上农产品加工企业累计完成总产值 2707 亿元，产销率 96.6%，休闲农业经营主体完成营业收入 64.1 亿元，同比增长 54.6%。

---

① 2016 年贵州农业发展呈现六大亮点［EB/OL］. http：//qiye. gog. cn/System/2017/01/10/015337912. shtml.

通过深化农村改革，大力培育农业合作组织，发展壮大农村集体经济。推进美丽乡村"百村大战"行动，完成建设项目 2035 个，投入建设资金 45.51 亿元，建设新农村环境综合治理省级示范点 105 个。大力实施中央农机购置补贴项目，新增农机具 14.9 万台（套），农业耕种收机械化率稳步提升。

采取村企合作、能人带动等方式，培育新型农业经营主体，进一步激发农业生产活力。2016 年，贵州省级农业示范园区发展到 410 个，园区在先进技术应用、资金集聚等方面的作用正在显现。以园区为平台加大招商力度，完成签约项目 975 个，签约资金 1548.9 亿元，到位资金 261.3 亿元，资金到位率为 16.9%。新型经营主体的培育、新业态的孵化器正在形成。

深化农村改革，改革红利稳步释放。2016 年，贵州农村土地承包经营权确权登记颁证整省推进试点工作进展顺利，开展确权工作乡镇 1360 个，完成实测面积 5027.01 万亩，占全省国土"二调"耕地面积的 75.16%。全省 21 个县开展"三变"改革试点，试点县土地等资源入股 22.44 万亩，通过资金变股金带动社会资金投入 33.65 亿元，获得收益 5.6 亿元，人均收益 685.35 元。改革激活了农村生产力，盘活了农村资产，壮大了农村集体经济，增加了农民收入。改革释放的红利、迸发的力量正逐渐显现，并成燎原之势。

着力推进大数据发展，农业信息化水平逐步提升。贵州农业大数据中心进入农业部试点，传统农业正在逐步"插上现代科技的翅膀"。2016 年，贵州省"农业云"建设项目立项，可研报告、初步设计等相关工作已经完成。茶资源交易、高效农业园区物联网应用示范、园区质量安全云、贵州种子管理综合信息系统、蔬菜产地信息系统等投入试运行。

（二）工业化的拉力作用明显

2016 年，全省规模以上工业增加值（2000 万元统计口径，以下同）4032.11 亿元，比 2011 年增加 2393.40 亿元，近五年年均增长 12.2%，高于地区生产总值增速 0.5 个百分点。

轻工业占比提升，重工业占比下降。以"五张名片"为首的轻工业增长快于重工业，2016 年全省规模以上工业企业中，轻工业企业 1593 家，比 2011 年增长 244.1%，增速快于重工业企业 159.0 个百分点。2016 年，全省轻工业实现增加值 1559.37 亿元，近五年年均增长12.0%，占规模以上工业增加值的比重为 38.7%，占比比 2011 年提高5.4 个百分点；重工业实现增加值 2472.74 亿元，近五年年均增长12.3%，占规模以上工业增加值的比重为 61.3%，占比比 2011 年下降5.4 个百分点。

私营企业占比提高，国有企业占比下降。2016 年全省私营企业实现增加值 1178.33 亿元，比 2011 年增加 761.22 亿元，近五年年均增长 17.0%，增速高于规模以上工业增加值 4.8 个百分点。私营企业增加值占规模以上工业增加值的比重为 29.2%，占比比 2011 年提高 3.7 个百分点。国有控股企业实现增加值 1725.22 亿元，比 2011 年增加 807.67 亿元，近五年年均增长7.9%，增速低于规模以上工业增加值 4.3 个百分点。国有控股企业增加值占规模以上工业增加值的比重为 42.8%，占比比 2011 年下降 13.2 个百分点。

新兴产业增加值增长较快，占比提升。电子信息产业领域，以大数据为引领的电子信息产业发展迅速，2016 年全省计算机、通信和其他电子设备制造业增加值 93.38 亿元，是 2011 年的 8.9 倍，近五年年均增长 46.7%，增速高于规模以上工业增加值增速 34.5 个百分点。电子信息产业增加值占规模以上工业增加值的比重为 2.3%，比 2011 年提高 1.7 个百分点。装备制造业领域，以汽车制造、电器机械制造为主的装备制造业较快发展，2016年全省装备制造业增加值 389.83 亿元，是 2011 年的 4.1 倍，近五年年均增长 21.3%，增速高于规模以上工业增加值增速 9.1 个百分点。装备制造业增加值占规模以上工业增加值的比重为 9.7%，比 2011 年提高 3.9 个百分点。

传统支柱行业增速放缓，占比下降。煤炭行业，煤炭企业家数在 2013年达到 916 家的顶峰后，连续 3 年下降，2016 年为 732 家。2016 年，全省煤炭开采和洗选业增加值 675.30 亿元，比 2011 年增加 263.95 亿元，煤炭

行业增加值占规模以上工业增加值的比重为 16.7%，占比比 2011 年下降
8.4 个百分点。煤炭开采和洗选业在 2010 年成为全省第一大行业后，在
2015 年被酒行业超过，退居第二位。电力行业，2016 年全省电力、热力生
产和供应业增加值 421.85 亿元，比 2011 年增加 186.96 亿元，是全省第三
大行业。电力行业增加值占规模以上工业增加值的比重为 10.5%，占比比
2011 年下降 3.8 个百分点。烟草行业，2016 年全省烟草制品业增加值
281.58 亿元，比 2011 年增加 105.77 亿元。近两年，受国家计划调控影响，
烟草制品业增加值持续下降。2015 年比 2014 年下降 2.3%，2016 年比 2015
年下降 8.9%。受此影响，自 2016 年 6 月以来，烟草制品业规模被非金属
矿物制品业超过，退居成为第五大行业。

此外，全省建筑业快速发展，近五年全省建筑业增加值年均增长
19.1%，由 2011 年的 365.13 亿元提高到 2016 年的 955.44 亿元，建筑业增
加值占第二产业增加值的比重由 2011 年的 6.4% 提高到 8.1%。① 全省工业
的快速稳步发展在增加各级政府财税收入的同时，又向社会提供了大量的工
业品和就业岗位。工业的发展为从农业中解放出来的劳动力提供了就业岗
位，岗位的增加既满足了生存需要，又带动社会的生产生活消费。

（三）第三产业成为城镇化发展的后发动力②

随着工业化的实现，工业化对城镇化的作用不断减弱，而第三产业的作
用却日益明显，成为城镇化发展的主要动力。首先，第三产业通过为工业和
城市提供服务环境和基础条件，增强城市的吸引力，为城镇化发展提供动
力。其次，第三产业通过其较大的就业弹性推动城镇化的发展。多数第三产
业是劳动密集型产业，吸纳劳动力的能力较强，就业弹性大。因此，第三
产业的发展会进一步优化就业结构，从而增强对城镇化的拉动作用。③ "十
二五"以来，贵州省文化旅游、现代物流、金融、会展、健康服务、电子
商务等服务业呈提速发展态势，各具特色的现代服务业集聚区加快建设，

---

① 上述数据由历年贵州统计年鉴整理得出。
② 引自贵州省委政策研究室《新常态下贵州经济增长动力研究报告》。
③ 代玮. 河北省新型城镇化动力机制研究 [D]. 天津：河北工业大学，2015.

"十二五"前四年全省服务业增加值年均增长 12%，第二产业、第三产业双轮驱动趋势明显。

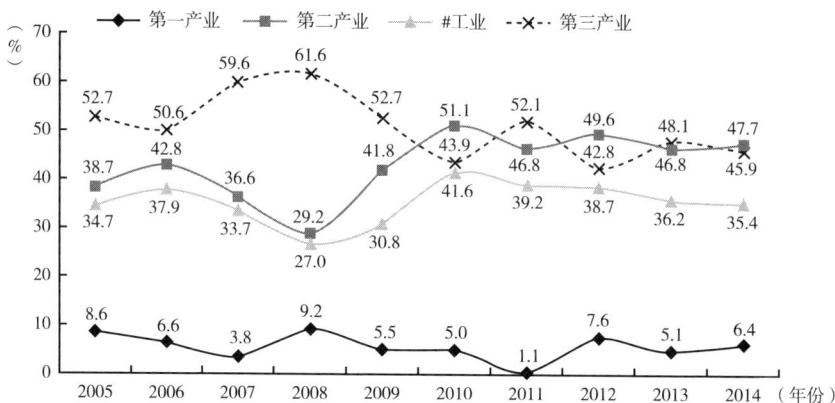

图 3-3　2005~2014 年贵州三次产业贡献率概况

　　贵州省新型城镇化发展的主要问题是城镇化滞后于工业化，以至于贵州曾经出现"民工荒"，产业工人供给不足。近年来虽然贵州城镇化进程不断加快发展，水平大幅提升，不断缩小与工业化的差距，但由于城镇化人口地域转移滞后于职业转移，自然的农民身份和职业的产业工人身份集于一身，大量城镇化人口没有解决城镇户籍问题，处于城镇挣钱乡村消费、闲时进城务工忙时返乡团聚的"两栖"状态，导致城镇化质量大打折扣，城镇化作为扩大内需潜力、拉动经济增长引擎的功能作用难以最大限度地发挥出来。这实际上反映了城镇化的基本动力机制在新形势下出了问题，必须审时度势，适应新形势重新构建城镇化发展的动力机制。①

二　贵州省城镇化发展动力实证分析

　　本部分将利用主成分分析法与面板数据模型对贵州省 9 个市州城镇化的动力因素做定量研究。根据已有相关研究，首先，构建影响贵州省城镇化水

---

　　① 王建国. 重构城镇化发展的动力机制［N］. 河南日报，2016-11-16（014）.

平的动力机制的计量分析模型；其次，通过理论机制分析，对贵州省城镇化的动力发展指标进行选取，[①] 并采用主成分分析法对各个动力因素进行降维、综合处理；最后，建立贵州省城镇化动力的计量模型，采用面板数据模型研究各动力因素究竟对贵州省城镇化发展产生了何种影响或作用。

（一）计量模型和方法

1. 计量模型构建

根据钱纳里经济发展对城镇化的推动作用理论、经济制度对国家经济发展的重要作用原理，萨克斯的区位因素对经济发展水平提升的重要作用理论，格莱泽的人力资本变量理论，本课题构建了城镇化动力机制模型，如下。

$$Urban_{rt} = \alpha + \beta_1 Basic_{rt} + \beta_2 Industry_{rt} + \beta_3 Individual_{rt} + \beta_4 Gov_{rt} + \varepsilon$$

其中，Urban 表示城镇化水平；Basic 表示包括基础设施、市场化水平、个体经济收入等方面的基础条件动力；Industry 表示包括工业、服务业发展方面的产业发展动力；Individual 代表农民迁移意愿的影响因素，主要来自农业经济发展对其产生的拉力；Gov 表示政府财政支出、教育、社保、医疗等方面社会公共服务条件对城镇化的驱动作用。下标 r、t 分别表示地区和时间，ε 为随机扰动项。

2. 指标的选取

（1）基础条件动力指标

根据贵州省 9 个市州相关数据可获得性，选取以下变量作为基础条件动力的指标。第一，人均固定资产投资值。指社会固定资产投资总额与人口总数比值，该指标反映了投资方面人均水平的高低，固定资产投资人均水平越高说明该市州经济发展的基础设施越趋于完善。[②] 第二，人均 GDP。指地方 GDP 与人口总数的比值，该指标反映了该市州经济基础条件，该指标越高说明该地区经济发展水平越高。第三，社会消费品零售总额。该指标反映了

① 孙沛瑄. 基于 VAR 模型的新型城镇化动力机制研究 [D]. 重庆：重庆工商大学，2014.
② 代玮. 河北省新型城镇化动力机制研究 [D]. 天津：河北工业大学，2015.

该地区市场基础的发育完善程度，该指标越高说明该地区市场化水平越高。基础条件动力值越高，说明对城镇化的促进作用越大。将以上三个指标经过标准化处理再利用主成分分析法进行主成分提取，分别得出贵州省9个市州各年基础条件动力的评价值。

（2）产业发展动力指标

第二、三产业比重的提升，是促使剩余农业劳动力向城镇和第二、三产业方向转移的重要因素，是城镇化建设发展的核心推动力量。因此，从产业发展水平方面选取以下指标作为本课题产业发展动力的指标。第一，第二产业产值占比，指区域内第二产业生产总值占生产总值的比重。该值是衡量区域内工业化水平的指标，工业化率越大，说明工业在该区域经济发展中占有更加主导地位，对城镇化发展的推动力量更大。第二，第三产业产值占比，指区域内第三产业生产总值占生产总值的比重。① 该值是衡量区域内服务业发展水平的指标，服务业是吸收就业的第一产业，该区域内服务业发展水平越高，说明对剩余农村劳动力吸引力越大。将以上两个指标经过标准化处理再利用主成分分析法进行主成分提取，分别得出贵州省9个市州各年产业发展动力的评价值。

（3）主体行为动力指标

主体行为驱动通过农民向城镇转移的主观意愿和行为来反映。区域内农业发展水平对农村劳动力产生"拉力"，从而对城镇化水平产生负向影响。借鉴已有研究，并结合贵州省相关数据可获得性，选取以下指标作为主体行为动力指标。第一，农业机械总动力。该指标反映区域内农业发展水平程度，该指标越高，说明该区域内农业现代化水平越高。第二，乡村就业人数。该指标反映区域内农业就业的劳动力市场规模。上述两个指标均反映了区域内农业发展程度，指标值越大，说明区域内农业发展水平越先进，从而对农村劳动力产生"拉力"。② 将以上两个指标经过标准化处理再利用主成

————————————
① 代玮. 河北省新型城镇化动力机制研究 [D]. 天津：河北工业大学，2015.
② 代玮. 河北省新型城镇化动力机制研究 [D]. 天津：河北工业大学，2015.

分分析法进行主成分提取，分别得出贵州省 9 个市州各年主体行为动力的评价值。

（4）政府政策动力指标

政府作为投资主体将其拥有的社会经济资源注入区域发展中，从而推动该地区城镇化发展。[①] 另外，作为政策制度制定主体，加速教育、卫生、医疗、社保等制度发展以及采取偏向于城镇居民的优惠政策，将促进城镇化发展进程。因此，选取以下指标作为政府政策动力指标。第一，人均财政支出。该指标衡量政府财政支出水平。第二，教育、社保和医疗支出。该指标衡量了区域内有关方面的制度完善程度。第三，城市居民收入。该指标综合反映了政府政策的福利效应，该指标越高，对城镇化发展的促进作用越大。将以上三个指标经过标准化处理再利用主成分分析法进行主成分提取，分别得出贵州省 9 个市州各年政府政策动力的评价值。

3. 数据来源与统计分析方法

（1）数据来源

本章所采集数据来源于贵州省统计年鉴（2006~2015）以及贵州省 9 个市州在 2006~2015 年历年国民经济和社会发展统计公报。根据以上四种动力指标的分析整理出 12 个指标。同时各个指标之间的单位及量纲存在差异，在处理过程中所得的数值有可能会产生较大差异进而影响最终的统计结果，导致分析结果与发展不符，因此，首先需要对数据做标准化处理，[②] 然后再运用主成分分析法确定各指标在动力指标中的权重，并对动力指标进行综合评价。

（2）统计分析方法

在多指标综合评价过程中，指标的赋权相当重要。层次分析法、环比赋权法等方法需要人为对权重进行赋权，人为因素较多，客观性不足。与此相反，主成分分析法采用的是客观赋权方式，即依据数据本身的离散程度进行

① 代玮. 河北省新型城镇化动力机制研究 ［D］. 天津：河北工业大学，2015.
② 代玮. 河北省新型城镇化动力机制研究 ［D］. 天津：河北工业大学，2015.

赋权，从而对一组数据中包含的主要信息进行提取，客观性较强，存在很好的实用价值。① 鉴于此，本课题组以贵州省 9 个市州为研究样本，对上述地区 2005～2014 年城镇化动力机制进行主成分分析，并得出各动力机制的综合评价。

（二）城镇化动力机制指标的构建

1. 基础条件动力

将 2005～2014 年贵州省 9 个市州的人均固定资产投资、人均 GDP 和社会消费品零售额数据进行 KMO 检验，检验值均大于 0.5。KMO 检验用来判定原始指标的相关性，检验值大于 0.5 说明各指标相关性充分，存在信息重叠，可以使用主成分分析法提取数据主要信息。在提取过程中，按照对应的特征根大于 1、累计方差贡献率大于 80% 的原则对主成分进行选取，然后分别对 9 个市州历年基础条件动力指标进行测算。测算结果如表 3－7、图 3－4 所示。

表 3－7　2005～2014 年贵州省 9 个市州基础条件动力指标值

年份	2005	2006	2007	2008	2009	2010	2011	2012	2013	2014
贵阳	4.08	4.01	4.04	3.94	4.01	3.93	3.88	3.87	3.91	3.92
六盘水	0.33	0.50	0.46	0.48	0.33	0.35	0.40	0.53	0.47	0.46
遵义	0.46	0.36	0.37	0.50	0.49	0.59	0.50	0.50	0.47	0.45
安顺	-0.94	-0.85	-0.84	-0.97	-0.95	-0.99	-0.98	-0.97	-0.92	-0.87
铜仁	-0.85	-0.97	-1.00	-0.94	-0.95	-0.97	-0.97	-0.94	-0.95	-0.97
黔西南	-0.74	-0.75	-0.71	-0.65	-0.53	-0.64	-0.69	-0.74	-0.74	-0.75
毕节	-0.93	-0.94	-0.92	-0.93	-0.87	-0.84	-0.78	-0.85	-0.85	-0.84
黔东南	-0.66	-0.68	-0.72	-0.75	-0.79	-0.82	-0.80	-0.77	-0.76	-0.82
黔南	-0.76	-0.68	-0.66	-0.69	-0.74	-0.62	-0.56	-0.62	-0.63	-0.57

① 代玮. 河北省新型城镇化动力机制研究［D］. 天津：河北工业大学，2015.

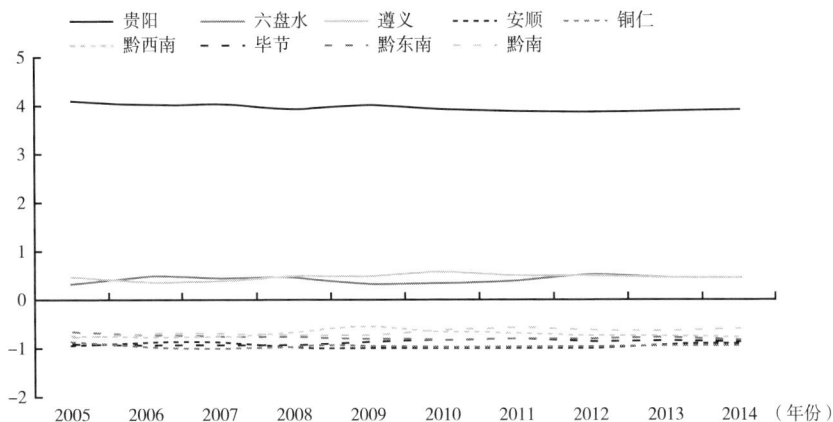

图 3-4 2005~2014 年贵州省 9 个市州基础条件动力状况

从图 3-4 可见，2005~2014 年，贵阳市的基础条件动力排名第一，且数值远远高于其他市州。遵义、六盘水分别位居第二与第三。其他市州的基础条件动力指标值则十分微弱，甚至为负值。这说明从经济发展、市场培育角度来看，这些地区尚处于起步阶段，存在较大的提升空间。

2. 产业发展动力

将 2005~2014 年 9 个市州的工业产值占比、服务业产值占比数据进行KMO 检验，检验值均大于 0.5，说明各指标相关性充分，存在信息重叠，可以使用主成分分析法提取数据主要信息。在提取过程中，按照对应的特征根大于 1、累计方差贡献率大于 80% 的原则对主成分进行选取，然后分别对 9 个市州历年产业发展动力指标进行测算。测算结果如表 3-8、图 3-5 所示。

表 3-8 2005~2014 年贵州省 9 个市州产业发展动力指标值

年份	2005	2006	2007	2008	2009	2010	2011	2012	2013	2014
贵阳	0.80	1.14	0.42	0.73	0.87	0.94	0.90	0.81	0.94	0.99
六盘水	1.29	-0.60	1.34	-1.34	-2.02	-1.94	-2.26	-2.06	-2.00	-1.87
遵义	0.08	-0.19	0.40	-0.36	0.04	-0.11	-0.18	-0.75	-0.96	-1.10
安顺	0.00	0.84	-0.08	0.49	0.47	0.26	0.33	0.56	0.35	0.43
铜仁	-1.12	-0.24	-1.02	0.55	0.55	0.60	0.83	0.70	0.81	0.80

续表

年份	2005	2006	2007	2008	2009	2010	2011	2012	2013	2014
黔西南	-0.15	-0.25	-0.07	-0.14	0.27	0.46	0.54	0.42	0.45	0.37
毕节	-0.12	-0.79	-0.20	-0.26	-0.68	-0.78	-0.98	-0.93	-0.89	-0.84
黔东南	-0.72	0.75	-0.88	0.89	0.69	0.80	0.90	1.01	1.13	1.19
黔南	-0.05	-0.65	0.09	-0.56	-0.18	-0.22	-0.07	0.23	0.17	0.02

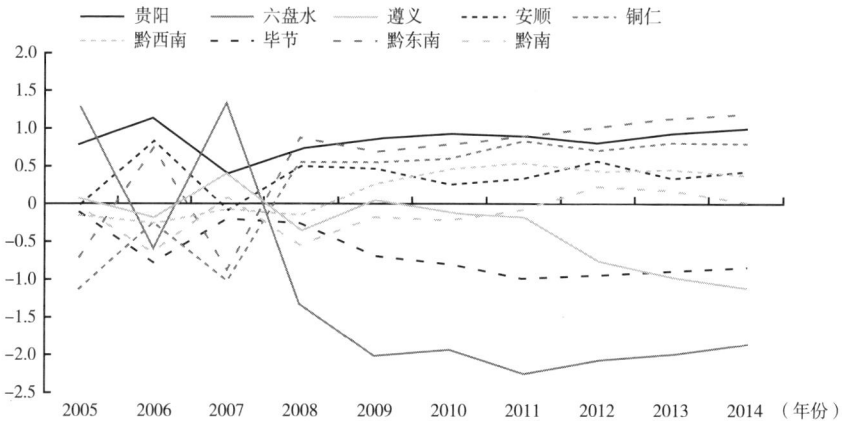

图 3 - 5 2005~2014 年贵州省 9 个市州产业发展动力状况

从图 3 - 5 可见，在 2005~2008 年，各州市产业发展动力指标并不平稳，呈现较大波动。自 2009 年起，各市州产业发展动力指标趋于平稳。其中，黔东南州、贵阳、铜仁的产业发展动力值相对较高，并呈现逐渐上升的趋势。六盘水、遵义与毕节的产业发展动力指标则呈现下降态势。

3. 主体行为动力

将 2005~2014 年贵州省 9 个市州的农业机械总动力、乡村就业数据进行 KMO 检验，检验值均大于 0.5，说明各指标相关性充分，存在信息重叠，可以使用主成分分析法提取数据主要信息。在提取过程中，按照对应的特征根大于 1、累计方差贡献率大于 80% 原则对主成分进行选取，然后分别对 9 个市州历年产业主体行为动力指标进行测算。测算结果如表 3 - 9、图 3 - 6 所示。

表 3 - 9　2005～2014 年贵州省 9 个市州主体行为动力指标值

年份	2005	2006	2007	2008	2009	2010	2011	2012	2013	2014
贵阳	- 1. 27	- 1. 24	- 1. 27	- 1. 23	- 1. 16	- 0. 86	- 1. 40	- 1. 49	- 1. 54	- 1. 47
六盘水	- 0. 85	- 0. 86	- 0. 88	- 0. 89	- 0. 99	- 1. 47	- 1. 12	- 1. 15	- 1. 21	- 1. 29
遵义	2. 50	2. 51	2. 52	2. 54	2. 51	1. 52	1. 82	1. 96	1. 92	2. 15
安顺	- 1. 19	- 1. 15	- 1. 13	- 1. 10	- 1. 08	- 1. 03	- 1. 31	- 1. 23	- 1. 27	- 1. 23
铜仁	- 0. 31	- 0. 30	- 0. 35	- 0. 37	- 0. 30	0. 27	0. 39	0. 40	0. 34	0. 08
黔西南	- 0. 55	- 0. 57	- 0. 52	- 0. 54	- 0. 52	- 0. 42	- 0. 59	- 0. 49	- 0. 53	- 0. 48
毕节	1. 55	1. 51	1. 52	1. 46	1. 38	1. 14	1. 60	1. 52	1. 89	2. 03
黔东南	0. 18	0. 16	0. 17	0. 21	0. 17	0. 25	0. 18	0. 29	0. 27	0. 14
黔南	- 0. 05	- 0. 06	- 0. 06	- 0. 07	- 0. 02	0. 60	0. 42	0. 20	0. 12	0. 09

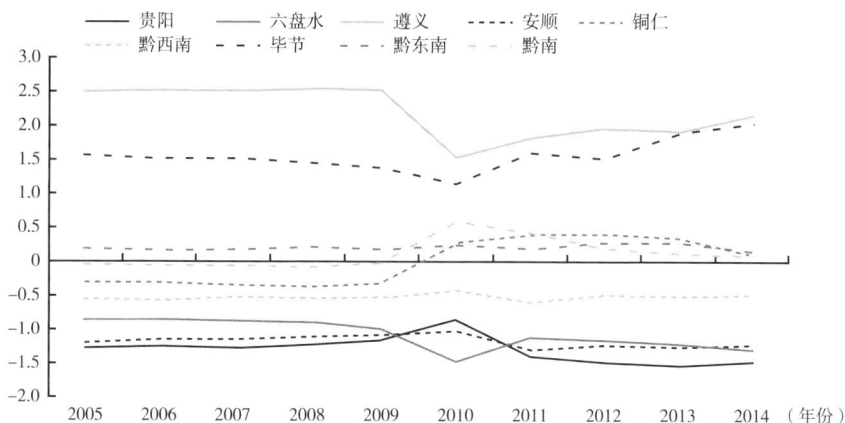

图 3 - 6　2005～2014 年贵州省 9 个市州主体行为动力指标状况

图 3 - 6 报告了 2005～2014 年 9 个市州主体行为动力指标状况。可以看出，遵义、毕节、黔西南、铜仁与黔南农业发展相对较好，从而有可能对城镇化进程产生拉力作用。贵阳、六盘水与安顺的主体行为动力指标则为负数。

4. 政府政策动力

将 2005～2014 年贵州省 9 个市州的人均财政支出、医疗、教育、社保支出、城市居民收入数据进行 KMO 检验，检验值均大于 0. 5，说明各指标相关性充分，存在信息重叠，可以使用主成分分析法提取数据主要信息。在提取过程中，按照对应的特征根大于1、累计方差贡献率大于80%原则对主成分进行选取，然后分别对9个市州历年政府政策行为动力指标进行测算。测算结果如表3-10、图3-7所示。

表3-10 2005~2014年贵州省9个市州政府政策动力指标值

年份	2005	2006	2007	2008	2009	2010	2011	2012	2013	2014
贵阳	2.83	3.14	2.71	2.10	1.39	1.12	0.75	1.13	1.52	1.77
六盘水	-0.47	-0.84	-0.60	-0.79	-0.71	-0.89	-0.77	-1.20	-1.15	-1.15
遵义	0.61	1.07	1.02	1.01	1.33	1.33	1.69	1.42	1.52	1.55
安顺	-0.80	-1.03	-0.58	-0.85	-1.25	-1.16	-1.15	-1.37	-1.52	-1.46
铜仁	-0.88	-1.05	-1.26	-0.85	-1.00	-0.65	-0.22	-0.79	-0.51	-0.50
黔西南	-0.23	-1.05	-0.71	-0.62	-0.63	-0.79	-1.00	-0.53	-0.79	-0.96
毕节	-0.46	-0.10	-0.23	0.21	1.35	1.12	1.17	1.49	1.40	1.00
黔东南	-0.29	0.12	-0.28	-0.01	-0.18	0.15	0.10	0.30	0.09	0.10
黔南	-0.31	-0.26	-0.07	-0.21	-0.29	-0.23	-0.57	-0.45	-0.55	-0.36

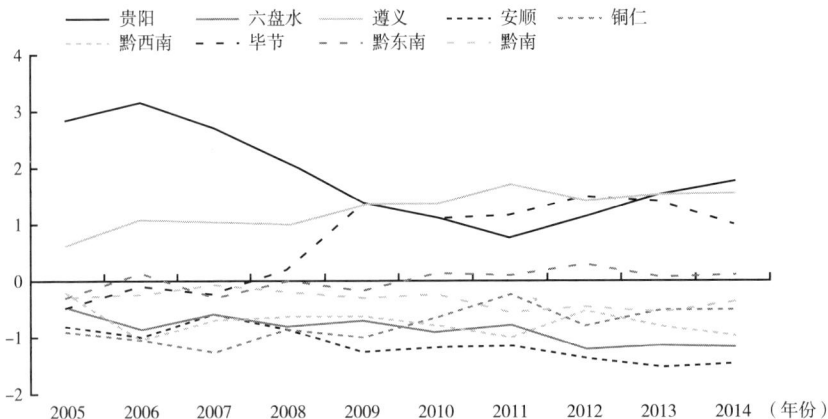

图3-7 2005~2014年贵州省9个市州政府政策动力指标状况

图3-7报告了2005~2014年贵州省9个市州政府政策动力指标变化趋势。贵阳、遵义、毕节的政府政策动力较强，可能对当地城镇化发展进程产

生吸引力。黔西南、六盘水和安顺的政府政策动力相对较弱。

5. 城镇化水平指标

参照已有相关研究对城镇化水平测算方法的总结，本课题组选择采用人口比重指标法来衡量贵州省各市州的城镇化水平。由于历年《贵州省统计年鉴》统计了各市州非农业人口数而非城镇居民数，因此，我们选用贵州省各市州非农业人口占其总人口的比重来表示该市州的城镇化水平。表3-11给出了2005~2014年贵州省9个市州城镇化水平的总体情况及变化特征。可以看出，各市州城镇化水平在历年变化不大，保持平稳趋势。其中，贵阳市的城镇化位居各市州之首，2005~2014年，年平均值达到49.5%。其次是六盘水、遵义、安顺和黔南，年平均值分别为22.5%、16.0%、15.0%和13.8%。铜仁和黔东南州城镇化水平的年平均值分别为11.8%和12.0%。城镇化水平年平均值低于10%的市州为黔西南州和毕节，年平均值分别为9.9%和7.3%。城镇化率将作为核心被解释变量，参与下文计量模型回归。

表3-11　2005~2014年贵州省9个市州城镇化水平值

年份	2005	2006	2007	2008	2009	2010	2011	2012	2013	2014
贵阳	0.49	0.50	0.50	0.50	0.50	0.50	0.50	0.50	0.49	0.49
六盘水	0.22	0.22	0.22	0.23	0.23	0.22	0.23	0.23	0.23	0.23
遵义	0.15	0.15	0.15	0.16	0.16	0.16	0.17	0.17	0.17	0.17
安顺	0.15	0.16	0.15	0.15	0.15	0.15	0.15	0.15	0.15	0.15
铜仁	0.11	0.11	0.11	0.11	0.12	0.12	0.12	0.12	0.13	0.13
黔西南	0.09	0.10	0.09	0.10	0.10	0.10	0.10	0.10	0.10	0.10
毕节	0.07	0.07	0.07	0.07	0.07	0.07	0.07	0.07	0.07	0.07
黔东南	0.11	0.12	0.12	0.12	0.12	0.12	0.12	0.12	0.12	0.12
黔南	0.14	0.14	0.14	0.14	0.14	0.14	0.14	0.14	0.14	0.14

注：受篇幅所限，此处表格中数据做保留小数点后两位处理。

（三）计量模型

1. 面板数据的单位根检验

由于面板数据也带有一定的时间序列趋势，所以在做计量回归之前，需要先检验面板数据的稳定性，再进行回归分析。[①] 如果数据本身不平稳，则会出现"伪回归"，进而研究没有任何意义。在检验数据平稳性的众多方法中，最常用的方法是单位根检验。因此，我们使用单位根检验的方法就贵州省 2005～2014 年 9 个市州的数据样本进行 LLC 相同单位根检验和 IPS 不同单位根检验。表 3 - 12 报告了单位根检验结果，可以看出，原始数据不同程度地存在单位根。在进行一阶差分处理后，所有变量在 10% 显著性水平上拒绝了存在单位根的原假设，都是一阶单整序列。

表 3 – 12   单位根检验结果

	城镇化水平	基础条件动力	产业发展动力	主体行为动力	政府政策动力
LLC 检验	0.0587	0.0000	0.2595	0.3128	0.0208
IPS 检验	0.9790	0.0080	0.8620	0.9310	0.9600
处理方法	一阶差分	一阶差分	一阶差分	一阶差分	一阶差分
LLC 检验	0.0000	0.0000	0.0000	0.0090	0.0000
IPS 检验	0.0390	0.0000	0.0000	0.1080	0.0000

注：报告为相应检验 P 值；LLC 检验原假设为单位根存在；IPS 检验原假设为单位根存在。若接受原假设，说明单位根存在，需要进行差分处理。

2. 面板数据的估计

面板数据包括混合回归模型、固定效应模型和随机效应模型。[②] 首先，对数据样本做混合回归和固定效应回归之间的 F 检验，决定是否使用混合模型；其次，对数据样本做混合回归与随机效应回归之间的 BPLM 检验，决定是否使用混合模型；最后，进行豪斯曼检验选择固定效应模型或随机效应模型。在本数据样本中，F 检验的 P 值为 0.0011，说明拒绝原假设，在混合回归模型和固定效应模型中应选择固定效应模型；BPLM 检验的 P 值为 0.0001，说明拒绝原假设，在混合回归模型和随机效应模型中应选择随机效应模型；豪斯曼检验 P 值为 0.9542，说明接受原假设，在固定效应模型和

① 代玮. 河北省新型城镇化动力机制研究 ［D］. 天津：河北工业大学，2015.
② 代玮. 河北省新型城镇化动力机制研究 ［D］. 天津：河北工业大学，2015.

随机效应模型中应选择随机效应模型作为回归模型。在完成对模型设定的检验后，回归结果如表 3 – 13 所示。

表 3 – 13　城镇化动力机制的回归结果

指标	随机效应模型	固定效应模型
基础设施动力	0.00483 *	0.00494 *
	(1.86)	(1.86)
产业发展动力	– 0.000259	– 0.000270
	(– 1.05)	(– 1.06)
主体行为动力	– 0.000134	– 0.000150
	(– 0.17)	(– 0.19)
政府政策动力	0.00166 ***	0.00162 ***
	(3.18)	(3.00)
_cons	0.000575	0.000575 ***
	(1.44)	(3.50)
样本个数(个)	72	72

注：小括号内为 t 值；* 、** 、*** 分别代表 10% 、5% 和 1% 的显著性水平；将自变量做滞后一期处理。并用 EG 两步法对残差做平稳性检验，发现不存在单位根。

从随机效应的回归结果可以看出，2005～2014 年，对贵州省 9 个市州城镇化水平产生显著影响的动力分别是基础设施动力和政府政策动力。从表 3 – 13 可见，无论是随机效应模型回归还是固定效应模型回归，各变量系数值及显著性水平保持基本稳定，主要的原因在于，一阶差分消除了各市州不随时间变化的特征差异，因此随机效应模型与固定效应模型结果相差不大。这说明我们回归的结果是稳健的。

基础设施动力在贵州省的城镇化发展中发挥的作用明显。区域内基础设施建设越完善、经济发展水平越高、市场发育越先进，越会对农业户籍人口产生强有力的吸引力，从而对城镇化提升产生促进作用。从系数上看，区域内基础设施动力每提升 1 个单位，会促使城镇化率提升 0.49 个百分点。

政府政策动力对贵州省城镇化发展水平影响显著。人均财政支出越高，政府在医疗、社保、教育上支出越高，城市居民收入越高，同样越会促进城镇化水平的提高。区域内政府政策动力每提升 1 个单位，会促使城镇化率提升 0.16%。

产业发展动力和主体行为动力则没有对城镇化水平提升产生显著影响。可能的原因在于，贵州省第二、第三产业发展还存在许多不足，没有充分发挥吸纳农村剩余劳动力的作用。另外，以贵州省农业发展为主要构成指标的主体动力也没有发挥出对农村剩余劳动力的"拉力"作用，从而不具备统计意义上的显著性。

三 贵州省新型城镇化发展动力分析

城镇化动力并不是一成不变的常量，随着贵州省大数据、大扶贫、大生态战略行动的实施，山地特色新型城镇化示范区、大数据综合试验区、生态文明先行示范区建设的推进，贵州省城镇化发展进入新型城镇化快速发展阶段。新型城镇化发展需要新的发展动力，那就意味着城镇化发展的动力结构也会随之发生改变，变成与新型城镇化发展要求相一致的新型城镇化发展的动力结构。明确贵州省新型城镇化建设需要怎样的发展动力，才能确保贵州省新型城镇化建设的可持续推进。

（一）工业化仍将是贵州省新型城镇化发展的根本动力

"十三五"期间，贵州省将大力实施"百企引进""千企改造"工程和"双培育""双退出"行动计划，推动煤炭、电力、化工、冶金等资源型产业转型发展，促进航空航天、智能终端、高端数控机床、新能源汽车等装备制造业和军民融合产业发展壮大，推进酒、烟、茶、药、食品等产业上规模、上档次，[①] 工业化仍将是贵州省新型城镇化发展的根本动力。

（二）投资仍将是拉动贵州省新型城镇化发展的主要动力

"十三五"期间，贵州省投资将维持平稳增长的态势。贵州省近年来所采取的后发赶超的发展模式取得显著成效，人均 GDP 为 4814 美元，现阶段

---

① 报告快读 | 贵州大力实施"千企引进""千企改造"工程 [EB/OL]. http：//www.ddcpc.cn/2017/jr_0416/99310.html.

正处于经济加速发展、投资高速增长的阶段。基础设施、产业、扶贫、教育、医疗等领域都存在总量不足、标准不高的问题，因此，贵州省具有巨大的投资空间。"十三五"时期贵州省规划投资 21000 亿元，并且根据供给侧结构性改革要求中的"补短板"投资，贵州省将在"十三五"期间提高水利、机场、教育、医疗、高新技术产业的投资，大力深入推进大扶贫、大数据、大旅游、大健康项目建设，全省的基础建设（铁路网和城市轨道建设、机场建设和乌江、盘江、清水江等水运通道）将进一步持续；内陆经济开放新平台将吸引一大批投资者落户贵州；新兴高新技术产业需要超前建设信息基础设施，这些领域将在"十三五"时期发挥积极作用，继续发挥对新型城镇化的主要拉动作用。①

（三）科技创新将成为贵州省新型城镇化发展的重要驱动力

"十三五"期间，贵州省将坚持创新驱动发展，优化要素资源配置，激发创新创业活动，推动"大众创业、万众创新"，实施一批重大科技专项，建立产业技术创新联盟，创建国家级自主创新示范区；强化企业创新主体地位和主导作用，大力推动创新企业梯次培育计划，加强创客空间建设。科技创新的加速推进，战略性新兴产业的加速发展，将为新型城镇化的发展不断注入新的动力。

（四）全面深化改革将为新型城镇化发展提供不竭的动力

"十三五"期间，贵州省将进一步深化重点领域和关键环节改革，加快完善现代市场体系，深化行政审批制度、国有企业、商事制度、资源配置体制机制和财税金融供给制、投融资体制改革，极大地激发市场主体活力和创造力。推进生态文明建设体制机制创新，建立严格的生态保护红线制度，深化农村综合改革，深化扶贫体制机制、司法体制、社会治理体制和教科文卫体制等改革，改革红利将会加快释放，为推动新型城镇化的发展注入强劲动力。

---

① 张顿．贵州十三五时期经济增长动力研究［D］．贵州；贵州大学，2017.

（五）大数据、大健康等新兴产业有望成为新型城镇化增长的新动力

《贵州省数字经济发展规划（2017—2020年）》提出，到2020年，贵州数字经济增加值占GDP的比重达到30%以上。2016年底召开的"贵州省卫生与健康大会"提出，2020年全省健康医药制造业总产值达到600亿元，增加值达到160亿元。"十三五"规划提出2020年全省装备制造业总产值达到2700亿元。这些产业将成为贵州省新型城镇化发展的新动能。

（六）生态文明建设是新型城镇化发展的持续动力

生态文明建设要求人与自然和谐相处，这就要求改变传统城镇化以"牺牲环境换发展"的思想，在新型城镇化推进过程中树立保护自然、保护生态的理念，建设生态城镇。

生态文明建设要求新型城镇化走绿色城镇化道路，绿色城镇化应当以生态经济为基础，生态产业为支撑，适当调整原来不合理的产业结构，发展新型产业以取代原来的高耗能产业，降低对资源和能源的依赖性和高耗性，维护经济和资源环境的可持续发展。

生态文明建设不仅注重经济发展，同时也侧重美化生产和生活环境，促进城镇居民对生态环境的保护，提供良好的生态产品，提高城镇居民的宜居水平。从长期来看，生态文明要求生产方式和消费模式绿色低碳，可以通过培育具有绿色低碳发展能力的产业和企业来节约资源，通过绿色消费模式来减轻居民对生态环境产生的压力，持续地优化由人类系统、自然系统和社会系统组成的城镇复合系统；通过宣传和教育，使节能减排和保护生态环境的理念深入人心，使人与自然和谐相处成为共识，从而优化城镇及其周边自然及生态环境，提升城镇化的发展质量，为城镇化的健康发展提供内生动力和持续不竭的源泉。

第四节　新型城镇化发展动力机制的构建

要实施贵州省新型城镇化发展的增长型发展战略和多元化发展战略，就需要建立与之相适应的新型城镇化发展的动力机制。在贵州省山地特色新型

城镇化发展过程中，应建立"新型工业化推动新型城镇化发展的动力机制、第三产业发展推动新型城镇化发展的后续动力机制、农村人口城镇化的农村退出机制与城市融入机制、政府主导的贫困及生态移民迁入城镇化机制、以规划引领山地特色城镇化的发展机制、生态文明建设与新型城镇化协调发展的长效机制"等新的六大动力机制，推动贵州省新型城镇化健康、持续发展。

一 新型工业化推动新型城镇化发展的动力机制

新型城镇化的发展需要有产业支撑，工业化和新型城镇化之间有着紧密的内在联系。一方面，工业化创造供给，提供就业，积累财富，能够有效解决农村剩余劳动力问题，为加快推进新型城镇化打下坚实的经济基础。另一方面，新型城镇化为工业化提供空间承载，为农村转移人口市民化提供归宿，形成新的消费需求，进而为工业化发展提供持久推动力。[①] 因此，推动贵州省工业化又好又快发展，推动工业化和新型城镇化的良性互动，是加快贵州省新型城镇化发展步伐的战略举措，以更好发挥工业化对新型城镇化的牵引拉力作用。

（一）以新型工业化为路子，实现城市工业带动农村工业[②]

工业和农业，工业化、城镇化与农业现代化，是相互联系、相互依赖、相互补充、相互促进的。一方面，工业和城市的发展需要农业和农村提供各种物质资源和人力资源，以及广阔的市场空间；另一方面，农业和农村的发展需要工业和城市的支持、辐射和带动，需要在推进工业化、城镇化过程中用工业生产方式逐渐改造传统的农业生产方式，用城市的生活方式改造农村的生活方式，实现农业的工业化和农村的城镇化。

用创新的理念推进工业升级。在扶持农用工业，实现以工补农、促农的同时，运用高新技术特别是信息技术改造提升传统工业产业，形成高新技术和传统产业结合、资源与生产能力配套、内部与外部产业链对接、辐射周边

① 两会特刊："四代同步"统筹推进青海新发展黄金期 [EB/OL]. www.xunhua.gov.cn/html/9980/284939.html.
② 任爱华. 我国农村工业化与城镇化协调发展对策研究 [D]. 保定：河北农业大学，2004.

地区的工业格局。

用工业的理念推进农业升级。要用企业化的工业基本模式大幅度调整农业产业结构，延伸农村产业链，特别是要大力发展公司制的优势农产品深加工龙头企业，增强辐射带动能力，推进农业区域化、专业化、社会化、高效化发展。

对技术档次低、劳动密集度大且便于农村工业生产的产品应让位于农村工业，以农村市场为主的轻工业应先行一步，引导轻工业向城镇地区扩散，同时城市工业要对扩散后的农村工业给予技术支持和协作。

（二）以特色工业园区为载体，进行要素的集聚与重组

通过前文分析，可知贵州省新型城镇化与新型工业化发展不协调，新型工业化没有形成集群效应，对城镇化集聚效应不明显。

大力推进产业园区、集中区建设，加大对各类产业园区、集中区的扶持建设力度，进一步完善园区基础设施。围绕优势资源、特色产业发展和东部产业转移，招商引资，吸引更多企业入户园区。推动工业产业向园区和集中区集中，增强产业集聚和配套能力，促进产业园区与城镇化互动发展。同时，培育壮大一批农业产业化龙头企业，以工业化理念打造现代农业产业化体系。把农业作为工业的第一车间和原料基地，通过"公司＋农户＋基地"，规范服务、规模经营、集约经营，实现农产品就近加工、部分农民就近就业，发挥工业化在提高农业产业化方面的作用。①

特色工业园区经营活力充足、发展较快、产业特色鲜明。通过特色工业园区的建设，可以把服务、土地、劳动力等优势聚集在一起，把支柱产业、工业园区和城镇建设紧密结合起来，并引导小企业向建制镇或中心镇集聚，②形成规模效益，产生集聚效应和辐射效应，同时又为第三产业的发展奠定基础，助推贵州新型城镇化发展。

---

① 推进工业化和城镇化良性互动，建立美丽富裕新安康［EB/OL］.
② 谈城市化与第三产业发展的关系［EB/OL］. https：//wenku. baidu. com/view/5c518309814 d2b1604e767f5acfa1c7aa00829e. html.

（三）以山地特色小城镇为依托，发挥工业化与新型城镇化互动的功能

2012 年，贵州省启动 100 个小城镇建设项目，遵循"以人为本、道法自然"的原则，推动特色小城镇和山地特色新型城镇化发展，基本形成了组团式、点状式、串珠式的城镇布局，城镇、山水、田园、村庄的融合程度不断提升。

立足于贵州省"九山半水半分田"的地表特点，坚持贵州省特色小城镇建设，坚持小城镇的科学规划要体现"以人为本"的思想，要使"人"成为小城镇发展的中心、为"人"服务成为小城镇建设和发展的目的，[①] 坚持对小城镇进行绿色、新兴、高端、特色的产业定位，激发新兴产业活力，挖掘传统产业潜力，实现产业特色化和特色产业化发展，发挥工业化与新型城镇化互动的功能。

一是推动工业和服务业扩量提质，吸纳农业转移人口。二是进一步壮大农业产业发展实力，积极推进白酒、卷烟、茶叶、特色食品、民族医药、制糖等特色轻工和电子信息、装备制造等先进制造业等支柱产业集群式发展。三是积极培育战略性新兴产业，如节能环保、新一代信息技术、生物产业、新能源、新材料等，发挥工业化与新型城镇化互动的功能。

二 第三产业发展推动新型城镇化发展的后续动力机制

城镇化为产业结构演变提供了劳动力和必要的物质基础，同时通过消费结构影响产业结构的演变。在城镇化过程中，大量人口进入城市，加大了对生产生活活动所必需的城市基础服务设施的需求，而此类基础设施的兴建，又间接带动了相关产业的发展；同时城市人口不断增多，消费水平不断提高，带动城市中的消费市场规模扩大，有助于第三产业的发展和壮大，从而影响产业结构的演变。[②]

---

① 任爱华. 我国农村工业化与城镇化协调发展对策研究［D］. 保定：河北农业大学，2004.
② 浅谈城市化与第三产业发展的关系［EB/OL］. https：//wenku. baidu. com/view/5c5183098 14d2b1604e767f5acfalc7aa00829e. html.

（一）第三产业能有效转移农村劳动力

农村劳动力转移涉及产业和空间的双重转移。在产业方面，农村劳动力表现为向非农产业转移；在空间方面，农村劳动力主要表现为向城镇转移，这是由于非农产业的区位绝大部分在城镇的缘故。①

对于贵州此类欠发达地区来说，农村劳动力转移主要取决于非农产业发展，特别是其就业容量的增长所提供的转移机会。以流通业和为生产和生活服务为主的第三产业中，大部分行业都属于非农劳动密集型产业，具有较大的就业弹性，可以吸纳较多的劳动力。第一、第二产业转移出来的劳动力经过简单的培训即可进入第三产业就业，为更多的人口从农村转移到城市创造了就业机会。从促进就业层面上来说，第三产业的发展可以推动城镇化水平的提升。②

（二）新型城镇化的集聚效应为第三产业发展提供基础

城镇化是聚集经济的必然产物，为第三产业专业化程度的提高提供了条件。首先，第三产业已经越来越成为城市化的载体和依托，第三产业的发展极大地带动非农就业增长。其次，第三产业的服务需求具有集聚的特性，城镇具有经济聚集和人口聚集的特征，适合第三产业的发展。最后，第三产业与市场交换联系紧密，而城镇化过程本身引起生活方式市场化变动，为第三产业发展提供广阔市场。③

三 农村人口城镇化的农村退出机制与城市融入机制④

农村人口城镇化的演进过程即实现农村人口的完全城镇化。而实现农村人口城镇化的过程实际上是人口从农村退出及向城镇融入的过程。因此推进

① 农村劳动力转移与城市化［EB/OL］. https：//wenku. baidu. com/view/57058420302b3169a45177232f60ddccdb3e602. html.
② 农村劳动力转移与城市化［EB/OL］. https：//wenku. baidu. com/view/57058420302b3169a45177232f60ddccdb3e602. html.
③ 浅谈城市化与第三产业发展的关系［EB/OL］. https：//wenku. baidu. com/view/5c518309814d2b1604e767f5acfalc7aa00829e. html.
④ 王昌锋. 促进农村人口城镇化机制建设的思考［J］. 南方农业，2017，11（35）：44 – 45.

农村人口城镇化机制本质上是由农村退出机制和城市融入机制两部分构成。

（一）人口的农村全面退出机制

建立完全性长期退出机制主要是土地经营权、宅基地及房屋长期性或永久性的流转，使农民全面退出农村，而其权益不受到损害。

1. 深化农村土地制度改革，实行"三权分置"

农村土地集体所有权是土地承包权的前提，农户享有的承包经营权是集体所有权的实现形式，在土地流转中，农户承包经营权派生出土地经营权。农户可将土地的经营权短期或长期地转让出去，进入城镇化后其权益不受到损害。

2. 推行房屋资产和宅基地的流转

农村房屋是农民在农村的重要资产之一，由于农村房屋与宅基地是连为一体的，且农村实行一户一处宅基地制度，城市人口不得到农村购置宅基地及农房，宅基地只能转让给本集体经济组织成员，因而农村房屋转让有其特殊性，可以转让给集体经济组织内无房的农户，转让给贫困山区的移民，既充分利用目前农村人口进城居住后空置的房屋，又能解决贫困山区移民的住房问题，推进农村人口梯度转移和城镇化。

（二）建立农村进城人口的完全融入城镇机制

农村进城人口完全融入城镇的基本条件是社会经济的充分发展，特别是第二、第三产业的充分发展和产业的转型升级，以提供足够的就业岗位和就业收入使其融入城镇生活，同时还要建立完全融入机制，包括改革户籍制度、完善社会保障制度、建立并完善公共服务体系及相应住房保障制度等。

贯彻和完善贵州省户籍制度改革方案。实施城乡统一的户口登记制度，取消农业户口和非农业户口性质区分，统一登记为居民户口。调整放宽户口迁移政策，全面放开中小城市和建制镇落户限制。在全省中小城市和建制镇有合法稳定住所（含租赁）的人员，本人及其共同居住生活的配偶、未成年子女、父母等，可以在当地申请登记常住户口。合理确定大城市落户条件，健全完善居住证制度。居住证持有人享有与当地户籍人口同等的劳动就业、基本公共教育、基本医疗卫生、计划生育、公共文化、证照办理等基本公共服务和受灾救助、临时救助权利。

统筹城乡社会保障制度。促进农村人口市民化，必须要统筹城乡社会保障制度，逐步使城镇居民医疗保险和农村居民医疗保险管理机制实现一致，并逐步将两者整合统一，保障城乡参保人员的合法权益，促进劳动力的合理流动，健全和完善城乡统筹的社会保障体系。

完善公共服务体系，在增加教育经费投入的基础上，积极发展公办学校教育，按照"两为主"，即以流入地政府管理为主、以全日制公办小学为主的原则，大力发展公办学校。大力发展民办教育，提升民办教育质量，提高民办教育水平。

着力解决进城人口的住房问题。帮助有条件的人口购买并实现自有住房。建立进城人口的住房公积金制度，探索农民工和其他农村进城人口的公积金缴费办法，探索住房公积金异地转移机制，制定相关的税费政策、金融政策支持进城人口购置住房资产，政府要制定相关的税费优惠政策和金融政策支持农民工资产建设，将符合条件的进城人口统筹纳入公租房和廉租房范围内。

四 政府主导的贫困及生态移民迁入城镇化机制

生态移民工程作为一项保护和恢复生态环境、消除贫困的重要工程，在扶贫攻坚过程中发挥着非常重要的作用而被各级政府高度重视。贵州是全国贫困人口最多、贫困面积最大、脱贫攻坚任务最重的省份，是中国脱贫攻坚的主战场和决战区。根据《贵州省易地扶贫搬迁工程实施规划（2016—2020年）》的安排，2016~2020年，贵州省要对162.51万人（39.23万户）进行安置，全省共规划设置安置点1509个，从各类型安置点安置人口数量来看，集中安置人口规模156.18万人。根据"十二五"期间城镇化年均新增人口54万人的数量，2016~2020年年均生态移民搬迁40万人的数量，生态移民搬迁将成为贵州省城镇化"十三五"期间的主要动力源泉。

政府主导的贫困及生态移民迁入城镇化过程中，要用足用好用活国家扶贫政策，衔接好土地利用和扶贫开发制度，全面盘活搬迁群众迁出点承包地、山林地和宅基地"三块地",推进实施规模化流转经营,大力扶持农产品基地建设和规模化种养业,让搬迁户按照对"三块地"的应有权属关系分享收益,实现稳定收入来源。

完善农民就业保障机制,确保搬迁农户稳定发展。加大宣传力度培养农民就业意愿,完善社会保障机制,统筹迁入地教育、卫生等公共服务资源,切实做好教育、就业和就医三项基本民生工作,确保搬迁群众就业有岗位、就读有学校、患病有医院,为搬迁农户"入城"转为产业工人解决后顾之忧;完善就业管理机制,依托园区、产业基地、城镇安置等民生工程地方政府逐户逐人建立就业台账管理,加强就业指导和劳务输出工作,引导搬迁户向商贸流通业、交通运输业、工业企业等第二、三产业转移;统筹使用各类培训资源,加大对搬迁农户劳务输出培训投入,以就业市场需求为导向,实施"订单式""定向式"培训,确保每户有一人掌握一项劳动技能,确保每一户具有劳动能力的家庭实现 1 人以上稳定就业,保障搬迁农户稳定脱贫、发展致富。

完善低保、医保和养老保险"三大保障"运行机制,织牢搬迁农户安全底网。加强扶贫开发和农村低保的制度衔接,逐步提高农村低保标准,衔接好城镇医保和农村低保制度,搬迁到城镇区域安置点的农村低保对象全部转为城市最低生活保障对象,农村"五保"人员全部转为特困人员;做好新农合和城镇居民基本医疗保险的制度衔接,充分尊重搬迁群众个人意愿,使其自主选择参加新型农村合作医疗保险或城镇居民基本医疗保险,最终实现应保尽保;做好养老保险制度衔接。

完善农村基本经营制度,增加搬迁群众财产性收入。结合全省"资源变资产、资金变股金、农民变股东"农村"三变"改革试点工作的推进,积极探索易地扶贫搬迁"配套设施资产变股权、搬迁农户变股东"的资产收益扶贫模式;完善农村资源管理制度,水电、矿产等资源开发占用集体土地的,通过赋予集体股权方式,让搬迁农户分享资源开发收益;完善农村资产管理制度,引导搬迁农户以农村土地承包经营权、林权等折价入股专业合作社和龙头企业,增加资产性收益,实现稳定收入来源。

五 以规划引领山地特色城镇化的发展机制

城镇是人口、经济活动在空间上不断聚集形成的地区，城镇集聚的过程中，产业集聚不仅是经济集聚的重要形式，还是人口集聚的重要支撑。规划则是人们在现有经济社会发展基础上，结合地区资源优势，充分征求相关专家意见后，所制定的能够在未来一定时期，指导城镇化持续快速健康发展的综合性、战略性、引导性文件，是国家新型城镇化规划的具体落实，是统筹推进地区新型城镇化发展及示范区建设的指导依据。[①] 因此，城镇往往成为很多发展规划的设计所依托的重要内容，系统科学的城镇规划体系，能够在特殊体制和发展背景下，对城镇和乡村进行科学合理的战略定位，既可以弥补乡村地区规划和管理的缺位，又能引导和规范城镇化向前推进。

1. 坚持规划先行，抢抓发展机遇

贵州省通过出台支持小城镇发展的系列规划，推动了贵州山地特色小城镇积极融入"一带一路"、沪昆高铁经济带、长江经济带、黔中经济区，一方面，充分体现了支持小城镇发展的一系列规划有效推动了小城镇发展，另一方面，也体现了"一带一路"、沪昆高铁经济带、长江经济带、黔中经济区等大型宏观战略规划对贵州省城镇化的引领带动作用。

2. 坚持规划引领，优化城镇布局

2016 年 5 月，在"十三五"开局之年，贵州省人民政府印发了《贵州省山地特色新型城镇化规划（2016—2020 年）》，同时，按照山地特色新型城镇化规划的建设要求，对市（州）、县级城镇总体规划进行了修编，加大对城镇化建设的法制化、规范化、科学化管控，加强对城镇化空间布局和发展时序的控制，强化了以规划引领新型城镇化建设发展的作用。新型城镇化是城镇和谐发展的理想模式，是高级形态的城镇化。

---

① 《省人民政府关于印发〈贵州省山地特色新型城镇化规划（2016—2020 年）〉的通知［Z］（黔府发〔2016〕15 号）》. 贵州省人民政府网.

六　生态文明建设与新型城镇化协调发展的长效机制

新型城镇化就是要改变原来的以牺牲资源环境来获取高增长率的发展模式，走人与自然协调发展的道路。在人口不断向城镇集聚的过程中，既要注重提高居民的生活质量和幸福指数，更要考虑城镇的资源承载能力和生态环境压力，协调人口、资源、环境与经济发展的关系，实现城镇的可持续发展。①

1. 合理布局城镇空间格局

坚持有利于人口、经济、资源环境均衡发展的原则，选择大中小城市和小城镇协调发展的道路。由于不同城市、城镇所处的地理位置及自然条件的差异，其资源承载能力也有所不同，因此，在构建城镇体系时，对于人口规模较大、资源环境压力大的大城市的发展规模应该严格控制，选择规模适中、对资源环境压力不大的中小城市发展。集约高效利用土地资源和基础设施，盘活存量，控制增量，提高城市土地的利用效率，合理控制城市发展规模和新区建设速度。对于没有规划的闲置土地和废弃土地，要进行合理利用，在规划建设相关产业和项目时，要按照循环经济的理念和发展思路布局，提高建筑物的密集度和容积率，提高土地的利用效率。

2. 优化城乡产业结构

随着城镇化进程的不断推进，越来越多的农村人口转移到城市，产业结构也会随之发生变化，城市的第二、三产业比重会越来越大，第一产业在经济中所占比重会逐渐减小。生态文明建设要求降低生产过程中的能耗，减少污染物的排放，以减轻对资源环境的压力，这就需要发展生态经济，体现在产业上就是生态农业、生态工业、生态服务业的协调发展，发展生态产业也是实现生态城镇化的物质基础。在农村大力发展将现代科技成果和先进管理理念应用到生产过程中的种植、生产、包装及运输等环节的高效生态农业，

---

① 韩立红，王雪梅. 用生态文明理念引领新型城镇化建设. 人民论坛，2017（20）：54-55.

协调农业发展与资源、环境的关系；在城镇发展以节能环保的绿色科学技术为依托的低耗能、低排放、低污染、高效益的产业，降低高耗能、高污染的企业比例；结合各地自然资源发展生态旅游业、绿色商业服务业等生态服务业，实现经济发展与生态环境的良性互动。

3. 发展清洁生产方式

在优化城乡产业结构的基础上，在具体生产环节上要实施清洁生产。工业制成品在产品设计和原料选择上，优先选择无毒、低毒、污染少的材料，不断研发创新生产工艺，采用和更新生产设备，提高原材料转化率、能源利用率，减少生产过程中废物的产生，并在生产过程中尽量采用物料循环利用系统，如水资源的循环利用和废弃物资源化、减量化和无害化处理，减少污染物的排放。

4. 提倡绿色生活方式和消费模式

随着人口不断向城镇集聚，中国已经慢慢进入消费引领生产的发展阶段，推广绿色的生活方式和树立低碳环保的消费理念是保持城镇健康持续发展的动力。除了要树立公众的生态文明意识之外，在日常生活中，引导居民减少能源的消耗，节水节电，多乘坐公共交通工具减少私家车出行等，同时要通过各种媒体手段来强化居民的生态危机意识，并利用税收和价格杠杆对非环保的易耗品和不可再生资源进行阶梯式征税或收费，改变居民的"高碳耗"的生活习惯，减轻生活方式不当对环境造成的压力。

第五节　新型城镇化动力机制可持续发展的产业依托和制度匹配

要顺利实施新型城镇化发展的增长性发展战略和多元化方针战略，保证新型城镇化发展"六大机制"的良性运行，就必须在贵州省山地特色新型城镇化发展过程中，充分发挥产业对新型城镇化发展的拉动力，发挥好政府对新型城镇化发展的主导作用，发挥市场机制对贵州省新型城镇化发展的推动作用，从而使贵州省新型城镇化健康快速发展。

一 贵州省新型城镇化动力机制可持续发展的产业依托

（一）构建贵州省新型城镇化动力机制产业依托的原则

前文的分析表明，当前贵州省城镇化建设存在动力不足、特色不鲜明、陷入"低水平循环"等问题。要解决当前贵州省城镇化建设中存在的种种问题，就必须构建贵州省新型城镇化的可持续发展路径。短期内必须借助外部力量实现对新型城镇化的启动；长期则必须形成持续性的城镇化动力机制，发掘城镇化进程的内生动力。虽然在贵州省城镇化动力机制的构建过程中，在不同城镇化参与主体之间形成和谐利益关系格局是主要矛盾和矛盾的主要方面，但贵州省新型城镇化动力机制的可持续发展，还必须以坚实的产业依托和制度匹配为支撑。特别是在构建贵州省新型城镇化动力机制的产业依托时，必须遵循以下原则。

1. 充分利用现有资源的原则

前文对贵州省城镇化动力与城镇化动力机制的分析表明，当前贵州城镇化进程中存在的突出问题是城镇化动力不足，导致加快贵州省城镇化进程所需的资源与服务严重不足，使贵州省城镇化建设在一定程度上陷入"低水平陷阱"。在贵州省新型城镇化动力机制的形成中，虽然引入外部力量形成贵州省新型城镇化的启动性动力机制是解决当前贵州省城镇化动力不足和"低水平循环"问题的关键，但是，在市场经济体制下，贵州省新型城镇化建设要引进外部力量参与，就必须拿出一定的资源来为潜在的外部参与主体提供经济上的激励。这就决定了在贵州省新型城镇化动力机制的建设中，必须在产业依托的选择上坚持充分利用现有资源的原则。作为一个人均收入水平较低、发展相对滞后的中西部省份，贵州省在新型城镇化建设和产业依托营造过程中，面临着经济资源不足的客观情况。这就决定了贵州省在新型城镇化动力机制的创新和产业依托的选择中，必须坚持"好钢用在刀刃上"的原则，充分利用现有资源，提高各种经济资源的利用效率。尽可能地在较短时期内，通过产业依托的科学选择，加快贵州省产业优势的聚集，增加贵州省城镇化建设中可以用于与其他地区进行交换的社会产品总量，增强对贵州省新型城镇化的潜在外部参与主体进行的经济激励。因此，在贵州省新型城镇化产业依托的选择和营造过程中，必须坚持"实事求是"的原则，对当前贵州省可用于城镇化建设的资源总量和利用状况有清晰的认识。

2. 充分突出贵州特色的原则

前文分析表明，当前贵州省城镇化建设中存在城镇化特色不鲜明问题。特别是与贵州省相邻的云南、广西和四川等省（区、市）比较，贵州省生态环境良好、少数民族众多的特色并没有在贵州省城镇化建设中得到充分体现。由于贵州省城镇化建设的"低水平循环"问题，贵州省新型城镇化的特色参与主体——生态环境保护和民族文化传承——诉求并没有得到很好的实现。具体到城镇化的产业依托层面上，除了茅台酒、黄果树瀑布、遵义会议会址等少数国内知名的制造业和旅游业品牌以外，贵州省并没有形成具有鲜明贵州特色的国内领先产业。在贵州省城镇化动力不足和"低水平循环"的情况下，如果贵州省不能在产业依托的选择和营造过程中突出贵州特色，那么贵州省新型城镇化就将缺乏能在国内造出声势的产业，也就不能创造出足以与其他地区进行交换的社会产品，进而缺乏为潜在的城镇化外部参与主体提供经济激励的条件，使贵州省新型城镇化建设沦为空谈。在贵州省新型城镇化产业依托的选择和营造中充分突出贵州特色，本质上讲就是要充分挖掘贵州省城镇化建设中产业依托的比较优势，为贵州省新型城镇化建设"造势"。为此，必须突破一个思想误区，即只要发挥比较优势，就必须投入大量成本，承担较大风险。事实上，贵州省新型城镇化建设和产业依托营造中本来就存在生态环境保护和民族文化传承的特色参与主体利益诉求，只要在新型城镇化动力机制的构建中充分尊重并积极实现贵州省城镇化特色参与主体的利益诉求，就会激发特色参与主体的积极性，增强贵州省新型城镇化的动力。只要能正确认识到贵州省新型城镇化建设中产业依托的比较优势所在，突出贵州特色的产业依托选择反倒可以将贵州省新型城镇化建设的成本和风险降到最低。

3. 特别注重产业协作的原则

在贵州省新型城镇化建设的产业依托营造中，极易出现的一个错误认识是：只要选择好一个或几个支柱产业，新型城镇化建设的产业依托就形成了，就"万事大吉"了。在市场经济条件下，产业经济能否充分发展，不仅取决于产业部门本身是否具有比较优势、是否利用现有资源，还在很大程度上取决于作为主导产业或支柱产业而被选中或引进的产业部门，能否与经济中的其他产业部门形成良好的产业协作关系，是否能以一个或几个主导产业或支柱产业的发展带动一系列产业的发展，形成一条条"生机勃勃"的产业链。在贵州省新型城镇化建设的产业依托营造过程中，如果不能摆脱各部门、各县市各自为政的局面，不能站在全省新型城镇化和产业经济可持续发展的高度去布局、调整和优化产业结构，不能打造几条涉及产业众多、比较优势明显、协作关系和谐的产业链，那么贵州省新型城镇化建设的产业依托就将是不充分的，新型城镇化动力机制协调不同城镇化参与主体之间利益关系、实现不同城镇化参与主体利益诉求的可行性也将受到极大限制。因此，在贵州省新型城镇化建设的产业依托营造中，必须突破传统观念，打破各自为政的状态，形成几条高水平、跨部门、跨县市的贵州特色产业链，为贵州省新型城镇化动力机制的构建提供良好的物质基础和技术条件。

4. 积极发展外向型经济的原则

开放是市场经济的基本特征之一。贵州省新型城镇化建设只能在市场经济条件下推进，这就决定了贵州省新型城镇化建设的产业依托营造过程也必须摆脱"闭门造车"的陈旧思想观念，通过积极发展外向型产业经济来提高贵州省新型城镇化的开放度。必须明确的是，贵州省新型城镇化建设并不是一个孤立的经济演化过程，也不仅是贵州省自己的事情。贵州省新型城镇化是全国新型城镇化的重要组成部分，贵州省的新型城镇化必须立足西南、放眼全国、走向世界。只有通过积极发展外向型经济，才能找到贵州省新型城镇化动力机制构建中的潜在外部参与主体，才能利用外部力量启动并加速贵州省新型城镇化建设。事实上，我国东南沿海地区无一例外的都是利用沿海地区的海运优势，通过发展"三来一补"式的来料加工产业，充分利用发达国家以及我国港澳台地区的资金、技术和市场，推动城镇化建设。贵州省作为一个地处内陆、山地众多的欠发达省份，在新型城镇化建设的产业依托营造中必须借鉴东南沿海地区的经验，但也必须注意"扬长避短"。在缺乏海运优势和基础设施建设成本较高的情况下，贵州省完全可以发挥航空运输、高铁运输等新兴交通运输方式所具备的征地面积小、运输效率高的优势，通过选择发展临空型、临高铁型外向型产业链，来提高贵州省经济开放度和外资吸引力，为贵州省新型城镇化引进外部力量创造有利条件和良好环境。

（二）"大数据 + 贵州特色产业"的外向型产业链

贵州省新型城镇化建设中的产业依托并不是某一个产业，而是由一系列产业构成的、通过产业间的分工协作形成的若干个特色鲜明的产业链。以贵州独特的省情来看，在贵州省城镇化建设中必须打造"大数据 + 贵州特色产业"的外向型产业链。

1. 贵州特色产业的部类分布

当前，贵州省已经形成了众多特色产业，这些特色产业主要分布在制造业和服务业两大产业部类。

在制造业产业部类中，贵州省已经形成了以白酒、卷烟、茶叶、食品、旅游商品为代表的特色制造业产业集群。在白酒产业，贵州形成了以"国酒茅台"品牌为引领的白酒品牌系列，正在加快建设"全国酱香型白酒酿造知名品牌创建示范区"，打造以酱香酒为主的贵州白酒品牌，培育一批优强白酒企业；同时，依托贵州省白酒产业已经形成的比较优势，通过建设龙里县雪花啤酒异地搬迁、六盘水红豆杉保健酒、黔西南薏仁保健酒、赤水市保健酒等项目，积极发展葡萄酒、蓝莓酒、刺梨酒、猕猴桃酒、青梅酒等果酒产业。在卷烟产业，贵州拥有贵阳、遵义、毕节、铜仁、贵定等几大卷烟生产基地。在茶叶产业，贵州大力推进茶叶精制加工，重点发展绿茶，积极发展红茶、白茶、黑茶等，形成以优质绿茶为引领，红茶、黑茶等半发酵茶和发酵茶并举的产品结构；将遵义、黔南、铜仁、黔西南、黔东南、安顺打造成为全省茶叶的种植及精深加工示范基地。在食品产业，贵州发展调味品、肉制品、粮油制品、果蔬食品、软饮料、乳制品等特色食品加工业。[①]
在旅游商品产业，发挥民族特色比较优势，发展银器、蜡染蜡画、刺绣、民族服装服饰、民族乐器、特色仿制品、玉石工艺品等系列产品。

在服务业产业部类中，贵州省则形成了以旅游业为代表的特色服务业产业集群。贵州省山地风光旖旎、民族文化旋律多彩。以山地旅游业为特色的贵州省旅游产业已经成为贵州省服务业产业部类中最具特色、最为成熟的产业集群。目前，贵州省已经形成了以黄果树瀑布、梵净山、赤水为代表的独特景观自然风光旅游体系，以遵义、黎平为代表的红色文化旅游体系，以阳明文化、海龙屯、屯堡为代表的历史文化遗产旅游体系，以黔东南、黔南、黔西南为代表的民族文化旅游体系，以六盘水、桐梓为代表的避暑旅游体系，以镇远、西江苗寨为代表的休闲度假旅游体系，以茅台国酒为代表的酒文化旅游体系以及以平塘射电望远镜、"三线"文化为代表的科普和工业文化旅游体系，[②] 并形成了以"多彩贵州风，山地公园省"为主品牌，以爽爽贵阳、醉美遵义、中国凉都、秀美安顺、花海毕节、桃源铜仁、美丽黔东南、生态黔南、水墨金州、山水贵安等为子品牌的山地旅游品牌组合。

2. 贵州特色产业发展中存在的问题

贵州省特色产业发展中还存在一些较为突出的问题。

首先，贵州省特色产业发展中存在产业关联度不足的问题。无论是以烟、酒、茶为代表的特色制造业还是以山地旅游业为代表的特色服务业，在各自的发展中都是相对孤立地开发各自的市场。既没有形成贵州省特色制造业与特色服务业的良好协作关系，也没有形成贵州省特色产业与贵州省其他产业的良好协作关系。由于产业关联度较低，特色产业与特色产业之间、特色产业与其他产业之间的产业带动较弱，并没有形成完整的特色产业链，也

---

① 我省推动十大千亿级工业产业振兴 ［EB/OL］. http：//www. investgz. gov. cn/doc/2018/12/25/22978. shtml.

② 贵州出台意见加快打造"多彩贵州·山地公园"品牌 ［EB/OL］. http：//news. dichan. cn/2016/01/06/1157765. html.

就不能沿着产业链深入挖掘和发展价值高端产业。

其次，贵州省特色产业发展中存在品牌效应不足的问题。如前文分析所示，贵州省得天独厚的自然环境和丰富多彩的地域文化为贵州省特色产业的发展奠定了良好的基础。但在贵州省诸多特色产业中，能够在全国叫得响的品牌却并不多。在特色制造业中，仅有"国酒茅台"品牌由于历史悠久，在国内乃至国际久负盛名，贵州省的卷烟、茶叶、食品品牌却鲜被人们提及，市场存在感较为薄弱；在特色服务业中，贵州省也仅有"黄果树瀑布""遵义会议会址"等少数旅游景点享誉国内外，众多优质旅游景点则不为省外游客所熟知。即便是贵州省拥有较大发展潜力的少数民族文化旅游产品，与邻近的云南省相比，也显得特色不够鲜明，对广大省外游客的吸引力不足。

最后，贵州省特色产业发展存在低水平、重复性开发的问题。这一问题在贵州省山地旅游业的发展中显得尤为突出。一方面，受制于贵州省山地地形，公路、铁路运输成本较高，机场、车站等基础设施严重不足，导致游客前往旅游景点的交通通达性较差，除少数位于贵州省中心城市附近的旅游景点外，多数景点因路途遥远而游客稀疏，无法形成旅游景点开发的规模效应。另一方面，在旅游景点的开发中，很多景点只能做到"靠山吃山"式的重复性开发，对于旅游产品的研发和拓展不足，导致对游客的吸引力不足。比如，以黄果树瀑布为例，游客前往黄果树瀑布景区主要参观瀑布，大约两个小时就能走完全程；但如果能够依托黄果树瀑布，兴办以瀑布为主题的地质科普展览馆和历史文化馆，则可以使游客在景区的游玩时间成倍增加，游客在景区内的消费也会随之增加。

3. "大数据 + 贵州特色产业" 的产业链发展路径

结合前文分析，在新型城镇化建设的背景下，贵州省特色产业发展可以走"大数据 + 贵州特色产业"的外向型产业链发展路径。在"大数据 + 贵州特色产业"外向型产业链的形成和建设中，主要从对内挖掘和对外拓展两个层面来实现大数据技术与贵州特色产业链的结合。

第一，在大数据技术与贵州特色产业链结合的对内挖掘层次，可以以大数据技术为平台，延伸各个产业的价值链，优化贵州特色产业链中的产业分工与产业协作关系。一方面，运用大数据技术改造各贵州特色产业，推动贵州特色产业的产品创新，通过定制化生产与服务等手段拉近与消费者的距离，提升贵州省特色产业的市场竞争力。在特色制造业领域，通过引进大数据、物联网、云计算等技术，探索对烟、酒、茶、食品等产品的定制化生产与直营式销售。特别是在当前人们对食品安全与卫生的关注度与日俱增的形势下，可以主打"生态有机"牌，利用大数据、物联网等技术，将贵州特色产品生产的"选料—加工—包装—运输"全流程都通过互联网展现在顾客面前，① 让顾客安心购买贵州特色产品。在特色服务业领域，通过利用大数据、虚拟现实等技术手段，"无中生有"地创造出一些新的旅游产品，增强旅游景区的可观赏性。② 另一方面，利用大数据技术增强贵州特色产业之间、特色产业与其他产业之间的产业关联度，形成更紧密的产业分工与协作关系。比如，利用大数据技术分析各个旅游景区游客的消费情况，可以清晰地了解消费者对旅游产品的偏好变化；这些市场信息如果能够直接在大数据平台上向相关企业共享，则相关企业就可以根据这些信息调整生产方案或开发新的旅游产品，在降低资源消耗的同时提高营销效率。此外，大数据技术在贵州特色产业中的应用，也会带动信息咨询业、文化艺术产业等发展。

第二，在大数据技术与贵州省特色产业链结合的对外拓展层面，可以利用大数据技术提升贵州省特色产业的精准营销水平和宣传造势水平。一方面，可以利用大数据增强贵州省特色产业相关企业的精准营销水平。例如，

① 比如，利用物联网技术，可以在产品包装上添加二维码，顾客在购买时通过手机扫码即可了解到原料产地、采摘时间、加工方式、加工时间、包装时间、运输时间等产品生产信息。在定制化生产的直营式销售模式中，还可以利用网络技术向顾客真实展现原料采摘、加工制作、包装运输的影像资料，使顾客掌握所购买产品的整个生产流程。
② 比如，在海龙屯、屯堡等历史文化遗产景区，旅游产品的开发如果采取在历史遗迹上直接新建旅游景观的方式，不仅旅游产品开发的性价比不高，还有可能对历史遗迹造成毁灭性的打击。如果能利用虚拟现实技术再现这些历史遗迹辉煌时期人们的各种生产生活活动，则游客的参与感和观景体验就会大大改善。但对于景区来说，仅需要设计相关的虚拟现实场景，为游客提供虚拟现实观看设备，并不会对历史遗迹造成任何破坏性的影响。

美国亚马逊公司就利用大数据技术分析顾客的网络浏览记录，判断顾客的消费偏好和消费计划，并相应地调整公司仓储计划，甚至做到顾客下单即产品送达。在贵州省特色产业发展中，可以依托贵州省在大数据平台建设方面的国内领先优势，充分利用和积极分析全国的市场动态，有针对性地对不同消费人群精准推送营销信息，更精确地满足消费者的购买欲望。① 另一方面，可以利用大数据分析全国范围内的流行文化等消费者心理偏好，有针对性地开发相关宣传方案，整体提升贵州省特色产业的知名度和关注度。例如，一度在网络流行的民谣歌曲《成都》就明显提高了全国人民对成都这座城市的关注度。在贵州省特色产业开发中，完全可以通过分析全国消费者的心理偏好，相应地制作一系列既反映贵州特色又吸引大众眼球的影视剧、音乐等文化产品，并通过互联网进行低成本、大范围的推广宣传，使人们在消费贵州省特色文化产品的同时，也增加对贵州省特色产品和服务的关注和好感。

（三）"大数据＋新兴产业"的外向型产业链

1. 贵州省新兴产业的分布

目前，贵州已经形成了电子信息制造业、大健康医药业、新材料产业、高端装备制造业、新能源产业、新能源汽车产业、节能环保产业等新兴产业。② 以大数据为引领的电子信息制造业 2015 年工业产值达到 286.39 亿元，实现规模以上工业增加值 52.51 亿元。以大数据为引领的电子信息制造产业正成为贵州省最有发展前景、最有潜力的新兴支柱产业之一。③ 大健康医药业 2015 年工业产值达到 325.4 亿元，占全省规模以上工业总产值的 3.08%，医药制造业增加值为 101.63 亿元。大健康医药业已形成中药种植、中药饮片、中成药、化学原料药及制剂、生物制品、医疗器械、药用包装材料和卫生材料等七大门类，部分重点企业品牌进入"全国制药 500 强"。新材料产

① 例如，对医疗大数据的挖掘和分析，可以让企业针对特定健康状况的人群推送茶叶、食品、保健品、大健康医药产品等产品和服务的营销信息，提高企业营销效率。
② 贵州省"十三五"新兴产业发展规划出炉 将新能源汽车产业列为重大发展方向［EB/OL］. https://www.sohu.com/a/132422171_279653.
③ ［治国理政新实践·贵州篇］促转型承发展——贵州电子信息产业进入快车道［EB/OL］. www.ddcpc.cn/2017/jj-0724/106652.html.

业 2015 年完成工业产值 163.34 亿元，完成工业增加值 44.15 亿元，已形成贵阳、遵义和福泉等 3 个国家级新材料产业基地，自主研发的湿法净化磷酸、高强韧铝合金、锂离子电池阳极材料等技术处于国内先进水平。[①] 高端装备制造业 2015 年完成工业产值 217.16 亿元，实现工业增加值 58.69 亿元，已初步形成以航空航天装备为重点，以智能制造装备为特色，军民融合发展的产业体系。新能源汽车产业 2015 年工业产值和工业增加值分别达到 38.25 亿元和 10.34 亿元，"十二五"期间，贵阳、遵义、毕节、安顺、六盘水、黔东南州 6 个市州新能源汽车累计推广量达 5000 辆。[②] 在新能源产业，2015 年装机容量达到 367.5 万千瓦，发电量达到 48 亿千瓦时，折合节约标准煤 192 万吨，减少二氧化碳排放 50.3 万吨，减少二氧化硫排放 1.63 万吨，减少氮氧化合物排放 1.42 万吨，生态效益明显。节能环保产业 2015 年工业产值和工业增加值分别达到 52.55 亿元和 14.20 亿元，抗污染复合反渗透膜及组件、海水淡化膜、抗污染膜以及抗氧化膜等达到国内先进水平；采用合同能源管理机制的节能服务业增长迅速，形成了一批技术水平高、竞争能力强、服务范围较为广泛的专业化合同能源管理、节能服务和环保服务专业机构。

2. 贵州省新兴产业发展存在的问题

贵州省新兴产业发展还存在一些问题。

一是产业门类众多，要素投入不集中。新兴产业的发展需要以人才、技术、资金、信息等资源的聚集为前提。作为我国中西部欠发达省份，贵州省长期处于人才、技术、资金、信息等资源匮乏的局面，在不能从外部市场大批量引进人才、技术、资金、信息等要素资源的条件下，贵州省仅凭一省之力要支撑众多新兴产业的同步发展，将是一个严峻的挑战。在贵州省当前城镇化建设中存在动力不足、特色不鲜明和"低水平循环"等问题的情况下，

---

① 地方｜贵州铝材料产业链图谱及铝行业现状分析 ［EB/OL］. www.yidianzixun.com/article/oMIICXRR.

② 贵州 2020 年新能源汽车总产值将达 120 亿元 ［EB/OL］. www.cpnn.com.cn/xny/201704/t20170417_960466.html.

贵州省要从外部市场引进人才、技术、资金和信息等生产要素，就必须大幅提高生产要素的购买价格，以激励生产要素所有者提供相应的要素服务。要素引进成本的快速上升，极有可能威胁贵州省新兴产业的可持续发展。

二是新兴产业协作不紧密，产业关联度不高。在新兴产业的发展过程中，如果可以形成人才、技术、资金等稀缺要素资源的产业间共享，就可以极大降低稀缺资源引进和投入的成本，形成新兴产业发展的外部规模经济性。从贵州省新兴产业行业分布和发展状况来看，目前贵州省新兴产业基本处于各自独立发展的状况。电子信息制造业、大健康医药业、新材料产业、新能源产业、新能源汽车产业、高端装备制造业以及节能环保产业之间的产业横向关联度不高，尚未在众多新兴产业之间形成相互促进、协同发展的良好态势。对于人才、技术、资金等要素相对匮乏的贵州省来说，新兴产业之间的横向关联度较低，意味着各个产业在稀缺资源的引进和投入方面缺乏足够的共享，难以形成新兴产业发展的外部规模经济性，增加了贵州省新兴产业发展的难度。

三是新兴产业发展的比较优势不够凸显。在产业结构的优化调整中，只有遵循比较优势原则，才能最大限度地提高产业竞争力，实现产业经济的可持续发展。一个地区在发展新兴产业时的比较优势主要源于这个地区所具有的某些独特资源禀赋，使新兴产业在这一地区布局的劳动生产率高于在其他地区布局时的劳动生产率。从贵州省新兴产业的行业分布来看，贵州省新兴产业与贵州本省资源禀赋的独特性关联不足。特别是新材料产业、新能源产业、新能源汽车产业和节能环保产业，贵州省相对廉价的水电资源是吸引这些产业到贵州布局的重要原因，但这并不意味着其他省份和地区就不能布局这些产业。东部发达地区较为突出的人才、资金和技术优势，可以在很大程度上抵消能源成本较高对这些产业的不利影响。贵州省在人才、资金和技术方面的劣势，不利于这些产业沿价值链向上攀升，成为新兴产业可持续发展的消极影响因素。

3. "大数据+新兴产业"的产业链发展路径

在贵州省新型城镇化建设的产业依托营造过程中，除了要打造"大数

据 + 贵州特色产业"外向型产业链,还有必要打造"大数据 + 新兴产业"外向型产业链。贵州省打造"大数据 + 新兴产业"外向型产业链,主要需要从以下几方面入手。

首先,以大数据技术为主线,串联所有新兴产业,形成产业关联度不断增强的新兴产业集群。如前文所述,提高新兴产业之间的产业关联度,增强新兴产业发展中的外部规模经济性,是贵州省新兴产业实现可持续发展的可行路径。从贵州省各大新兴产业之间的关系来看,并不是新兴产业之间不具有形成较高产业关联度的可能性,而是缺乏一种通用性技术的引领和串联。从当前全球新兴产业发展的趋势来看,以新一代互联网技术为依托,运用大数据、云计算、物联网等技术手段,可以在各个产业内部或各个产业之间形成全新的产业关联,① 共同构造以工业互联网为核心的新一代社会化大生产体系。通过以大数据技术为主线串联所有新兴产业,可以在充分利用人才、技术、资金和信息等稀缺资源的同时,加强各个产业之间的关联度,形成新兴产业间的协同发展。比如,大数据引领的电子信息制造业可以为新能源产业、新材料产业等提供先进的工业互联网技术与设备,新能源产业、新材料产业、新能源汽车产业的发展又会推动工业机器人、3D 打印机等高端装备制造业的发展,反过来促进电子信息制造业的发展,最终在新兴产业之间形成良性互动关系。

其次,以大数据技术为基础,延伸各个新兴产业的价值链,推动整个产业链向价值高端优化升级。从纵向时间比较来看,贵州省新兴产业已经取得突飞猛进的发展;但从横向地区比较来看,贵州省新兴产业相对于其他省份来说规模尚小、竞争力尚弱。贵州省新兴产业发展的当务之急,应当是沿着产业价值链的高端加快优化升级的步伐,以此取得更大的竞争优势。贵州省可以充分发挥贵州省水电资源丰富、能源成本低廉的比较优势,依托互联网和大数据建立先进制造业成果转化基地。在贵州省人才、资金、技术和信息

---

① 比如,由互联网技术改造的智能电网可以解决风力、太阳能、生物能等新能源发电的并网运行问题,构成一体化的能源互联网。

要素相对稀缺的客观情况下，可以以大数据技术为基础，利用创客社区、众包众筹、互联网金融等平台，积极利用省外的人才、资金、技术和信息要素，加快贵州省新兴产业的发展。比如，以大数据技术为基础，一方面由创客社区等网络设计平台提供个性化、定制化产品的设计方案和生产技术，另一方面由众包、众筹等集资与销售平台提供个性化、定制化产品生产的预付资金与销售订单，贵州省先进制造业成果转化基地可以专注于个性化、定制化产品的生产与制造。在专注于个性化、定制化产品的生产与制造的同时，可以带动贵州省高端装备制造业、清洁能源产业、电子信息制造业等新兴产业的协同发展。

（四）发挥比较优势的其他产业链

1. 贵州省具有比较优势的产业链

在贵州省新型城镇化建设中，除了需要集中力量打造"大数据＋贵州特色产业"和"大数据＋新兴产业"两条外向型产业链外，还可以根据贵州省比较优势，发展一些经济效益好、发展潜力大、就业吸纳强的产业链。

第一，煤炭及煤化工产业链。贵州省是我国南方地区煤炭资源较为丰富的省份，贵州省发展煤炭产业链具有较为明显的比较优势。根据《贵州省"十三五"工业发展规划》，"十三五"期间将优化盘北、普兴、水城、六枝、织纳、黔北等国家重点规划矿区，重点建设毕节国家新型能源化工基地、六盘水煤炭清洁高效利用基地、黔西南及盘南煤炭清洁高效利用及煤层气开发基地、遵义煤炭清洁高效利用及煤层气页岩气开发基地等。到2020年，煤炭产量为2亿吨左右；分别形成2户年产3000万吨以上、10户年产500万吨以上规模的煤炭企业；原煤入洗率达到80％以上。此外，还将利用新型煤气化技术，降低合成氨、甲醇生产工艺的综合能耗水平，鼓励回收利用焦炉煤气联产甲醇，大力推动醇醚燃料生产与应用。引进煤制烯烃、煤制芳烃、煤制乙二醇、煤制液化天然气等技术装备，积极发展煤基合成材料、烯烃、芳烃及后续聚酯等产品。积极开发和引进炼焦新技术，推进焦炉大型化、焦化产业新型化、焦炉煤气及焦油加工的深度化。① 提高煤层气综合开发利用水平，建设一批煤层气发电、液化、煤层气制甲醇等项目。

第二，非金属化工产业链。贵州省拥有较为丰富的磷矿等非金属矿藏，开发磷矿等非金属化工产业链，对于提升贵州省化工产业竞争力有着重要意义。根据《贵州省"十三五"工业发展规划》，"十三五"期间将严格控制尿素、磷铵、电石、聚氯乙烯、黄磷等产能过剩行业新增产能，充分发挥市场优胜劣汰的竞争机制和倒逼机制作用，引导企业开展并购重组。加快推进矿产伴生资源、化工副产物、废弃物的综合利用，实施技术升级改造，强化清洁生产，减少污染物排放，降低产品成本。积极发展橡胶及锰、钡等金属化工产品。到2020年，化工产业工业产值达到2000亿元，增加值达到400亿元，年均增长12%以上；磷肥产能控制在1000万吨（实物量）以下，焦炭1200万吨以下；黄磷尾气综合利用率达到95%以上；磷石膏综合利用率达到60%以上。②

第三，冶金工业产业链。得益于贵州省较为丰富的金属矿藏和相对廉价的能源，贵州省在发展冶金工业方面具有较强的比较优势。根据《贵州省"十三五"工业发展规划》，"十三五"期间将继续推进钢、锰等资源深加工，推动产业生态化改造，提高工艺装备水平、产品研发能力和信息化水平，提升产业核心竞争力。到2020年，冶金产业工业产值达到1000亿元，增加值达到170亿元，年均增长8%；主要产品产能控制在生铁750万吨、粗钢820万吨、钢材950万吨、铁合金700万吨以下（其中工业硅80万吨、电解金属锰100万吨）。同时，促进有色金属产业的精深加工，强化铝产业上下游产能与资源配套，大力发展铝、钛、黄金等精深加工。到2020年，有色金属产业工业产值达到1000亿元，增加值达到330亿元，年均增长10%以上；氧化铝控制在500万吨以下；电解铝230万吨以下；形成铝加工

① 省人民政府办公厅关于印发贵州省"十二五"化工产业发展规划的通知［Z］.（黔府发〔2011〕5号）.
② 省人民政府关于印发贵州省工业十大产业振兴规划的通知［EB/OL］. http：//www.doc88.com/p-5334126423419.html.

200 万吨、海绵钛 3 万吨、钛深加工 1 万吨、黄金 20 吨产能。

2. 相关产业链发展中必须注意的问题

在贵州省发展具有比较优势的传统产业链时，有一些问题是必须要注意的。

首先，具有比较优势的传统产业链的发展应当服务于贵州省新型城镇化的总体目标。在贵州省新型城镇化建设的启动阶段，由于经济规模较小、财政收入有限等现实原因，贵州省还必须通过发展具有比较优势的传统产业链，来为贵州省新型城镇化建设提供物质基础和财力支持。但必须认识到的是，贵州省具有比较优势的各条产业链，多数都是资源密集型产业链；所依托的自然资源，多数都是不可再生资源。从贵州省新型城镇化的可持续发展目标来看，贵州省具有比较优势的传统产业链都不能作为推动贵州省新型城镇化长期可持续发展的可靠产业依托。因此，在贵州省新型城镇化建设的产业依托培育过程中，必须对贵州省具有比较优势的传统产业链的长期发展潜力有清晰认识，坚持适度发展的原则，避免过度发展资源密集型产业而陷入"资源诅咒"陷阱。

其次，要处理好发展传统产业链与发展"大数据＋贵州特色产业"和"大数据＋新兴产业"两条产业链的关系。从贵州省新型城镇化的总体建设目标出发，无论是发展贵州省传统产业链，还是发展"大数据＋贵州特色产业"和"大数据＋新兴产业"两条产业链，最终都是为了给贵州省新型城镇化建设提供产业依托。在经济规模较小、财政收入有限的现实情况下，贵州省新型城镇化产业依托培育过程中必须注意到传统产业链与"大数据＋贵州特色产业"和"大数据＋新兴产业"两条产业链之间的关系，要避免出现传统产业链发展与"大数据＋贵州特色产业"和"大数据＋新兴产业"两条产业链争夺有限的财力、物力和人力的情况。从政策制定的角度来看，应当对"大数据＋贵州特色产业"和"大数据＋新兴产业"两条产业链有所倾斜。

最后，要处理好传统产业链发展与经济、生态和社会可持续发展的关系。贵州省新型城镇化建设必须遵守的一项基本原则，就是要保护好生态环境，实现经济、生态和社会的可持续发展。这就决定了贵州省新型城镇化建设的产业依托营造过程中，也必须始终将产业经济发展与生态环境保护结合起来，做到既要"金山银山"，又要"绿水青山"。如前文所述，贵州省新型城镇化建设中所发展的具有比较优势的传统产业链，基本上都是资源密集型产业链，在资源开采过程中如果处理不当，就很有可能导致生态环境的破坏。为此，应处理好这些产业链发展与环境保护之间的关系，利用科学技术改造传统产业链，实现经济效益与生态效益的同步增进。

二 贵州省新型城镇化动力机制可持续发展的制度匹配

贵州省新型城镇化建设面临的动力不足、特色不鲜明和"低水平循环"问题，归根结底还在于贵州省城镇化动力机制不完善，城镇化参与主体因利益关系没有理顺而缺乏参与贵州省城镇化建设的积极性和主动性。贵州省新型城镇化动力机制的可持续发展，就是要通过制度与体制的改革，理顺不同参与主体之间的利益关系格局，凝聚贵州省新型城镇化建设的动力。为此，可以从以下几个方面入手。

（一）财税体制和投融资体制改革

1. 财税体制改革

各级政府在城镇化建设中发挥着极其重要的作用。城镇化建设中的基础设施建设，由于投资周期长、投资见效慢，鲜有企业能够完全承担。一旦各级政府承担起城镇化建设中的基础设施建设和公共服务提供等职能，在不考虑跨省转移支付的情况下，地方政府基础设施建设和公共服务提供的能力和水平就在很大程度上取决于地方政府财政收入水平。地方政府财政收入结构则会对地方政府在城镇化建设中的基础设施投资和公共服务提供行为产生影响。比如，当土地出让金等非税收入在地方政府财政收入中所占比重较高时，地方政府则会倾向于通过土地转让和土地开发来获得财政收入，由此政府将更多精力用于道路、桥梁等基础设施建设，对公共服务项目的投入则相应地减少，导致土地的城镇化快于人口的城镇化，城镇化进程难以持续。必须注意的是，城镇化进程中政府所承担的基础设施建设和公共服务提供等职能，是不能轻易地被作为市场机制下微观主体的企业所取代的，这就决定了新型城镇化建设离不开政府的积极参与和科学参与。从城镇化动力机制优化调整的视角来看，财税体制改革的目标是通过调整政府财政收入结构，对政府在城镇化建设中的行为加以引导，使之朝着有利于城镇化可持续发展的目标努力。

从新型城镇化动力机制优化的要求来看，当前财税体制改革的核心应当是各级政府财政收入结构的优化调整。首先，应当逐步降低土地出让金等预算外非税收入在各级政府财政收入中的比重，逐步减少各级政府对土地出让金收入的依赖。只有从制度上改变各级政府财政收入的结构，才能消除土地城镇化快于人口城镇化的制度根源，才能增强各级政府平衡基础设施建设支出、公共服务支出等项目支出的能力，促进新型城镇化的可持续发展。其次，应当逐步提高地方政府在企业所得税、个人所得税等共享税中的分享比重，激励各级政府加快向服务型政府的转型。在当前财税制度下，承担较多事权的各级地方政府却有较少的财权，普遍存在各级地方政府捉襟见肘的状况。如果不能改变各级地方政府的财政收支状况，就不能激发各级地方政府在城镇化建设中的创造性和积极性。通过提高地方政府在共享税中的分成比重，能够激励各级地方政府通过更好地向企业和居民提供服务来扩大税基、提高财政收入，在新型城镇化建设中形成政府、企业和居民的良好互动关系。最后，积极争取省级以上财政支持，准确把握国家投资政策与方向，认真谋划梳理申报资金项目，最大限度地争取省级以上政策、资金和项目的支持。作为中西部欠发达省份，贵州省新型城镇化建设必须积极争取省级以上财政支持，不断拓宽城镇化建设的财政经费来源。

2. 投融资体制和招商引资机制改革

在市场经济条件下进行新型城镇化建设，就不能只依靠政府财政来提供城镇化建设所需的资金。新型城镇化建设必须充分依靠市场，以市场化的方法和途径来为城镇化建设募集资金。投融资体制和招商引资机制的不合理安排，是造成城镇化建设资金不足、城镇化参与主体动力不足的重要原因。比如，在城镇化建设中如果过度依赖银行融资等间接融资渠道，就会导致企业和居民家庭融资渠道过于单一，融资成本（特别是时间成本）居高不下。只有通过发展直接融资，拓宽企业和家庭的融资渠道，降低企业和家庭的融资成本，避免因金融市场的不合理制度安排导致的信用配给问题，才能解决新型城镇化建设中的资金募集问题。

为此，一方面，应当改革投融资体制，建立多元化的投融资体制。一是应当大力发展股权融资、债券融资等直接融资方式，引进并发展投资银行、融资租赁、风险投资等新兴金融业态，形成直接融资与间接融资并重的投融资市场结构。二是要大力发展 PPP 模式等公私结合的投融资模式，在积极发展政府财政的引导和杠杆作用的同时，利用市场化手段吸引社会资本参与贵州省新型城镇化建设，既减轻政府财政压力，又促进不同所有制经济共同发展。三是积极探索与发展互联网金融等新兴金融业态，利用贵州省在大数据方面的先行优势和国家政策倾斜，探索与国内行业领先的相关互联网企业的深度合作，在发展金融大数据产业的同时加快贵州省互联网金融的发展。四是充分利用好政策性金融手段，加大对小微企业、农业生产的帮扶力度。可以试点推广"龙头企业 + 农户 + 金融机构"信贷模式，加强与农发行、国开行等政策性金融机构的合作，积极争取更大的贷款额度，充分发挥政策性金融机构在支农支小方面的作用，积极探索新的金融形势下政策性金融手段的模式创新。

另一方面，还应当积极创新招商引资机制，调动社会资本的投资积极性。一是宣传好贵州省的比较优势和产业规划，使社会资本形成对贵州省经济发展的良好预期，增强社会资本在贵州投资经营的意愿。二是应当不断为企业提供更好的投资环境，通过简化审批手续、提供一站式服务等方式，使企业享受更优质的招商引资服务，降低企业投资和经营中的交易费用。三是建立专业的招商引资团队，面向全国主动出击，推介贵州省投资回报率较高的项目，吸引社会资本前来投资经营。同时团队还应当做好对已经落户的企业和项目的服务工作，通过走访反馈了解企业和项目经营中的现实困难，积极与有关部门沟通寻求妥善解决。四是积极推进以商引商，通过已经在贵州省注册的企业向外吸引更多优秀的企业到贵州进行投资，不断壮大贵州省企业规模。还要加强与省外企业的合作，通过创新项目类型、提高项目回报率、保障企业可持续发展等措施，吸引更多企业进驻。

（二）土地流转与土地征收制度改革

1. 土地流转制度改革

在城镇化建设中，土地问题是必须妥善解决的问题。从城镇化建设的一般规律来看，随着城镇化进程的加快和人口向城镇地区和非农产业的集中，越来越多的农村剩余劳动力将脱离农村、脱离农业，成为城镇人口并在非农产业实现就业。但我国长期实行的农村家庭联产承包责任制决定了我国农村土地（特别是农业耕种用地）的使用权和经营权长期分散在农户手中，农村土地集中度较低。在农村土地集体所有制基础上的家庭分散经营，虽然有助于避免农村社会出现较为严重的两极分化，并给农业家庭提供最基本的生活保障，却对加快人口城镇化进程有不利影响。由于土地的使用权和经营权分散在农户手中，这就导致一个既不严格属于农村又不严格属于城镇的农民工群体的出现。一方面，农民工群体的绝大多数收入来自在城镇地区非农产业就业的劳动报酬，农民工群体一年中绝大多数时间也居住在城镇，无暇经营照顾农村土地；另一方面，农民工群体却不在城镇购买房产并常年定居，在城镇工作所得报酬有很大比例将会被他们用于在拥有耕地和宅基地的乡村新建常年无人居住的房屋。农民工群体的长期存在，既不利于城镇市场规模的进一步扩大，又会造成农村宅基地的浪费和农业生产的低效率，是城镇化不完全、不彻底的表现。在新型城镇化建设中，必须将农民工群体彻底转变为市民、分散经营的农村土地趋于集中作为发展目标。为了实现农村土地集中的目标，就必须加快土地流转制度改革。

为此，一是要做好土地确权工作。长期以来，我国实行的农村土地集体所有制基础上的家庭联产承包责任制，虽然促进了农民生产积极性的提高，但政策执行层面上仍存在土地承包权和土地经营权不明晰的问题，特别是林地承包权和经营权长期存在一定模糊空间。在新型城镇化建设中，应当健全土地承包经营权登记制度，推进土地承包经营权确权登记颁证工作，完善承包合同，健全登记簿，颁发权属证书，强化土地承包经营权物权保护，为开展土地流转、调处土地纠纷、完善补贴政策、进行征地补偿和抵押担保提供重要依据。二是要创新土地流转形式。鼓励承包农户依法采取转包、出租、互换、转让及入股等方式流转承包地。鼓励有条件的地方制定扶持政策，引导农户长期流转承包地并促进其转移就业。鼓励农民在自愿前提下采取互换方式并地方式解决承包地细碎化问题。在同等条件下，本集体经济组织成员享有土地流转优先权。抓紧研究探索集体所有权、农户承包权、土地经营权在土地流转中的相互权利关系和具体实现形式。三是要加快培育新型农业生产组织，探索土地集约化条件下的农业生产经营方式。在坚持发挥家庭经营基础作用的前提下，积极探索家庭农场、农业大户、合作社、农业公司等新型农业生产组织，以土地流转为基础加快土地经营权集中，以新型农业生产组织为依托建立适应土地集约化的农业生产经营方式。

2. 土地征收制度改革

长期以来，由于城镇建设用地国家所有制和农村土地集体所有制的并行，各级政府在土地用途转换中发挥着至关重要的作用。必须在逐级审批的基础上由政府出面征收的农村集体土地才能最终转变为城镇建设用地。城镇建设用地的土地征收制度造就了城镇建设用地一级市场的高度垄断性，市场机制依据土地需求的变化对城镇建设用地规模进行调节的能力受到极大削弱。城镇建设用地一级市场上的垄断性市场结构，一方面通过价格机制传导到城镇建设用地二级市场和房地产市场，构成了房地产价格持续上涨和居高不下的制度原因；另一方面城镇建设用地一级市场上的价格信号失灵，导致土地利用效率下降，导致土地城镇化快于人口城镇化的局面。在新型城镇化建设中，既要贯彻中央政府关于"房子是用来住的，不是用来炒的"指导精神，又要避免在城镇化进程中出现稀缺土地资源的浪费，就必须通过土地征收制度的改革，提高城镇建设用地供给的市场化程度。

土地征收制度改革的核心是要处理好土地溢价的分配问题，在当前土地和房产价格高涨的情况下，土地征收制度改革应当小心谨慎、循序渐进。土地征收制度改革可以分两步走。

第一步，制定土地溢价分配机制，减少土地征收中的经济纠纷。在城镇建设用地二级市场的市场化程度已经较高的情况下，根据二级市场土地交易价格估算一级市场土地价格，在此基础上明确土地溢价的总量。根据土地征收过程中土地平整等工程的政府招标价格，估计土地征收中政府规划和平整土地的成本价格，再将扣除土地征收成本价格之后的土地溢价净额按合理比例用于补偿被征地的农民和村集体。这样的机制设计既可以保证土地征收制度改革过程中政府对土地供给仍保有相当一部分的调控能力，又能够尽可能地利用城镇建设用地二级市场价格信号反映土地供求状况并提高土地利用效率，还能够根据统一的土地溢价分配机制确定农民与村集体补偿价格，保证农民和村集体的利益。

第二步，实现建设用地供给的市场化。除基础设施建设、公共设施建设等用地由政府直接参与征地外，政府不再参与土地征收、出让过程，这也是其他国家和地区土地制度的一般安排。政府的职能在于做好供地规划，实际土地的供应和价格决定过程由用地主体与土地使用权所有者（主要是村集体）直接谈判。通过减少政府干预，一方面可以实现土地资源的市场化配置，有利于提高土地利用效率，发现土地真实价格；另一方面也有利于减少政府对卖地收入的依赖，完善财税体制改革。此方案的优势在于土地市场化改革一步到位，理顺土地供应和价格决定机制。但需要对现行土地管理制度做较大调整，也依赖于农村集体决策机制的完善，① 在相关法律法规并不完善的情况下，不应贸然推进这一层次的土地征收制度改革。

（三）户籍制度与公共服务制度改革

长期以来，我国实行的是以户籍制度为基础的城乡二元分隔管理制度。通过户籍制度，人为地将所有居民划分为城镇居民和农村居民两大群体，不同的居民主体享受着差别较大的公共服务。客观地讲，在新中国成立之初，由于社会生产力水平低下，社会财富总量不足，工业化的资金主要来源于农

---

① 清华大学经济管理学院副院长白重恩. 对现有土地供给模式进行改革的三种设想. 中国经济导报，2013 - 06 - 22.

业部门资金积累的历史条件下，以户籍制度为基础的城乡二元分隔管理制度对于加快我国工业化进程发挥了重要作用。但是随着我国工业化进程的加快和城镇化进程的起步，严格限制人口流动的户籍制度就成为制约我国工业化和城镇化进一步发展的制度障碍。自改革开放以来，我国户籍管理制度逐渐放松，人口流动趋于自由化。但是，在计划经济时期建立起来的以户籍制度为基础的城乡二元分割的公共服务分配制度并没有得到根本的改变。非城镇户籍的居民即便因为人口流动限制的放松可以到城镇地区寻找工作甚至常年居住，但是由于与户籍制度相捆绑的公共服务分配制度并没有彻底改革，城镇户籍居民与非城镇户籍居民、大城市户籍居民和中小城镇户籍居民在公共服务的获取方面存在巨大的差别，大城市户籍居民比中小城镇户籍居民享有更多更好的公共服务，中小城镇户籍居民又比非城镇户籍居民享有更多更好的公共服务。这种公共服务分配成为制约我国城镇化加速发展、造成社会不和谐因素的重要原因。

在贵州省新型城镇化动力机制的优化过程中，必须充分挖掘不同城镇化参与主体的积极性和创造性。其中，在贵州省占相当大比重的非城镇户籍居民和中小城镇户籍居民，是贵州省新型城镇化建设中应当积极鼓励和有效引导的重要参与主体。通过加快户籍制度和公共服务制度改革，逐步实现人口自由流动和公共服务均等化，是挖掘非城镇户籍居民和中小城镇户籍居民参与城镇化建设积极性与创造性的必要举措。必须充分认识到，当前城镇化进程中存在的大城市尽管限制重重但人口不断涌入、中小城镇落户限制逐步取消但鲜有人口流入的状况，虽与大城市产业经济发达、就业机会众多有关，但也与现行户籍制度与公共服务制度下存在的公共服务供给不均等有密切关联。而与户籍制度相捆绑的教育、医疗、就业、养老、住房等公共服务供给的不均等，归根结底还在于长期以来政府在公共服务上存在严重供给短板，优质的公共服务供给严重不足且向大城市倾斜。因此，简单地取消户籍制度，或者简单地取消公共服务与户籍制度的捆绑，并不能在新型城镇化建设中有效解决大城市人满为患、中小城镇人气不旺、农村荒芜萧条的问题。归根结底，还需要在贵州省新型城镇化建设中加快政府职能由计划型向服务型转变，逐步提高公共财政支出在政府财政支出中的比例，加大公共服务供给的力度，拓宽公共服务供给的覆盖面，最终实现高质量公共服务的均等化。

为此，必须以供给侧结构性改革为契机，加快公共服务供给水平的提高。具体来说，主要有以下几个方面工作可以深入推进。

一是积极探索公共服务供给的长效化财政支持机制。随着新型城镇化建设的不断推进，道路、桥梁等基础设施的需求基本得到满足，未来新型城镇化中参与主体对公共服务的需求还将不断提高。这就要求必须建立公共服务供给的长效化财政支持机制，为公共服务供给水平的不断提高奠定物质基础。一方面，可以在充分调研的基础上确定个人所得税、企业所得税、增值税等税费按一定比例划转到公共服务建设基金的财政制度，建立公共服务基金与地方经济、财政收入同步增长的长效化机制，促进地方经济发展与城乡居民公共福利的协调。另一方面，可以探索土地溢价收入转化为公共服务建设基金的制度安排，通过相关法律法规的制定，将土地出让金、房地产税等土地溢价收入全部或部分地划转至公共服务建设基金，将土地增值收入用于公共服务供给，形成公共服务基金与土地溢价同步增长的长效化机制，促进土地城镇化与人口城镇化的协调发展。

二是积极探索公共服务供给的长效化转移支付机制。在新型城镇化建设中，人口由农村向小城镇、由小城镇向大城市的迁移趋势还将持续，要保证人口迁移过程中形成大中小城镇之间的合理人口结构关系，就必须通过公共服务均等化缩小大城市与中小城镇和农村地区在公共服务数量和质量上的差距。但中小城镇和广大农村地区在产业经济活动密度上与大城市的客观差距并不会在城镇化建设中得到消除，这就要求必须建立公共服务供给的长效化转移支付机制。一方面，在省内各级政府之间建立公共服务的财政转移支付机制。可以由省政府统筹协调，通过省财政专项资金划拨的方式，向偏远落后地区进行公共服务建设资金转移。另一方面，积极争取上级政府对贵州省新型城镇化建设中的公共服务建设划拨资金。贵州省作为少数民族人口众多的中西部欠发达省份，在教育、医疗等公共服务方面存在资金缺乏的问题，可以争取相应的扶贫开发资金用于贵州省老少边区公共服务的供给。

三是积极探索公共服务供给的长效化市场供给机制。在新型城镇化建设中，政府毫无疑问地应当在公共服务供给方面发挥主导作用，但这并不意味着政府就必须在公共服务供给领域"大包大揽"。各级政府可以视不同公共服务项目的性质，适当地利用 PPP 模式等行之有效的公私合营模式，引入社会资本用于部分公共服务项目的市场化供给。建立公共服务供给的长效化市场机制，既可以减轻各级政府的财政压力，又可以在公共服务供给领域引入竞争机制，提高公共服务供给的效率和质量。在非义务教育阶段的教育服务、社区医疗服务、社区养老服务等公共服务领域，可以利用政府采购、财政补贴等手段，鼓励社会资本参与公共服务的供给，弥补政府财政和相关机构在人力、财力和物力上的不足。

（四）教育制度与人才引进制度改革

1. 教育制度改革

人口城镇化的关键，不仅是使农村剩余劳动力在城镇地区找到临时的非农就业岗位，而且是使大量的农村人口通过职业转换在城镇地区找到长期的非农就业岗位并最终实现定居。在我国改革开放至今的城镇化进程中，数以亿计的农民工群体的出现是我国人口城镇化慢于土地城镇化的表现。但如果从农民工劳动技能与城镇非农产业之间的匹配性来看，之所以在我国城镇化进程中会出现一个规模庞大的、有利于城乡之间发展的农民工群体，除去户籍制度等城乡二元分隔管理体制的影响外，农民工缺乏足够的、满足城镇长期非农就业岗位需要的劳动技能也是一个重要原因。农民工较低的受教育程度，决定了农民工即便进入城镇，也只能从事一些重体力、轻技能的低收入且高淘汰率的工作，难以获取稳定的工作和足够的收入使之在城镇定居。纵观过去 30 多年的城镇化进程，农民个人及其家庭转变为市民的主要渠道是教育（特别是高等教育），众多农村家庭子弟通过接受教育，在城镇地区找到稳定工作并使其家庭在城镇定居。在贵州省新型城镇化建设中，应当重视教育对加快人口城镇化的重要性，通过教育制度改革来促进贵州省新型城镇化建设中的人口城镇化。

首先，力争把义务教育的范围扩大到高级中等教育，并大力发展高等教育。一方面，通过扩大义务教育范围和发展高等教育，可以促进贵州省人口素质和青年劳动者知识水平的提高，为贵州省新型城镇化建设中必不可少的产业转型和产业升级奠定人才基础。另一方面，随着青年人口受教育年限的延长，青年劳动者的知识水平和劳动技能水平也将提高，这将有助于农村家庭子弟在城镇中找到稳定工作，并促使其家庭在城镇定居。为此，一是要充分利用中央政府对中西部省份与教育相关的财政支持政策，积极普及并扩大义务教育范围，为提高高等教育普及率创造条件。二是省市两级政府应当积极发展与地方经济发展需求相适应的高等院校，并开设为地方经济发展服务的专业。三是应鼓励社会资本开办各级各类学校，弥补各级政府财政在教育经费上的不足。

其次，积极发展职业教育，促进农民就业创业能力的提高。受制于贵州省经济相对落后的客观情况，教育经费的不足决定了贵州省高等教育普及率在很长的一段时期内都将与东部发达地区有较大差距。在不能迅速普及高等教育的情况下，通过发展职业教育，拓宽中青年农民的视野，增强中青年农民的非农劳动技能，有助于中青年农民通过"进工厂"和"进市场"等多种渠道实现职业转换。这对于在贵州省新型城镇化进程中加快人口的城镇化有积极作用。为此，一是应当建立覆盖全省农村的多元化、灵活性的职业教育体系，通过发展脱产和非脱产等多种形式的职业教育，满足不同年龄阶段农民的职业教育需求。二是创新职业教育服务提供方式，通过"教育券"① 等制度形式，向中青年农民进行职业教育服务的定向转移支付。三是鼓励社会资本通过兴办职业教育机构参与到职业教育发展中来，政府对社会资本兴办的职业教育机构可给予一定的财政补贴。四是为

---

① 所谓"教育券"，即政府通过向符合条件的农民发放相关凭证，农民可以根据自身需要选择合适的职业培训机构与职业培训课程免费或有价格折扣地获取职业教育服务；向农民提供了职业教育服务的机构可以凭借"教育券"从政府领取相应的财政补贴。通过这种形式，既向农民提供了职业教育服务，又充分尊重了农民的自主选择权，还调动了职业教育服务机构的积极性。

农民创业营造良好的社会氛围，通过为农民创业提供信息咨询、设立专项农民创业基金、为农民创业提供贷款贴息等手段，为农民创业提供良好的法律、政策和金融支持。

2. 人才引进制度改革

改革开放以来，随着人才市场的发展以及东西部经济发展差距的拉大，中国出现了人才向东南转移的流动趋势。广大中西部地区由于高等教育不发达等历史原因，人才储备本来就相对不足，但在劳动市场价格信号的刺激下，却出现了大量人才向东部发达地区流失的状况。这种人才大量流失的状况对中西部地区的城镇化造成了消极影响：一方面，由于人才的大量流失中西部地区产业经济发展滞后，产业竞争力相对衰弱，城镇化进程因缺乏可靠的产业依托而发展缓慢；另一方面，中西部省份城镇化进程缓慢导致的基础设施落后、思想观念保守等问题使得企业在中西部省份进行投资的意愿较低，进而导致中西部地区就业机会和发展空间不足，削弱了中西部地区城镇对人才的吸引力，加剧了中西部地区的人才外流。在贵州省新型城镇化建设中，只有摆脱"人才外流—产业经济落后—城镇化进程缓慢—企业投资意愿低—人才发展机会受限而外流"的恶性循环，才能形成贵州省新型城镇化的长期可持续性动力，推动贵州省新型城镇化的可持续发展。为此，需要从以下几个方面入手。

一是加大人才引进力度，给足人才发挥空间。对于拥有较高知识和技能的专业人才来说，货币收入和非货币福利等薪资待遇仅是人才在择业时考虑的因素之一；高学历、高技能人才更倾向于选择一个能够充分发挥自身才能、促进职业生涯长期发展的工作岗位。贵州省新型城镇化建设中的人才引进制度改革，必须充分了解并尊重高学历、高技能人才在择业时的选择偏好，有针对性地提供具有吸引力的工作机会。一方面要尽量保证高学历、高技能人才的薪资待遇水平不低于中西部其他省份的待遇水平，另一方面也应当为高学历、高技能人才提供施展个人才华的机会。

二是应当积极利用互联网技术提供的便利，突破地理区域因素对贵州省人才引进的制约。对于贵州省新型城镇化建设来说，需要引进的是各行各业专业人才提供的技术服务，而非人才本身。这就决定了在互联网技术日渐发达的条件下，贵州省完全可以利用互联网众包、远程咨询、远程教学等互联网人才服务平台，突破地理区域因素的限制，在专业人才不到贵州省生活居住的情况下，直接引进各行各业专业人才的技术服务。利用互联网技术另辟蹊径地引进专业人才信息服务，可以在贵州省新型城镇化建设之初城镇基础设施尚不能吸引专业人才前来定居的情况下，避免贵州省与东部发达地区进行正面交锋式的人才引进竞争。

三是充分利用贵州省舒适宜人的自然环境和得天独厚的旅游资源，吸引专业人才前来贵州省进行学术交流或休闲疗养，同时提供专业技术服务。在贵州省新型城镇化建设中，可以突出贵州省丰富的旅游资源，通过承办学术会议等机会，吸引各行各业的专业人才前来贵州省进行学术交流。这些全国顶尖的专业人才在贵州停留期间，有合作需求的部门和机构可以与相关专业人才展开面对面的交流，就近达成短期的专业技术服务合作意向。此外，还可以利用专业技术人才利用假期前来贵州省休闲疗养的需求，通过为专业技术人才提供热情周到的休闲疗养服务，吸引专业技术人才每年定期前来休闲疗养并提供专业技术服务，使之成为支援贵州省新型城镇化建设的"候鸟型人才"。

三 贵州省新型城镇化的市场动力培育

（一）贵州省新型城镇化动力转换的必要性

贵州省新型城镇化建设取得的经验和面临的挑战说明，贵州省新型城镇化建设中加快实现城镇化动力转换是极其必要的。具体来说，体现在三个方面。

首先，城镇化一般规律决定了贵州省新型城镇化建设必须加快实现动力转换。城镇化一般规律表明，在城镇化的不同发展阶段需要不同的城镇化动力；城镇化水平越高，则进一步提高城镇化水平对城镇化动力机制的要求就越高，需要多种城镇化动力机制相互协调形成合力，推动城镇化的持续发展。本课题组的研究表明，过去 20 多年里贵州省新型城镇化的主要动力是政府的推动。在贵州省新型城镇化建设初期，政府的推动是必不可少且效果显著的。但随着贵州省新型城镇化建设不断深入，贵州省城镇化水平不断提高，仅仅依靠政府推动这一城镇化动力机制就不足以保障贵州省新型城镇化建设的深入。必须加快实现贵州省新型城镇化建设的动力转换，在引入新型城镇化建设的市场动力机制的同时，积极促进市场动力机制与政府动力机制的协同作用的发挥。

其次，贯彻可持续发展的理念要求贵州省新型城镇化建设必须加快实现动力转换。贵州省新型城镇化建设之所以"新"，就是因为贵州省新型城镇化建设是在总结国内外城镇化建设经验教训的基础上，深刻认识到贵州省的独特省情，积极探索一条有贵州特色的新型城镇化之路。而这样的一条新型城镇化之路要能够走得通，就必须在新型城镇化建设的全过程贯彻和体现可持续发展的理念。要在贵州省新型城镇化建设中实现经济、生态与社会的全面协调可持续发展，仅仅依靠单一的城镇化动力机制是行不通的，必须积极引进包括市场动力机制在内的多种动力机制，实现不同动力机制的有机结合，为贵州省新型城镇化建设营造良好的制度保障和环境氛围。

最后，供给侧结构性改革的历史任务要求贵州省新型城镇化建设必须加快实现动力转换。当前，贵州省已经与其他兄弟省区市一道迈入经济新常态阶段。加快供给侧结构性改革，是应对经济新常态下新问题与新挑战的战略选择。从供给侧结构性改革的视角来看，当前贵州省扩大有效供给、提高供给结构适应需求变化灵活性和提高全要素生产率的瓶颈，正是贵州省城镇化水平相对较低、脱贫扶贫工作压力较大的现实状况。加快贵州省新型城镇化建设，可以作为贵州省推进供给侧结构性改革的切入点和突破口。加快供给侧结构性改革的历史任务，要求贵州省必须千方百计地汇集一切可以汇集的城镇化动力，通过市场激励、政府推动和社会参与等城镇化动力机制的协同作用，加快贵州省新型城镇化建设的步伐。

综合来看，加快贵州省新型城镇化建设动力转换，特别是积极培育贵州省新型城镇化的市场动力，是非常必要的。

（二）贵州省新型城镇化市场动力培育的切入点和突破口

国内外城镇化建设的经验教训表明，贵州省新型城镇化市场动力培育切忌"一哄而上"地炒作概念，必须找到有利的切入点和突破口，积极稳妥推进各项培育工作。从贵州省的特殊省情来看，贵州省新型城镇化市场动力培育，并不是要政府对市场"放任自流"，而是应当让政府在市场动力培育中发挥积极作用，在新型城镇化建设中实现市场激励与政府推动的有机结合。贵州省新型城镇化动力培育，需要从以下三个方面入手。

1. 明确并发挥比较优势

市场经济的本质是交换经济。在市场经济条件下，微观主体要从市场机制中获得好处，就必须向参与市场机制的其他主体提供"己有人无"的产品或服务，在"等价交换"原则下完成交换并各自获得利益。要培育贵州省新型城镇化的市场动力，就必须明确贵州新型城镇化建设可以为市场上的参与者提供哪些产品和服务，使全国乃至全世界的市场主体愿意与贵州省进行交换，为贵州省新型城镇化建设提供经济支持。要通过市场交换为贵州省新型城镇化建设积累资源，就必须保证贵州省在与全国其他地区乃至全世界的市场交换中获利。这就要求贵州省新型城镇化建设首先必须明确贵州省在哪些产品或服务的生产中具有比较优势，可以在全国市场乃至世界市场上具有较强的市场竞争力。从贵州省的实际情况来看，贵州省具有良好的生态环境、秀美的自然景观、宜人的气候水土、丰富的历史遗迹、独特的民族文化等得天独厚的经济地理区位条件，这些都为贵州省新型城镇化建设中比较优势的形成创造了有利条件。在贵州省新型城镇化建设中，正在形成以白酒、卷烟、茶叶、食品、旅游商品为代表的特色制造业产业集群和以山地旅游业为代表的特色服务业产业集群。这些产业集群的形成，表明贵州省新型城镇化建设中已经初步明确了城镇化市场动力的比较优势所在。

要做好贵州省新型城镇化市场动力的培育，就必须在明确贵州省比较优势的基础上，继续发挥好贵州省已经初步形成的比较优势。比较优势虽已形成但不够突出，能为城镇化提供的市场动力还明显不足，是当前贵州省新型城镇化建设必须解决的重要问题。为此，政府必须在以下两个方面坚持

"软硬兼施，有所作为"。

一方面，应当坚持增加道路、桥梁、机场等基础设施建设投入，为贵州省新型城镇化建设中发挥比较优势创造良好的硬环境。当前，贵州省特色制造业和服务业两大产业集群发展的一个重要瓶颈，就是贵州省基础设施条件相对欠缺，贵州省具有比较优势的产品和服务既不能走出大山行销天下，又不能招揽外宾深巷寻香。要在新型城镇化建设中发挥好贵州省的比较优势，就必须解决好"最后一公里"问题，让贵州省的特色产品和特色服务能够"走出去""引进来"。为克服资金短板，既应当积极引入 PPP、融资租赁、资产证券化等投融资方式，借助资本市场的力量加快贵州省基础设施建设；也应当积极争取中央财政的大力支持，以扶贫专项资金等形式加大对贵州省基础设施建设的资金支持。

另一方面，应当坚持加大对贵州省特色产品和服务的策划、包装、宣传、推广等方面的投入，为贵州省新型城镇化建设中发挥比较优势创造良好的软环境。尽管贵州省拥有大量地方特色鲜明的制造业和旅游业产品，但除了国酒茅台等少数品牌外，多数产品和服务存在宣传力度不够、社会知名度不高等问题。作为亟须培育新型城镇化市场动力的贵州省，不能被动等待省外的媒体、企业和消费者来发掘贵州的地方特色产品，必须主动出击扩大宣传。为此，贵州省各级政府应当通过发展规划、财政补贴、招商宣传等方式，将贵州省独具地方特色的制造业和旅游业产品推广出去，吸引全国乃至全世界消费者的注意。

2. 引进和培育市场主体

成熟的市场经济离不开成熟的市场主体。市场交换行为是法律地位平等的市场主体之间的利益交换。缺少市场主体或市场主体不成熟，都有可能导致市场经济发展受限。最初城镇的出现就是为了解决市场交换的场所问题，为参与交换的各类市场主体提供便利。随着商品经济的发展，市场参与主体不断增加，市场上用于交换的产品日渐丰富，城镇的功能和形态也日渐复杂。要在贵州省新型城镇化建设中培育好市场动力，就必须引进或培育成熟的市场主体。考察市场主体的成熟度，不仅要考察市场主体的数量和种类，更要考察市场主体的构成。在贵州省新型城镇化建设中，市场主体按类型分，可以分为企业主体和消费者主体；按来源分，可以分为省内主体和省外主体。贵州省新型城镇化建设中的市场主体引进或培育，就是以优化市场主体构成为目标，一方面吸引和鼓励省外的企业和消费者参与到贵州省新型城镇化建设中来，另一方面加快培育省内的企业和消费者，使之发展壮大并为贵州省新型城镇化建设提供支持。从优化市场主体构成的视角来看，贵州省新型城镇化建设就不仅仅是"盖房、修路"那么简单，而是通过为各类市场主体提供有利于其发展壮大的软硬件条件，使各类市场主体可以借贵州省新型城镇化建设这一平台，在加快自身发展壮大的同时也为城镇化建设提供物质基础和技术支撑。

当前贵州省市场主体培育中的突出问题是，省内主体发育程度不足，省外主体入黔积极性不高，市场主体构成不合理。为此，可以从以下几个方面加以改进。

一是加大招商引资力度，特别是要改善营商软环境。对省外企业主体来说，是否前来贵州投资兴业，既取决于贵州省是否有能为企业带来较好利润预期的比较优势，也取决于贵州省是否有能降低交易费用的软硬件条件。随着贵州省基础设施建设的不断深入，贵州省招商引资的硬件条件正在快速改善；未来更需要注重的是通过加快建设服务型政府，为企业营造良好的营商软环境。应当为来黔投资兴业的企业建立档案，时刻关注企业在投融资、行政审批、法规咨询等方面的现实需要，为企业简化程序、提供信息、搭建平台，切实降低企业在贵州省投资兴业的交易费用。

二是以混合所有制改革为契机，盘活省内市场主体。通过混合所有制改革，既加快省内企业主体内部公司治理结构的完善，形成多种所有制经济共同发展的良好态势，又将省内消费者主体从旧的体制机制中解放出来，使之更加积极主动地参与城镇化建设。一方面，应当促进资本市场建设，不断加快资本流动与资本集中，减少资金沉淀，提高资本要素利用效率；另一方面，应当促进劳动力市场发展，增强劳动力市场的竞争性，提升人力资本的市场价值，优化劳动要素的供给结构。

三是大力支持"大众创业、万众创新"。相对于贵州省新型城镇化建设的目标，贵州省各类市场主体的数量不足、规模不大，不足以支撑贵州省新型城镇化的持续深入。在市场主体存量不足的情况下，只有通过鼓励民众创新创业，形成市场主体增量，才能为贵州省新型城镇化建设提供源源不断的动力。贵州省可以通过简化审批程序、提供信用担保、增加财政补贴、建设创业孵化器等方式，为"大众创业、万众创新"营造良好的氛围。

3. 规范和完善市场秩序

成熟的市场经济是以健全的市场秩序为保障的。在市场经济条件下，所有的市场主体都面临着严格的预算约束，只能从个体利益最大化的角度去决策和行动。这就决定了在一切交易活动中不可避免地存在作为交易双方的市场主体出现利益冲突的可能性。如果没有健全的市场秩序，那么一旦交易中发生利益冲突，就不仅会导致交易本身的失败，还会增加市场主体对交易费用上升的预期，导致原本可以顺利达成的交易也无法实现，造成社会福利损失。在贵州省新型城镇化市场动力的培育中，必须重视市场秩序健全度与交易费用水平之间的关系，通过规范和完善市场秩序切实降低交易费用水平，便利交易活动的开展，促进市场经济的发展与繁荣。从制度经济学视角来看，"自由竞争，供需对接"的市场机制是市场秩序体系的制度内核，但垄断、外部性、公共物品、信息不对称等因素的存在决定了仅有市场机制这一制度内核，并不足以保证市场经济的健康发展。规范和完善市场秩序，是市场经济下制度建设的长期任务，是克服市场机制失灵问题的必要举措。市场机制本身并不能自发地达到规范和完善市场秩序的目标，必须依靠作为交易活动中第三方的政府，以提供公共服务的形式解决市场经济条件下制度供给不足的问题。

规范和完善市场秩序，需要政府做到"有所为有所不为"。

一是坚持依法治国理念，加快法治社会建设。市场机制强调等价交换原则，要实行等价交换就必须保证所有市场主体之间地位平等，这就要求建立"法律面前人人平等"的法治社会，始终以依法治国理念去解决人民内部矛盾。在涉及人民群众经济生活的法制建设领域，一方面要加快立法、加强执法、公正司法，另一方面各级政府必须有计划、有步骤地整理和改正与我国现行法律规定不相符合的规定、条例和办法，维护法律的尊严。

二是坚持发挥市场机制在资源配置领域的决定性作用，取消一些烦冗的审批程序。是否让市场机制在资源配置领域发挥决定性作用，是衡量市场经济成熟程度的重要标准。经过 40 多年的改革开放探索，我国已经成功建立了社会主义市场经济体制，但计划经济时期形成的一些制度安排延续至今，阻碍了市场机制在资源配置领域发挥决定性作用。贵州省作为欠发达省份，有不少行政审批程序已经成为贵州省新型城镇化建设中培育市场动力的瓶颈。有必要针对现实需要，取消一些烦冗的审批程序，扩大市场机制在资源配置领域的作用范围。

三是更好地发挥政府作用，加强市场监管。让市场机制发挥资源配置的决定性作用，并不意味政府完全退出经济领域。贵州省新型城镇化建设的市场动力培育，虽然要求政府不再作为"运动员"直接参与微观层面的经营活动，但也要求政府必须做好"裁判员"，强化市场监管职能，杜绝一切扰乱市场秩序的行为。要强化各级政府的市场监管职能，就必须坚持实行政企分开的行政管理体系，打破地方利益和部门利益的束缚，强化政府在市场交易活动中的中立第三方地位。

四是加快政府职能转变，提高政府公共服务水平。但外部性、公共产品和信息不对称等问题困扰市场机制正常运行时，必然要求政府以提供公共产品和公共服务的方式，消除市场失灵的风险。随着贵州省新型城镇化建设的不断深入，对公共产品和公共服务的需求也会迅速增加。各级政府应当在准确研判社会对公共产品和公共服务需求状况的基础上，加大公共财政在财政支出中的比重，加快政府职能转变，提高政府公共服务水平，在新型城镇化建设中既提高资源配置的效率，又保障社会公平正义。

第四章

新型城镇化助推脱贫攻坚

贵州省作为全国脱贫攻坚的主战场，是全国贫困程度最深、贫困发生率最高的省份，其新型城镇化的进程当然与脱贫攻坚是紧密联系在一起的。贵州省建设山地特色新型城镇化的过程，也是贵州省脱贫攻坚的过程。贵州省以山地为特色的新型城镇化有责任为脱贫攻坚做贡献，也确实为贵州省的脱贫攻坚做出了巨大的贡献。可以说，贵州省的新型城镇化对脱贫攻坚工作起到了助推作用。

第一节　贵州省农村贫困的特点

2015年，贫困人口超过200万人（含200万人）的省（区、市）有13个，低于200万人的省（区、市）有13个，在贫困人口超过200万人（含200万人）的13个省（区、市）中贵州贫困人口数量排名第一，贫困人口最多。截至2015年底，贵州省共有493万贫困人口，贫困人口数量排全国第1位，占全国的8.77%，2015年贵州省共减少贫困人口130万人，减少量排全国第2位，次于河南的135万人（见表4-1）。

一　农村贫困人口多，扶贫力度大

随着国家扶贫开发和精准扶贫工作的实施推进，2013～2018年我国农村贫困人口从9899万人减少到1660万人，累计减少8239万人，全国农村贫困人口呈现大幅减少态势，贫困发生率大幅下降，东部地区已经率先基本脱贫，中西部地区的农村贫困人口比例明显降低。西部贫困人口规模由

2012 年末的 5086 万人减少到 2018 年末的 916 万人，累计减少 4170 万人，下降幅度为 82%，农村贫困发生率由 2012 年末的 17.6% 下降到 2018 年末的 3.2%，累计下降 14.4 个百分点。截至 2018 年，农村贫困发生率降至 3% 的省（区、市）有 22 个，较 2017 年增加了 5 个，西部还有 7 个省（区、市）的贫困发生率高于 3.2%，其中云南、贵州、新疆、西藏、甘肃的贫困发生率高于 4%。①

表 4-1　2015 年贫困人口超过 200 万人（含 200 万人）的省（区、市）

单位：万人

地区	贫困人口		
	2014 年	2015 年	比 2014 年减少
全国	7017	5623	1394
贵州	623	493	130
云南	574	471	103
河南	565	430	135
广西	540	452	88
湖南	532	464	68
四川	509	381	128
甘肃	417	307	110
安徽	371	309	62
陕西	350	264	86
河北	320	299	21
江西	276	200	76
湖北	271	384	-113
山西	269	231	38
贵州排名	1	1	2

资料来源：各地 2016 年国民经济和社会发展统计公报。

---

① 全国脱贫攻坚成果：贫困人口六年累计减少 8239 万　东部基本脱贫 [EB/OL]. 中国产业经济信息网. http://www. cinic. org. cn/xw/fp/642206. html.

　　截至 2018 年底，贵州省仍有贫困人口 155 万人，贫困人口总量排西部第二位。近年来，随着大扶贫战略行动的深入推进，"1 + 10"精准扶贫配套文件深入落实，2018 年贵州省共减少贫困人口 125 万人，减少量排全国第 2 位，次于云南的 151 万人（见表 4 - 2、图 4 - 1）。

表 4 - 2　2018 年西部地区农村贫困人口规模

单位：万人

地区	贫困人口	年度减贫人口
云南	179	151
贵州	155	125
广西	140	106
甘肃	111.4	77.6
陕西	83	104.5
四川	71	104
新疆	60.61	53.7
西藏	33	25
内蒙古	15	38
重庆	13.9	8.0
宁夏	12.3	11.5
青海	7.7	17.7
贵州排位	2	2

资料来源：根据 2019 年各地国民经济和社会发展统计公报整理。

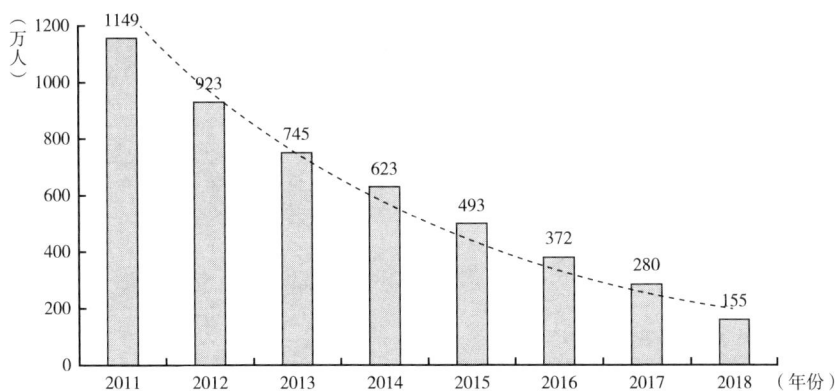

图 4 - 1　2011 ~ 2018 年贵州省农村贫困人口变化情况

资料来源：根据 2011 ~ 2019 年贵州省国民经济和社会发展统计公报自制。

二 农村贫困发生率较高，减贫任务重

贵州 2018 年贫困发生率为 4.29%，是西部贫困发生率超过 4% 的省（区、市）之一。贫困发生率在西部省（区、市）中排名第 5，贫困发生率仍较高，高于全国平均水平（1.7%）2.59 个百分点；贫困发生率比 2017 年降低 3.46 个百分点，降幅排西部省（区、市）第 5 位，次于西藏、新疆、青海和甘肃，这四个省（区、市）降幅分别为 6.4 个、5.06 个、5.60 个、4.00 个百分点。贵州省贫困人口基数大，贫困程度仍较深，贫困发生率较高，减贫任务重。

表 4-3 2018 年西部地区农村贫困发生率

单位：%，百分点

地区	贫困发生率	较上年减少
云南	5.39	2.11
贵州	4.29	3.46
广西	3.30	2.40
甘肃	5.60	4.00
陕西	3.20	3.10
四川	1.10	1.60
新疆	6.51	5.06
西藏	6.00	6.40
内蒙古	1.06	1.94
重庆	0.70	1.43
宁夏	3.00	3.00
青海	2.50	5.60
贵州排位	5	5

资料来源：根据各省（区、市）2019 年国民经济和社会发展统计公报整理。

自国家实施精准扶贫以来，贵州省全力实施城镇化带动战略和大扶贫战略行动，加大贫困地区的扶贫开发力度，通过转变扶贫方式，结合多种扶贫模式，扶贫开发取得显著成效。贵州省农村贫困发生率逐渐下降，并且降幅较大，截至 2018 年底，贵州省农村贫困发生率较 2011 年下降了 29.11 个百分点（见图 4-2），年均下降 4.16 个百分点。

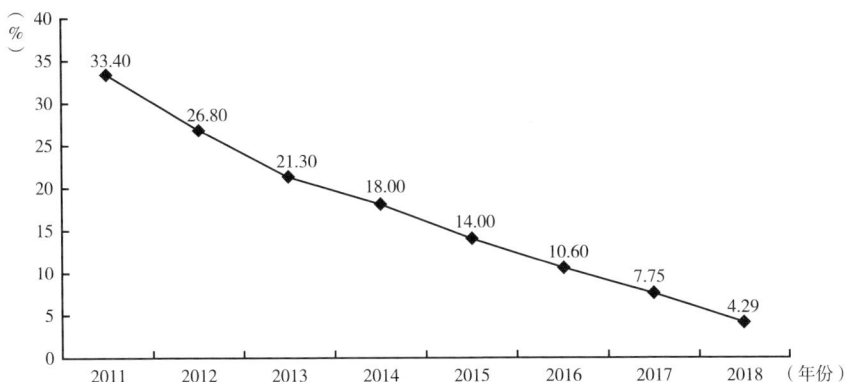

图 4-2　2011~2018 年贵州农村贫困发生率变化情况

资料来源：2012~2019 年贵州省国民经济和社会发展统计公报。

三　市州贫困人口总量差异大，扶贫、减贫难度仍较大

近年来，各市州农村贫困人口总量逐年下降，但均存在不同程度的贫困，部分市州贫困人口占比还很大。其中，截至 2018 年底，贵阳市按照现行标准已无贫困县，贵阳市贫困人口规模最小，毕节市农村贫困人口规模最大，占贵州省贫困人口总量的 28.63%，毕节市和黔东南州的贫困人口总量占贵州省贫困人口总量的比重超过 45%（见表 4-4）。贵州省 9 个市州农村贫困人口规模仍较大，各市州贫困人口总量相差较大，贫困人口分布不均衡，基本形成以贵阳为中心向外圈层式扩散的格局。

表 4-4　2018 年贵州省市州国家级贫困县及农村贫困面差异现状

市州	已退国家级贫困县（个）	现有国家级贫困县（个）	农村贫困人口	
			总量（万人）	占贵州省比重（%）
合计	33	32	155.12	100
毕节市	2	4	44.41	28.63
黔东南州	6	9	28.59	18.43
铜仁市	6	4	17.38	11.20
黔南州	4	6	17.44	11.24
遵义市	7	1	13.20	8.51

续表

市州	已退国家级贫困县（个）	现有国家级贫困县（个）	农村贫困人口	
			总量（万人）	占贵州省比重（%）
黔西南州	2	5	15.86	10.22
六盘水市	2	1	9.51	6.13
安顺市	4	2	7.81	5.03
贵阳市	0	0	1.35	0.87

资料来源：根据贵州省扶贫开发办公室官网统计数据整理，各市州国民经济和社会发展统计公报及政府工作报告。

总体来看，贵州各市州贫困村的规模分布不均衡，地理位置与地形环境的影响是导致各地区的经济发展与贫困现状差异大的重要原因。2018年，黔东南州贫困村数量最多（见表4-5），毕节市贫困人口最多，区域人口密度不均衡也是影响区域扶贫减贫成效的一个发展难题，加大了区域的贫富差距。

表4-5　2018年贵州省各市州现有贫困村数量情况

单位：个，%

市州	贫困村数量		2018年贫困村占比
	2015年	2018年	
合计	9000	2500	100
毕节市	1981	542	21.68
黔东南州	1853	959	38.36
铜仁市	1565	334	13.36
黔南州	836	218	8.72
遵义市	871	45	1.80
黔西南州	629	213	8.52
六盘水市	615	111	4.44
安顺市	583	78	3.12
贵阳市	67	0	0

资料来源：贵州省各地市州2019年国民经济和社会统计公报和政府工作报告整理，贵州统计年鉴2016。

截至2018年底，贵州省贫困村数量为2500个，其中黔东南州和毕节市两个地区的贫困村个数最多，占全省总量的比例为60.04%，其次是铜仁市，所占比重为13.36%，其余黔南州、遵义市、黔西南州、六盘水市、安顺市和贵阳市所占比重较小。贵阳市率先实现贫困村"减贫摘帽"，在全省率先消除绝对贫困，率先以县为单位通过全面小康考核验收，率先实现农村低保标准与扶贫标准"两线合一"。①

四 市州贫困发生率降幅较均衡，扶贫成效显著

各市州农村贫困发生率变化趋势同贵州省贫困发生率变化情况保持一致，逐年下降且降幅较均衡。其中2011～2015年贵阳市农村贫困发生率年均下降速度最快，累计下降16个百分点；其余各市州农村贫困发生率累计降幅均在13%～24%（见表4-6）。

表4-6 近年贵州省各市州农村贫困发生率变化情况

单位：%，百分点

市州	农村贫困发生率			2011～2018年年均降幅
	2011年	2015年	2018年	
贵阳市	16.8	0.8	0.70	2.30
六盘水市	38.3	15.7	3.74	4.94
遵义市	21.85	8.4	2.02	2.83
安顺市	35.54	13.7	3.73	4.54
毕节市	30.79	16.5	5.45	3.62
铜仁市	38.75	15.5	1.46	5.33
黔西南州	36.23	13.8	5.02	4.46
黔东南州	42.11	21.7	7.00	5.02
黔南州	36.0	16.5	4.65	4.48

资料来源：2011年、2015年、2018年各市（州）国民经济和社会发展统计公报整理。

截至2018年底，仅有贵阳市、遵义市和铜仁市贫困发生率在3%以下；2018年贵阳市贫困发生率最低，为0.7%；黔东南州贫困发生率最高，为7.0%；各市州贫困发生率总体呈现逐渐下降态势。2011～2018年全省各市

---

① 过去五年贵阳决战脱贫攻坚38.35万贫困人口"减贫摘帽"［EB/OL］. m. people. cn/n4/2017/1018/c1288-9999151. html

州贫困发生率年均降幅较为平稳，降幅均在 2.3～5.4 个百分点，贵阳市最低为 2.30 个百分点，铜仁市最高为 5.33 个百分点。

五 贫困面积大，扶贫涉面广

按照 2016 年 4 月中共中央办公厅、国务院办公厅印发《关于建立贫困退出机制的意见》，原则上贫困县贫困发生率降至 2% 以下（西部地区降至3% 以下）即实现全面脱贫。2018 年贵州省 9 个市州中仅有贵阳市、遵义市和铜仁市贫困发生率低于 3%，分别为 0.7%、2.02%、1.46%，其余市州均高于该水平，贫困面较大，市州贫困程度差异特征明显。截至 2018 年，黔东南州、毕节市、黔南州和黔西南州贫困发生率高于全省平均水平（4.29%）；贵阳市、遵义市、安顺市、铜仁市、六盘水市贫困发生率均低于全省平均水平。2018 年，贫困发生率较上年降幅高于全省平均水平的地区分别是黔东南州、黔南州、六盘水市、铜仁市和安顺市；黔西南州、遵义市和贵阳市较上年降幅则低于全省平均水平；毕节市较上年降幅基本与全省平均水平持平（见表 4 - 7）。

表 4 - 7 2018 年贵州省各市州贫困面情况

单位：%，百分点

市州	贫困发生率	较上年下降	高于全省平均水平	较上年降幅高于全省平均水平
全省	4.29	3.46	—	—
黔东南州	7.00	6.57	2.7	3.12
毕节市	5.45	3.44	1.15	- 0.01
黔南州	4.65	5.22	0.35	1.77
六盘水市	3.74	3.56	- 0.56	0.11
铜仁市	1.46	6.95	- 2.84	3.50
黔西南州	5.02	2.64	0.72	- 0.81
安顺市	3.73	3.82	- 0.57	0.37
遵义市	2.02	1.48	- 2.28	- 1.97
贵阳市	0.70	0.1	- 3.6	- 3.35

资料来源：2019 年贵州省各市州国民经济和社会发展统计公报。

贵州作为全国脱贫攻坚主战场，2018 年减少贫困人口 125 万人，截至 2018 年底，全省共有 155 万贫困人口，贫困人口数量位居西部区域第二。党的十八大以来，贵州以脱贫攻坚统揽经济社会发展全局，深入实施大扶贫战略行动，全省抢抓机遇、攻坚克难，大力推进农村产业革命，夺取了脱贫攻坚关键之年决定性胜利。但贵州深度贫困地区人口所占比重较大，2013～2018 年贵州累计减少农村贫困人口 768 万人，贫困发生率下降到 4.29%，2019 年计划减少农村贫困人口 110 万人，脱贫摘帽难度仍较大。

2018 年贵州 88 个县（市、区、特区）中国家级贫困县数量为 32 个，其中黔东南州 9 个，黔南州 6 个，黔西南州 5 个，铜仁市和毕节市各 4 个，安顺市 2 个，遵义市和六盘水市各 1 个，贵阳市率先实现绝对脱贫，没有贫困县（见图 4-3）。

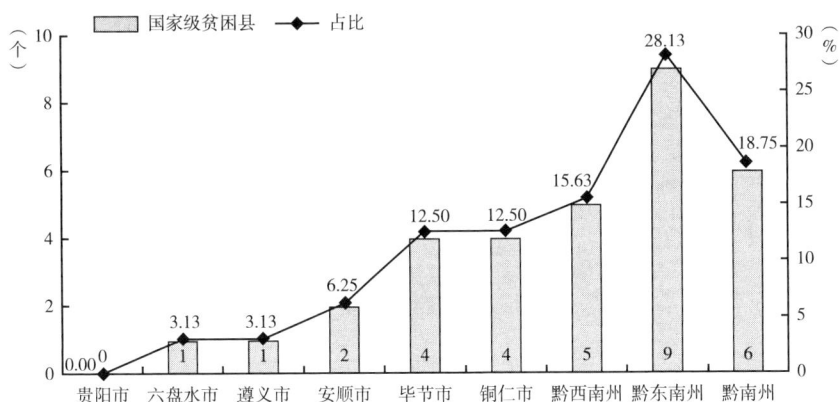

图 4-3 2018 年贵州省各市州国家级贫困县数量及占比情况

资料来源：根据贵州省扶贫开发办公室官网统计数据自制。

六 贫困程度深，贫困差异大

改革开放以来，贵州贫困人口从 1978 年的 1840 万人减少到 2018 年的 155 万人，特别是党的十八大以来，贵州把脱贫攻坚作为头等大事和第一民生工程，创造形成了"四场硬仗""五个专项治理""四个聚焦""农村产业革命"等系统推进的工作体系，创新探索易地扶贫搬迁"六个坚持"和后续扶持"五个体系""农村产业革命""八要素"等行之有效的具体抓手，减贫人数和减贫幅度位居全国各省（区、市）前列，脱贫攻坚取得决定性进展。[①] 贵州现有国家级贫困县分布如表4-8所示。

表4-8　贵州省国家级贫困县名单

贵州省国家贫困县名单										
遵义市	赤水市	桐梓县	凤岗县	湄潭县	习水县	务川县	道真县	正安县		
六盘水市					六枝特区	盘州市	水城县			
安顺市			西秀区	平坝区	普定县	镇宁县	关岭县	紫云县		
毕节市				黔西县	大方县	织金县	纳雍县	威宁县	赫章县	
铜仁市	碧江区	万山区	江口县	玉屏县	石阡县	印江县	思南县	德江县	沿河县	松桃县
黔东南州			丹寨县	麻江县	施秉县	黄平县	岑巩县	天柱县	锦屏县	
			雷山县	镇远县	三穗县	剑河县	台江县	黎平县	榕江县	从江县
黔南州	瓮安县	龙里县	惠水县	贵定县	荔波县	独山县	平塘县	罗甸县	长顺县	三都县
黔西南州	兴仁市	安龙县	普安县	晴隆县	贞丰县	望谟县	册亨县			

注：　　　　　　　　 2016年退出贫困县　　　　　　 2018年退出贫困县
　　　　　　　　 2017年退出贫困县　　　　　　 目前仍未退出贫困县

资料来源：根据贵州省人民政府关于符合国家贫困县退出序列公告整理。

2019年4月25日，贵州省人民政府新闻办召开贵州省2018年18个贫困县脱贫摘帽新闻发布会，标志着贵州省贫困县退出实现了任务过半，也标志着贵州省消除区域性整体贫困取得了重大突破，进一步夯实了现行标准下所有贫困人口脱贫的基础。[②] 截至目前还未退出的贫困县共计32个，全省国家级贫困县总体规模大，贫困程度深，贫困差异大。此外，鉴于贵州省长期受历史、自然和经济发展阶段影响以及区域整体贫困与民族地区发展滞

---

① ［壮丽70年·奋斗新时代］贵州：在新时代大踏步前进［EB/OL］. https：//www.sohu.com/a/332642732_120054656

② 以"酒"为媒助发展　贵州走出脱贫攻坚新方式［EB/OL］. http：//www.caihong.com/jrlc/2019/09/16/20190916884533.html.

后、经济建设落后与生态环境脆弱等多重矛盾的制约，贵州省政府特别确立
了距离县城较远的整体贫困较深、交通闭塞、少数民族聚居、人口整体素质
偏低、传统产业结构单一和脱贫攻坚任务艰巨的极贫乡（镇）共计 20 个。
2015 年 20 个极贫乡（镇）共有 247 个贫困村，占全省贫困村总数的
2.74%；总人口 41.26 万人，贫困人口 17.3 万人，占全省贫困人口 3.51%。

表 4 - 9　2015 年贵州省 20 个极贫乡（镇）分布情况一览

市州	极贫乡（镇）名称
遵义市	务川县石朝乡
六盘水市	盘县保基乡、水城县营盘乡
毕节市	威宁县石门乡、赫章县河镇乡、纳雍县董地乡
安顺市	镇宁县简嘎乡、紫云县大营镇
铜仁市	德江县桶井乡、石阡县国荣乡
黔西南州	册亨县双江镇、晴隆县三宝乡、望谟县郊纳乡、贞丰县鲁容乡
黔东南州	从江县加勉乡、黄平县谷陇镇、榕江县定威乡、雷山县大塘镇
黔南州	平塘县大塘镇、长顺县代化镇

资料来源：根据贵州省扶贫开发办公室材料整理。

县级贫困集中度较高，扶贫难度大。2015 年，贵州省确立新阶段扶贫
开发工作重点县 50 个。2016 年 88 个县（市、区、特区）中，贫困发生率
在 22% 以上的有 13 个，20% ~ 22% 的有 10 个，15% ~ 20% 的有 16 个，
10% ~ 15% 的有 22 个，5% ~ 10% 的有 15 个，5% 以下的有 12 个。黔东南
州 16 个县（市）有 13 个贫困发生率集中在 20% 以上；遵义市 14 个县
（市、区）有 9 个贫困发生率集中在 5% ~ 10%；贵阳市 10 个县（市、区）
贫困发生率均集中在 5% 以下。

表 4 - 10　2016 年贫困发生率分布情况

单位：个

序号	贫困发生率	县（市、区、特区）	数量
1	5% 以下	钟山区、红花岗区、南明区、云岩区、白云区、息烽县、乌当区、修文县、清镇市、观山湖区、花溪区、开阳县	12
2	5% ~ 10%	安龙县、瓮安县、平坝区、碧江区、赤水市、兴义市、凤冈县、仁怀市、播州区、湄潭县、西秀区、汇川区、桐梓县、绥阳县、余庆县	15

续表

序号	贫困发生率	县(市、区、特区)	数量
3	10%~15%	威宁县、盘县、黔西县、印江县、松桃县、福泉市、六枝特区、江口县、贵定县、务川县、万山区、七星关区、习水县、惠水县、玉屏县、龙里县、凯里市、道真县、金沙县、都匀市、兴仁县、普安县	22
4	15%~20%	岑巩县、黎平县、平塘县、紫云县、大方县、镇宁县、纳雍县、关岭县、赫章县、独山县、沿河县、石阡县、思南县、贞丰县、普定县、正安县	16
5	20%~22%	施秉县、望谟县、荔波县、水城县、册亨县、雷山县、麻江县、镇远县、长顺县、德江县	10
6	22%以上	榕江县、晴隆县、三都县、罗甸县、台江县、从江县、三穗县、丹寨县、锦屏县、剑河县、黄平县、天柱县、织金县	13

资料来源：根据各区(市、县)国民经济和社会发展统计公报整理。

截至 2018 年底，仅有黔西南州的册亨县的贫困发生率超过 15%，贫困发生率为 17.37%。受自然条件、基础设施和地理位置等因素影响，加之发展欠账多，该县现仍有农村贫困人口 3.85 万人，贫困发生率下降 6.63 个百分点，是国家级贫困县和贵州省 14 个深度贫困县之一。

截至 2018 年底，贫困发生率为 10%~15% 的国家级贫困县有 10 个。其中：黔东南州 4 个，黔南州 2 个，黔西南州 2 个，毕节市、安顺市各 1 个(见表 4-11)。

表 4-11 2018 年贫困发生率为 10%~15% 的县

序号	地区	农村贫困人口（万人）	贫困发生率（%）	贫困发生率比上年下降（百分点）	所属市州
1	紫云县	2.54	11.49	5.97	安顺市
2	赫章县	8.40	10.97	2.40	毕节市
3	锦屏县	2.07	10.17	8.90	黔东南州
4	剑河县	5.83	11.05	6.69	黔东南州
5	榕江县	4.10	12.27	6.73	黔东南州
6	从江县	4.90	14.77	7.14	黔东南州
7	罗甸县	4.01	12.60	7.01	黔南州
8	三都县	3.90	11.66	5.89	黔南州
9	晴隆县	3.56	11.29	6.54	黔西南州
10	望谟县	4.88	10.99	0.54	黔西南州

资料来源：根据 2019 年各县国民经济和社会发展统计公报整理。

截至 2018 年底，贫困发生率为 5% ~ 10% 的县有 19 个。其中：黔东南州 5 个，铜仁市 4 个，黔南州和毕节市各 3 个，六盘水市和安顺市各 1 个（见表 4 - 12）。

表 4 - 12　2018 年贫困发生率为 5% ~ 10% 的县

序号	地区	农村贫困人口（万人）	贫困发生率（%）	贫困发生率比上年下降（百分点）	所属市州
1	水城县	5.27	7.82	8.13	六盘水市
2	关岭县	8.33	7.51	2.72	安顺市
3	织金县	7.70	7.31	5.34	毕节市
4	纳雍县	24.21	8.35	4.77	毕节市
5	威宁县	9.60	6.80	4.6	毕节市
6	思南县	3.74	6.06	3.98	铜仁市
7	德江县	2.63	5.63	4.83	铜仁市
8	沿河县	2.56	7.41	4.49	铜仁市
9	松桃县	13.24	5.25	3.59	铜仁市
10	黄平县	3.18	8.94	7.35	黔东南州
11	岑巩县	1.05	5.06	5.44	黔东南州
12	天柱县	8.76	7.74	6.42	黔东南州
13	台江县	1.17	8.19	8.26	黔东南州
14	黎平县	3.23	8.09	3.91	黔东南州
15	荔波县	2.62	6.03	10.55	黔南州
16	独山县	1.56	5.10	7.1	黔南州
17	长顺县	1.49	6.46	9.51	黔南州
18	普安县	2.8	5.74	2.17	黔西南州
19	贞丰县	12.4	5.78	3.21	黔西南州

资料来源：根据 2019 年各县国民经济和社会发展统计公报整理。

截至 2018 年底，贫困发生率为 3% ~ 5% 的县有 3 个。其中：遵义市 1 个，黔南州 1 个，毕节市 1 个（见表 4 - 13）。

表 4 – 13   2018 年贫困发生率为 3% ~ 5% 的县

序号	地区	农村贫困人口 （万人）	贫困发生率 （%）	贫困发生率比上 年下降（百分点）	所属市州
1	正安县	1.98	3.3	2.78	遵义市
2	平塘县	1.82	4.34	6.68	黔南州
3	七星关区	5.71	4.55	4.34	毕节市

资料来源：根据 2019 年各县（区）国民经济和社会发展统计公报整理。

截至 2018 年底，贫困发生率低于 3% 的县（市、区、特区）有 55 个。其中：贵阳市 10 个，六盘水市 3 个，遵义市 13 个，安顺市 4 个，毕节市 3 个，铜仁市和黔南州各 6 个，黔西南州 3 个，黔东南州 7 个（见表 4 – 14）。

表 4 – 14   2018 年贫困发生率低于 3% 的县（市、区、特区）

单位：%

序号	所属市州	地区	贫困发生率	地区	贫困发生率	地区	贫困发生率
1	贵阳市	南明区	—	乌当区	—	清镇市	0.59
		云岩区	—	白云区	—	开阳县	0.56
		花溪区	3.0	观山湖区	—	息烽县	0.55
		修文县	1.06				
2	六盘水市	钟山区	1.41	六枝特区	1.84	盘州市	1.73
3	遵义市	红花岗区	—	汇川区	2.33	播州区	2.42
		赤水市	0.96	仁怀市	2.44	桐梓县	1.86
		绥阳县	2.29	凤冈县	1.6	湄潭县	1.51
		余庆县	2.64	习水县	1.95	道真县	1.76
		务川县	1.62				
4	安顺市	西秀区	1.08	平坝区	1.23	普定县	1.66
		镇宁县	1.78				
5	毕节市	金沙县	2.86	大方县	1.82	黔西县	1.0
6	铜仁市	碧江区	1.25	万山区	1.18	江口县	0.96
		石阡县	1.92	玉屏县	1.46	印江县	1.92
7	黔西南州	兴义市	1.33	兴仁市	1.84	安龙县	1.52

续表

序号	所属市州	地区	贫困发生率	地区	贫困发生率	地区	贫困发生率
8	黔东南州	凯里市	2.37	施秉县	0.28	三穗县	1.69
		镇远县	1.85	麻江县	1.57	丹寨县	1.63
		雷山县	1.9				
9	黔南州	都匀市	2.81	福泉市	1.85	贵定县	1.56
		瓮安县	1.04	龙里县	1.05	惠水县	1.54

资料来源：根据 2018 年各县（市、区）国民经济和社会发展统计公报整理。

七 城乡二元结构明显，居民人均收入差异大

2018 年，贵州省居民人均可支配收入为 18430 元，同比增长 10.3%。贵州省城乡居民收入差异较大，城镇居民人均可支配收入为 31592 元，仅相当于全国平均水平的 50.61%；农村居民人均可支配收入 9716 元，仅相当于全国平均水平的 66.47%，贵州城乡居民人均可支配收入比为 3.25。

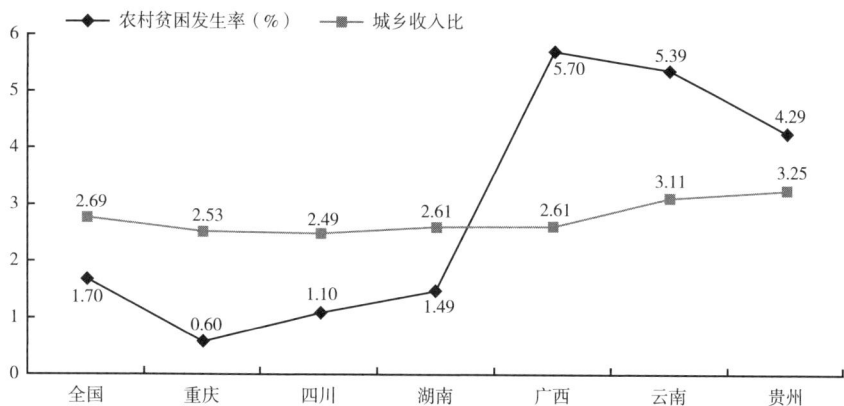

图 4-4 2018 年贵州与邻省（区、市）农村贫困发生率、城乡收入比情况

资料来源：根据全国、各省（区、市）国民经济和社会发展统计公报整理。

表4-15 2011~2018年贵州省城乡居民人均可支配收入情况一览

指标	2011年	2012年	2013年	2014年	2015年	2016年	2017年	2018年
城镇居民人均可支配收入(元)	16495	18700	20667	22548	24579	26742	29080	31592
农村居民人均可支配收入(元)	4145	4753	5434	6671	7386	8090	8869	9716
城乡收入比	3.98	3.93	3.80	3.38	3.33	3.31	3.28	3.25

资料来源：根据贵州省统计年鉴、贵州省国民经济和社会发展统计公报整理。

贵州省城乡收入比由2011年的3.98下降到2018年的3.25，城乡收入差距逐渐缩小，但农村贫困程度还较深。

第二节 新型城镇化与助推脱贫攻坚的作用机理

一 新型城镇化对脱贫攻坚的重大意义

（一）新型城镇化是打破"贫困—人口增长—环境破坏"的根本途径

贫困地区要摆脱贫困实现脱贫致富，关键在于打破"贫困—人口增长—环境破坏"的恶性循环，需改变严重依赖自然资源、破坏生态环境的粗放式增长模式，优化产业布局和空间要素配置，提高公共服务效率，加快提升贫困人口的基本技能和素质，提升贫困人口自我能动性，实现"人口素质提升—生计模式升级—环境恢复与改善—经济社会发展"的良性循环。新型城镇化是可持续发展的城镇化，新型城镇化要求转变城市发展方式，由"外延式扩张"转为"内聚式发展"，走集约、智能、绿色、低碳的新型城镇化道路。①

---

① 国家中心行业和区域研究：中国连片特困区需因地制宜多元化推进城镇化［EB/OL］. jxic. jangxi. gov. cn/gzdt8339/gjzzdt/201504/t20150420 128588. htm.

同时，城镇化建设将生态文明理念贯穿全过程，注重推进新型城镇化建设，从优化产业结构、能源结构、消费模式等多角度将生态文明理念植入城镇化发展。① 绿色发展是实现绿色可持续发展城镇化的根本途径，具体来说，新型城镇化是以产业城镇化为支撑、空间格局优化为依托、社会城镇化为核心的内涵式发展模式，城镇化发展可以改变贫困人口的生计模式，逐渐恢复和改善生态环境，提高社会公共服务效率和水平。此外，新型城镇化以人口城镇化为根本，通过人口的集聚发展，改变农业转移人口中贫困人口生活方式，全面提升贫困人口的生活水平，实现贫困人口的持久脱贫。②

（二）新型城镇化是推进贫困地区发展与扶贫攻坚的重要抓手

扶贫攻坚的总体指导思想是"区域发展带动扶贫开发，扶贫开发促进区域发展"，既要注重长期的自我发展能力培育，又要兼顾短期"两不愁三保障"的多维减贫目标。城镇作为人类自行营造的物质空间和载体空间系统，是在时间、空间、物质、能量、信息、资本的有效整合下人类建构生存系统的一种基本空间范式，承载着复杂的政治、经济、文化和环境功能，发挥着空间管理与治理、规范空间行为、提供持续福利等功效。③ 贫困地区农业剩余劳动力转移是推动农村贫困人口脱贫的重要途径，新型城镇化进程可以有效为贫困地区劳动力提供转移就业机会，鼓励贫困地区劳动力向第二、三产业转移就业，为农村人口城市化创造更多的转移就业机会，即通过人口转移集中就业，加大各类产业园区、集中区的产业快速发展，推动工业产业向园区和集中区集中，增强产业集聚能力和配套能力，从而反过来促进新型工业化发展。

同时，城镇为人们生产和生活服务提供重要的资料来源，城镇人口也面

---

① 2014 江苏省连云港市连云区事业单位考试综合分析题：城镇化建设 ［EB/OL］. http：//www. shizheng 100. com/? thread – 8092 – 1. html.

② ［2015 版《连片特困区蓝皮书》］中国社会科学网：社科院蓝皮书：我国连片特困区需因地制宜多元化推进城镇化 ［EB/OL］. https：//www. pishu. cn/zxzx/mtjj/227380. shtml.

③ 游俊. 推进城镇化是扶贫重要抓手 ［N］. 经济日报，2015 – 05 – 27 （013）.

临着"再城镇化"的过程，如职业技能基础培训、巩固培训、提升培训等方式为城镇化进程中贫困人口再就业提供了帮助，高弹性的行业便可不断更新和吸纳存量劳动力，通过产业就业促进贫困地区经济社会发展，促进贫困地区人口脱贫，推动城镇化可持续发展。因而，新型城镇化可以统筹空间布局优化、基础设施建设、产业发展、农村基本生产生活条件改善、就业促进和农村人力资源开发、社会事业和公共服务发展、生态建设和环境保护、机制体制改革创新等各项工作有序和协同开展，是推进片区扶贫攻坚战略的重要抓手，能有效提升区域发展质量与扶贫攻坚效率。①

（三）新型城镇化是全面建设小康社会和生态文明城市的重要手段

全面小康社会建设关键在于缩小区域差距、城乡差距，特别是加快集中连片特困区的减贫与发展。生态文明建设则需要改变传统的经济增长方式，走资源节约、环境友好的绿色可持续发展道路。对于贫困地区而言，同时实现小康和生态文明建设两个目标需要发挥新型城镇化的经济生产、环境改造、社会关系调整、政治资源配置和空间管治功效。②

城镇化作为中国当前经济社会变革的动力来源，是我国全面建设小康社会的基本途径和主要战略之一。为实现在新时期的后发赶超，贵州省把新型城镇化作为新时期发展的带动战略，同时考虑到贵州省艰巨的扶贫任务和新时期发展的需要，提出了贵州省大扶贫战略行动。③

（四）新型城镇化主战略与大扶贫战略行动互促共进

从内涵和发展路径上来看，新型城镇化主战略和大扶贫战略行动是协同发展、相互促进的。从内涵上讲，新型城镇化与扶贫开发在内涵上是统一的，都是以人为本，强调共享发展，实现城乡一体化。贵州省新型城镇化走的是以人为本、四化同步、优化布局、生态文明、文化传承的集约、智能、绿色、低碳的城镇化道路。而大扶贫战略行动则是以全国人民同步进入小康

---

① 游俊. 推进城镇化是扶贫重要抓手 [N]. 经济日报，2015 – 05 – 27（013）.
② 游俊. 推进城镇化是扶贫重要抓手 [N]. 经济日报，2015 – 05 – 27（013）.
③ 曾丹. 有效促进新型城镇化与扶贫攻坚有机结合 [N]. 贵州政协报，2017 – 10 – 26（B02）.

社会为目标，最终实现贵州省人民同全国人民同步进入小康社会。两者的目标都在于提高人民生活水平，因此两者在内涵上是统一的。从发展路径上来讲，新型城镇化进程有效驱动区域之间、城乡之间的劳动力、土地、资金、技术等关键要素双向流动和重新配置；以劳动力为核心的生产要素自由流动加速了经济集聚，促进了贫困地区经济社会的发展和生产、生活方式的转变；而扶贫开发工作在推进过程中，直接或间接地涉及户籍、土地、金融、规划等一系列宏观政策和制度的匹配和优化，又反过来加快了新型城镇化的推进。①

二 新型城镇化建设与扶贫开发结合点

（一）聚焦产业扶贫，发挥新型城镇化产业集聚功能

2015 年 10 月，习近平同志首次提出"五个一批"脱贫路径，多次强调"生产发展脱贫一批、易地搬迁脱贫一批、生态补偿脱贫一批、发展教育脱贫一批、社会保障兜底一批"，其中就提到了通过发展生产脱贫一批，指出"要立足当地资源、宜农则农、宜林则林、宜牧则牧、宜商则商、宜游则游，通过扶持发展特色产业，实现就地脱贫。只有坚持因地制宜原则，充分挖掘特色和亮点，才能形成自己有优势、有品牌的产业，使产业扶贫成为脱贫致富的重要路径"。强调要走好生产发展脱贫之路，要因地制宜，并凝聚力量发展生产，发挥产业发展扶贫脱贫一批的带动效应。

新型城镇化进程中人口的集聚，为城镇的产业集聚功能发挥和产业快速发展提供基本的生存土壤，同时产业集聚过程又不断加快新型城镇化的推进过程。产业扶贫作为新型城镇化推进与扶贫开发的结合点，必须坚持把建档立卡贫困人口和群众固化在产业链上，注重激发贫困户内生动力，注重引进和培育市场主体，注重构建利益联结机制，才能确保贫困群众通过产业发展

---

① 曾丹. 有效促进新型城镇化与扶贫攻坚有机结合［N］. 贵州政协报，2017 - 10 - 26（B02）.

实现长久稳定脱贫。①

（二）有序推进农业转移人口市民化，发挥新型城镇化的人口集聚功能

新型城镇化最核心和本质的内容是"人"的城镇化，目前我国城镇化人口市民化可划分为农业转移人口市民化、就近就地就业人口市民化、流动人口常住地市民化、高等学校（高职院校）人口常住地市民化、引才驻地人口市民化等方式，城镇化进程本身蕴藏了较大的经济增长动力，加上人口流动和集聚，提升区域经济和社会的全面进步和协调发展水平。

一方面，引导农业转移人口向都市功能拓展区和城市发展新区有序流动，使人口分布与城市承载力、产业发展需求相协调，根据城镇的综合承载能力，实施差别化的调控政策，合理引导农业转移人口流向，依靠产业集聚引导人口集聚，促进人口与产业协同集聚、产业发展与城镇建设有机融合，逐步培育建设一批生态宜居、设施完善、特色鲜明、优势突出、竞争力强的现代化城镇。② 另一方面，引导武陵山区、乌蒙山区、滇桂黔石漠化地区超出生态承载能力的人口转移，减轻三个石漠化地区生态环境压力，促进人口与资源环境相适应，保护生态环境，为城镇化提供较好的物质基础和较强的生态要素支撑能力，有利于城镇经济的发展和空间的进一步拓展，吸引高科技人才的入驻，从而全面提升城镇的竞争力，带来资金、技术、劳动力资源，促进城镇的可持续发展。

（三）缩小城乡差距，发挥新型城镇化促进城乡融合发展功能③

新型城镇化在充分考虑城市和农村发展、城市居民和农民利益的基础上，实现城乡之间协调发展、共同发展、融合发展是大趋势，使城市和乡村、市民与农民能够拥有平等机会和权利分享城镇化的发展成果。走城乡融合发展的新型城镇化道路，就是实现城乡要素平等交换、合理配置和基本公

① 曾丹. 有效促进新型城镇化与扶贫攻坚有机结合 ［N］. 贵州政协报，2017 - 10 - 26（B02）.
② 曾丹. 有效促进新型城镇化与扶贫攻坚有机结合 ［N］. 贵州政协报，2017 - 10 - 26（B02）.
③ 曾丹. 有效促进新型城镇化与扶贫攻坚有机结合 ［N］. 贵州政协报，2017 - 10 - 26（B02）.

共服务均等化，实现城乡共同繁荣、协调发展。

推动城乡融合发展既是城镇化的发展目标、实现乡村振兴的重要途径，也是拓展高质量发展空间的有力抓手、破解新时代我国社会主要矛盾的必然选择。改革开放以来特别是党的十八大以来，我国在统筹城乡发展、推进新型城镇化方面取得了显著进展，但城乡要素流动不顺畅、公共资源配置不合理等问题仍不同程度存在，因此需要以规划一体化促进城乡空间融合、以产业链重组再造促进城乡产业融合、以基本公共服务普惠共享促进城乡社会融合、以体制机制创新促进城乡要素融合，加快推动城乡融合发展，促进城镇现代化、农业农村现代化协调发展。通过对新型城镇化与扶贫开发谱系分析可知两者是紧密联系、相互促进的，有必要从国家、区域、地方等不同层面重构新型城镇化战略助推扶贫开发的相关制度链条和改革配套政策保障体系，以实现贫困地区新型城镇化与扶贫开发的双轮驱动。

三　互馈机制的创建

通过对城镇化建设与扶贫推进的相关性分析，发现两者之间存在紧密的联系。从城镇化建设与扶贫推进的目的、原则、路径入手，建立二者相互关联、相互影响的融合互馈机制，以探讨城镇化建设对推动扶贫工作的影响作用及影响方式。以城镇化建设和扶贫推进两者的目标为导向，以新型城镇化、扶贫相关政策为基础，系统地探讨城镇化建设与扶贫推进从内在机理到实践举措的互馈机制。同时，从人口、城乡统筹发展、农村建设、配套机制等方面对深化城镇化建设与扶贫减贫成效的互馈机制进行研究，得到后文相关结论，为二者的共同协调发展提供依据。贵州省山地特色新型城镇化建设、扶贫推进互馈机制建立如图 4 - 5 所示。

根据图 4 - 5 可知，城镇化建设与扶贫推进两者之间关系紧密，而城镇化建设的相关举措促进了扶贫工作的开展。充分发挥城镇化建设与扶贫推进的互促作用，脱贫攻坚助推新型城镇化建设，新型城镇化建设加快脱贫攻坚，二者密切关联、互促共进。

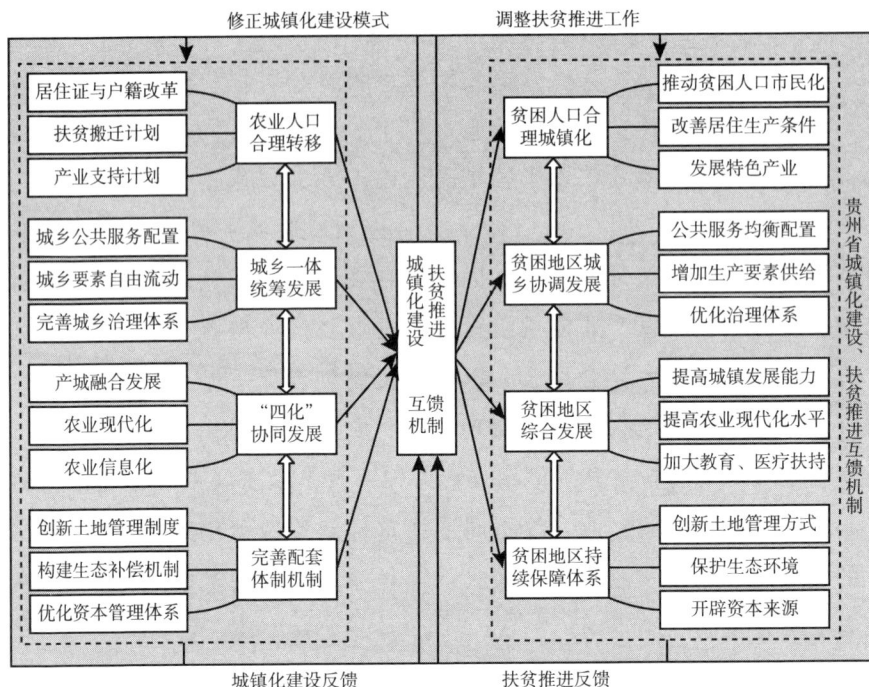

图 4-5 贵州省山地特色新型城镇化建设、扶贫推进互馈机制

资料来源：作者自制。

第三节　新型城镇化与产业集聚

一　产业集聚是城镇化的重要推动力

产业集聚作为城镇化发展的重要推动力，通过要素和资源集聚，为城镇化提供产业支持和经济保障，生产要素的重新配置是产业发展的重要基础，产业发展是城镇化的首要基础。产业集聚为城镇化要素集聚奠定了基础。城镇化的根本在于产业、要素、人口在空间层面的高度集聚，其中产业的集聚是人口与要素集聚的前提和基础，[①] 也是促进城镇化发展的重要推动力。产

_____

① 司建楠. 培育产业根基　因地制宜推进连片特困区城镇化［N］. 中国工业报，2015-04-28（A02）.

业集聚带动了资本和技术等生产要素的集聚，进一步推动相关产业和行业的发展，使劳动力向第二、第三产业转移，增强城镇的吸引力和承载能力。通过产业集聚，成熟产业进入城镇，农民获得更加稳定的就业机会，通过培训成为产业工人，农民素质提升、收入稳定、实现安居乐业，进而推进城镇化健康、可持续发展。

产业的集聚发展实现了人口的生产模式和收益基础的变化，产业发展更好地为农业转移人口市民化后、异地安置的人口离开农村向城镇集聚后，按照城镇方式生活提供了基础和重要支撑，因而产业的集聚效应被视为城镇化的重要推动力。城镇化过程中城镇以人力资本为代表，创新了要素空间的集聚状态，其作用机理是通过提高集聚的外部经济性，进而推动产业结构升级，加快区域的经济发展，形成规模经济，降低交易成本，吸引企业和人才的集聚，增强信息交流能力，加快产业结构创新，在要素集聚和分散自由流动的城镇中形成较为合理的产业分工体系，发挥要素的空间溢出效应，促进产业之间的双向互动，逐步优化实现不同层级城市的产业协同发展的分工格局，促进产业集聚和发展。

产业集聚和城镇化发展具有紧密的依存关系，产业集聚引导资源集聚，有效加快城镇化进程，同时城镇化进程有利于基础设施的改善，为产业集聚提供了条件，产业规模逐渐扩大增强了城镇的辐射作用，产业集群扩张有利于更好地整合资源、降低成本，推动产业集聚与城镇化良性互动。

二　产业集聚的内在机理

区域间产业集聚发展主要通过要素在空间的流动实现，根据需求关联的循环积累因果效应和成本关联的循环积累因果效应可知，人口的空间转移会导致消费支出和生产活动的空间转移，最终通过生产活动和价值指数刺激人口转移。两种循环积累因果效应下优质要素主动向城镇集聚，提高了城镇要素的外部经济性和创新性，从而促进产业的发展。当要素不能在区域间自由流动时，一般通过区域间生产活动的投入产出联系（地方溢出效应）来实现服务业集聚。

从城市发展的生命周期来看，集聚是城市群发展初期空间联系的主导形式，随着中心城市的发展和规模的扩大，对周边区域的辐射带动作用和扩散效应日益显著，在集聚和扩散效应双重作用下，城市群逐步形成等级化和网络化的空间形态。通过发展各自的区位优势，吸引产业链上不同生产环节的企业集聚，形成中心城市产业的升级和圈层内部的产业合理分工，[①] 最终实现产业自身转型升级和结构优化调整。

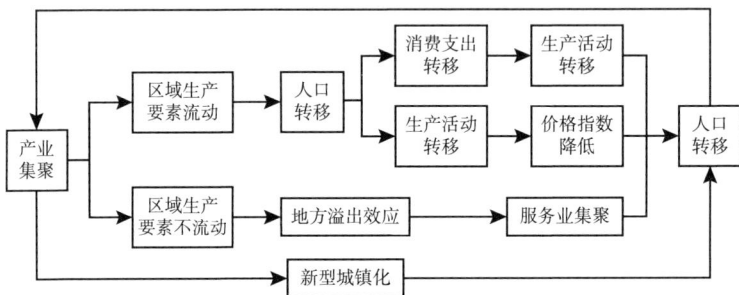

图 4 - 6　新型城镇化促进产业集聚的作用机理

资料来源：根据相关文献自制。

三　产业集聚促进产业结构升级[②]

2018 年贵州省第一、第二、第三产业增加值占地区生产总值的比重分别为 14.6%、38.9%、46.5%，同比降低 0.4 个、1.2 个百分点和增长 1.6 个百分点；三次产业结构持续优化，三次产业进一步协调发展。2018 年规模以上工业企业利润总额为 899.08 亿元，比上年增长 20.7%，规模以上工业增加值比上年增长 9.0%，国有控股企业增加值增长 13.2%，股份制企业增加值增长 9.5%，外商及港澳台商投资企业增加值增长 2.0%，私营企业增加值增

---

① 司建楠. 培育产业根基　因地制宜推进连片特困区城镇化［N］. 中国工业报，2015 - 04 - 28（A02）.

② 2018 年贵州规模以下工业发展态势良好［EB/OL］. http://qiye. gog. cn/system/2019/02/19/017117317. shtml.

长 6.7%。其中，贵州省煤、电、烟、酒等四大传统行业增加值占规模以上工业增加值的比重为 41.9%，三次产业从链条上实现了上下延伸，内外联动。

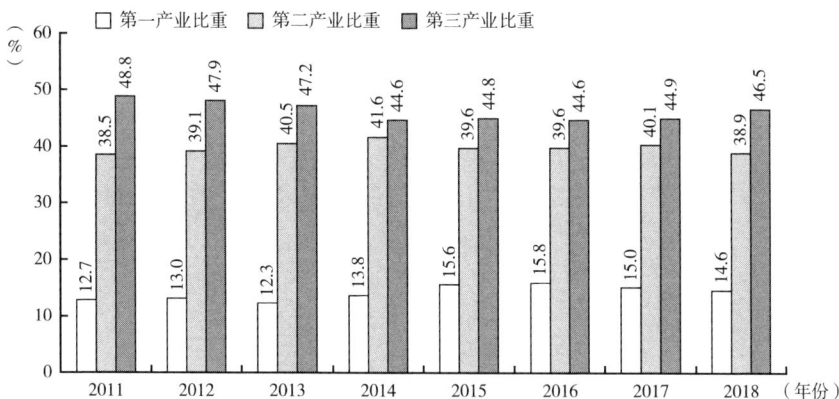

图 4 - 7　2011～2018 年贵州省三次产业比重

资料来源：根据贵州省统计年鉴整理。

2018 年贵州大力支持和推动中小企业发展，着力为民营企业发展营造良好营商环境，规模以下工业呈现增速稳步加快、效益明显改善、就业持续拉升的良好态势。2018 年全省规模以下工业累计增加值同比增速较上年同期稳步加快，各季度同比增速分别为 7.4%、8.3%、8.7% 和 9.1%，增速分别较 2017 年同期加快 4.6 个、5.7 个、5.4 个和 5.6 个百分点。2018 年末，全省规模以下工业抽样企业 2554 家，其中新增企业 537 家，较上年多增 159 家，增长 42.1%，新增企业数量明显增加，为全省工业注入新活力，成为拉动规模以下工业生产加快的主要力量。2018 年全省规模以下工业抽样企业主营业务收入为 251.98 亿元，其中新增企业主营业务收入为 65.00 亿元，占比 25.8%。

2018 年，全省规模以下工业经济效益得到明显改善，企业运行稳定，发展逐渐向好。主要体现在如下方面。一是收入增速加快，主营业务收入比上年增长 20.8%，增速较上年加快 22.7 个百分点。二是利润大幅增加，利润总额为 33.30 亿元，较上年增长 19.8%，增速提高了 44.7 个百分点。三是劳动生产率显著提高，平均劳动生产率为 13.85 万元/人，较上年提高 0.45 万元/人。四是资产规模壮大，2018 年末，资产总计为 821.69 亿元，比上年末增长 20.0%。

四 产业集聚发展促进扶贫开发

新型城镇化战略的实施加快了产业集聚发展，表现在加快培育新兴产业，做大做强传统产业，培育贫困地区新的经济增长极，推动贫困地区产业结构升级，为区域性脱贫带来新动力。城镇化的本质是人口、资源不断聚集的过程，伴随贫困地区新型城镇化的推进，贫困地区人口、资源不断向城镇集聚，加快产业集聚区建设，有利于合理规划建设新动能产业园，构建起布局结构优化、支撑带动能力强的产业集群，立足优质特色资源，建立传统特色产品开发、培育、利用和保护体系，就地解决群众就业问题。与农村相比，城镇在人力资源、资本技术、交通运输、信息交流、居住环境等诸多方面具有比较优势，有利于吸引大量的生产要素不断聚集，使城镇市场规模不断扩大，推动产业结构不断升级，进而促进产业发展。[①]

产业发展过程中解决了贫困地区居民就业问题，激发了贫困群众的内生动力，凝聚起打赢脱贫攻坚战的强大力量，将良好的生态、厚重的文化、美丽的风景打造成以乡村旅游为主的绿色化产业体系，为脱贫攻坚提供坚实依托。同时农村产业发展需要积极探索创新利益分配机制，这有利于化解矛盾、提高群众的生产积极性；建立村级扶贫互助合作社，鼓励群众通过转让、出租、入股等方式参与合作社发展，[②] 多措并举促进贫困地区群众增收，形成产业聚集规模化、产业扶贫常态化、脱贫攻坚精准化发展，有力推进产业扶贫工作开展，使贫困地区居民能够有稳定的经济收入，实现贫困地区脱贫致富。

---

① 凌经球. 推进滇桂黔石漠化片区扶贫开发的路径研究——基于新型城镇化的视角 ［J］. 广西民族研究. 2015（2）：143－151.
② 把握产业扶贫的五个着力点 ［EB/OL］. http：//www.qstbeory.cn/zhuangu/bkjx/2018－12/31/c_1123930898.htm.

第四节　新型城镇化加快人口集聚

一　人口集聚是城镇化的核心

新型城镇化的"新"体现在以人为本的核心内容上，从根本上讲，新型城镇化是保护人民利益、实现城乡经济社会更加协调发展的过程，也是城乡各方面利益关系大调整的过程。人是社会经济和社会活动的主体，人口集聚是新型城镇化的重要基础，农业转移人口的规模化集聚是推动区域城镇化建设的根本，如何实现已进城农民平稳有序的市民化，如何统筹城乡发展对人口和劳动力的需求，涉及人口户籍、就业、住房、医疗、养老、教育等多方面，突破传统城镇化中城市数量和人口数量逐渐增加、城市空间不断扩张的模式，重点是做好农业转移人口市民化后生产生活方式的转型及农民转为市民的群体角色的转变。有序推进农业转移人口市民化，表现在城市与小城镇的空间结构的优化布局和协调发展，实现人口要素的空间集聚，促进人口集聚度和城市承载力相统一、产业集聚和城市发展相融合、城镇发展和乡村发展相协调。

二　人口集聚的内在机理

人口流动是经济社会发展的必然结果，人口迁移定义为人口在两个地区之间的地理位置流动或者空间流动。在时间和空间两个物理属性方面，受城镇某些经济、社会利益的驱动、城镇集聚效益和综合竞争力的共同作用，人口集聚是城镇"推力－拉力"理论和中间障碍综合作用的结果。

农业转移人口市民化的最终目的是实现人口向城镇集聚，人口集聚带来劳动力供给增加，扩大城镇内需能力和潜力，充实了新型城镇化发展进程的人力资本，为产业集聚发展提供了重要的人力基础，有助于生产要素向城市集聚，扩展城市地理空间，优化要素配置，促进城乡互动、融合发展。

城镇化建设过程提供了大量的就业机会，受城乡二元结构的影响，城镇和农村收入差异大，收入效应促进人力资本的转移，城市人口增多，经济收入增加，刺激消费需求，拉动地区经济发展，吸引优质劳动力和人才，加快城镇化进程。此外，城镇公共服务和社会保障体系健全，保障了城镇居民的权益，提升了人口素质，提高了居民的认同感，根据需求理论可知，城镇化建设促进人口集聚规模扩大，强化人口和城镇化建设的深度融合，促进社会进步。

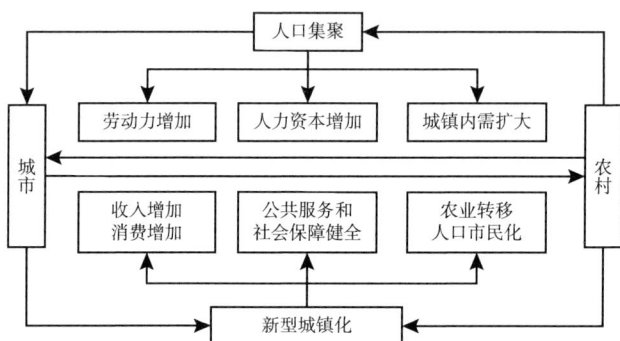

图4-8　新型城镇化促进人口集聚的作用机理

资料来源：根据相关文献自制。

三　城镇化发展推动人口集聚

随着城镇化战略实施和工作机制完善，城镇化迈入高质量发展阶段，城镇产业支撑能力不断增强，城镇人口吸引能力逐步增强。2018年贵州省常住人口为3600万人，比2017年增加20万人，比2011年增加131万人（见图4-9）。同"十一五"时期相比，常住人口明显增加，保持比较平缓的增长速度，反映了城镇的人口集聚效应逐渐增强。

常住人口城镇化率快速提升，2018年常住人口城镇化率为47.52%，比上年末提升1.5个百分点，比2011年提高了12.52个百分点，2011～2018年常住人口城镇化率年均提高1.79个百分点（见图4-10），增速位于全国前列，贵州省常住人口城镇化率与全国平均水平的差距进一步缩小（见图4-11）。

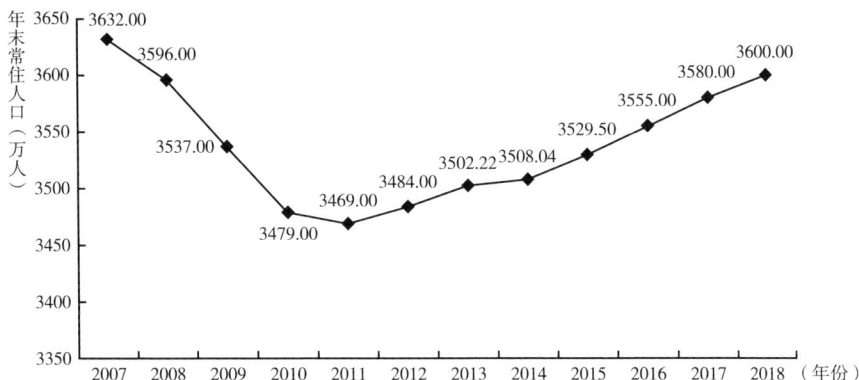

图 4 – 9 2007～2018 年贵州省年末常住人口变化情况

资料来源：根据 2008～2019 年贵州省统计年鉴整理。

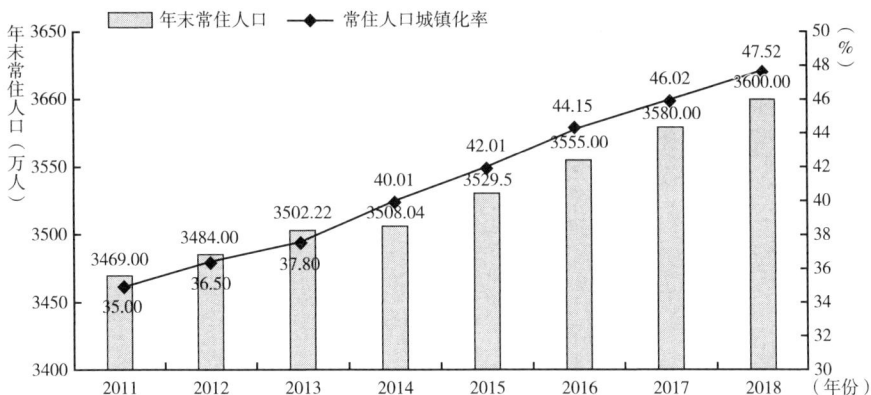

图 4 – 10 2011～2018 年贵州省年末常住人口及城镇化率情况

资料来源：根据 2011～2018 年贵州省国民经济和社会发展统计公报整理。

常住人口城镇化率增幅位于西部前列。自 2011 年以来，国家加大对西部地区发展建设支持力度，西部各省（区、市）城镇化水平稳步提升。2018 年贵州省常住人口城镇化率（47.52%）在西部地区排名第 11，与西部省（区、市）最大差距由 2011 年 21.66 个百分点下降到 2018 年 17.98 个百分点，与西藏的差距由 2011 年 12.25 个百分点扩大到 2018 年 16.38 个百分点，进一步缩小了与西部快速城镇化省（区、市）的差距（见表 4 – 16）。

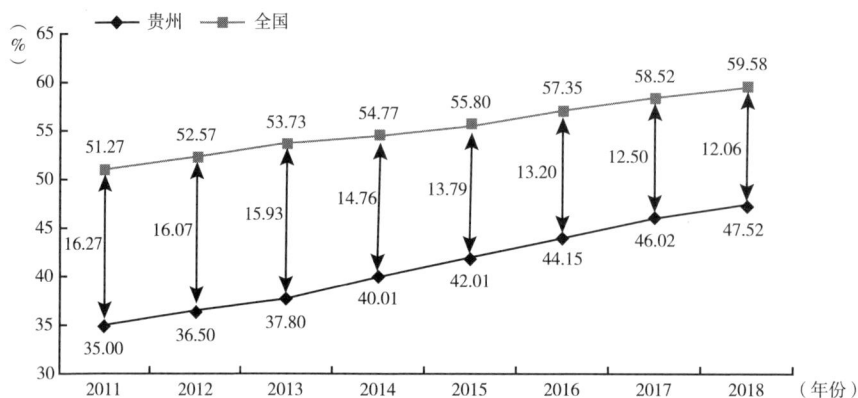

图 4-11　2011～2018 年贵州省常住人口城镇化率与全国差距比较

资料来源：根据 2012～2019 年中国统计年鉴和贵州省统计年鉴整理。

表 4-16　2011～2018 年西部省（区、市）常住人口城镇化率

单位：%

省（区、市）	2011 年	2012 年	2013 年	2014 年	2015 年	2016 年	2017 年	2018 年
重庆	55.02	56.98	58.34	59.60	60.94	62.6	64.08	65.5
内蒙古	56.62	57.74	58.71	59.51	60.30	61.2	62.00	62.7
宁夏	49.82	50.67	52.01	53.61	55.20	56.2	57.98	58.88
陕西	47.30	50.02	51.31	52.57	53.90	55.34	56.79	58.13
青海	46.22	47.44	48.51	49.78	50.30	51.63	53.07	54.47
新疆	43.54	43.98	44.47	46.07	47.80	48.35	49.38	50.91
四川	41.83	43.53	44.90	46.30	47.70	49.21	50.79	52.29
广西	41.80	43.53	44.81	46.01	47.06	48.08	49.21	50.22
云南	36.80	39.31	40.48	41.73	43.30	44.1	46.69	47.81
甘肃	37.15	38.75	40.13	41.68	43.19	44.69	46.39	47.69
贵州	34.96	36.41	37.83	40.01	42.01	44.15	46.02	47.52
西藏	22.71	22.75	23.71	25.75	27.74	29.56	30.9	31.14

资料来源：根据各省（区、市）国民经济和社会发展统计公报整理。

四　人口集聚促进扶贫开发

新型城镇化进程巩固了城镇的人口集聚功能，加快了贫困地区人口转

移，推进区域基础设施、基本公共服务、产业发展等多领域全方位发展，提高了城镇的辐射力，促进贫困地区的全面发展。新型城镇化的内涵决定了以人为本的城镇化，就必须把落脚点放在"人"上。习近平总书记指出："户籍人口城镇化率直接反映城镇化的健康程度。"党的十八届五中全会明确指出，"要推进以人为核心的新型城镇化"，党的十九大报告指出，"推动新型工业化、信息化、城镇化、农业现代化同步发展"，"以城市群为主体构建大中小城市和小城镇协调发展的城镇格局，加快农业转移人口市民化"，"十三五"时期城镇化高质量发展重点在加快提高"户籍人口城镇化率"。

城镇化是一个复杂的系统工程，内涵丰富，涵盖面广，且在相当长时间内仍然是我国经济社会发展的一项重要任务，其本质是由人口集聚而引发的财富集聚、技术集聚、服务集聚的过程。随着城镇化的推进，社会经济发展导致经济结构的变动，与之相适应的是农村人口逐渐降低，城镇人口稳步提升。加快贫困地区新型城镇化进程，有序地将部分贫困人口适度向县城、中心镇集聚，实现贫困人口的就地转移，可以最大限度地减小特困地区生态压力，促进贫困地区的可持续发展。①

第五节　新型城镇化促进城乡融合发展

一　城乡融合发展是城镇化发展的最终目标

城乡融合发展是城镇化发展的最终目标。城乡融合发展是破解城市内部二元结构难题、扩大城市内需、带动就业增长的有力抓手；是逐渐缩小城乡间发展差距，实现城乡协调发展、经济社会发展的必然趋势；是促使城镇化健康、有序发展的重要理论依据。

---

① 凌经球. 推进滇桂黔石漠化片区扶贫开发的路径研究——基于新型城镇化的视角 [J]. 广西民族研究. 2015（2）：143–151.

二　城乡融合发展的内在机理

城乡融合发展以城乡经济和社会互促共进的发展为目标，形成你中有我、我中有你的交融式发展，统筹城乡物质文明、政治文明、精神文明和生态环境建设；统筹城市和农村经济社会发展，优化资源配置，实现共同繁荣；统筹城乡优势资源，协调推进经济发展和社会进步，实现优势互补、互相促进、合理流动和合理配置，实现城乡协调发展、发展成果由城乡居民共享（见图4－12）。

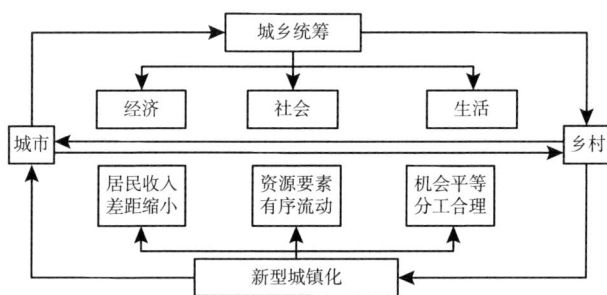

图4－12　新型城镇化促进城乡融合发展的作用机理

资料来源：作者自制。

三　城乡融合发展成效及现状

自2011年以来，城乡一体化进程加快推进，城乡经济社会发展取得明显成效。贵州省经济保持良好的发展态势，城乡居民可支配收入逐年稳步提升，2018年城镇居民和农村居民人均可支配收入分别达到31592元和9716元，比2017年分别增长8.6%和9.6%（见图4－13）。城乡居民收入差距逐渐缩小。2018年城乡居民人均可支配收入比为3.25，城乡收入比进一步减小，城乡统筹发展水平进一步提高。自十九大报告提出乡村振兴战略及城乡融合发展以来，城乡融合发展体制机制和政策体系的"三步走"路线图逐渐完善，乡村振兴和城乡融合成为促进农业农村现代化和城镇化协同推进、落实"两个一百年"奋斗目标战略部署的重要举措。

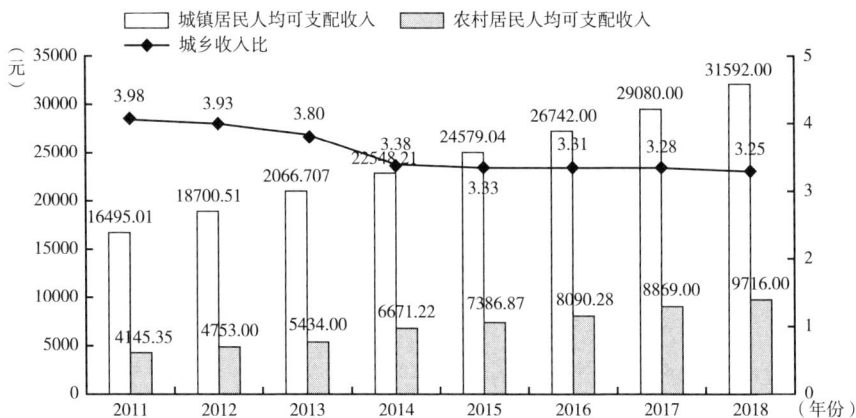

图 4 – 13　2011 ~ 2018 年贵州省城乡居民人均可支配收入情况

资料来源：2011 ~ 2018 年贵州省国民经济和社会发展统计公报。

城乡常住居民人均消费支出稳步增长。2018 年，贵州省城镇、农村常住居民人均消费支出分别达到 20788 元、9170 元，比上年分别增长 2.2%、10.5%。2018 年，城镇常住居民人均消费支出比 2011 年增加 9435 元，平均每年增长 1347.9 元；农村常住居民人均消费支出比 2011 年增加 5714 元，平均每年增长 816.3 元，城乡常住居民人均消费支出稳步增长。

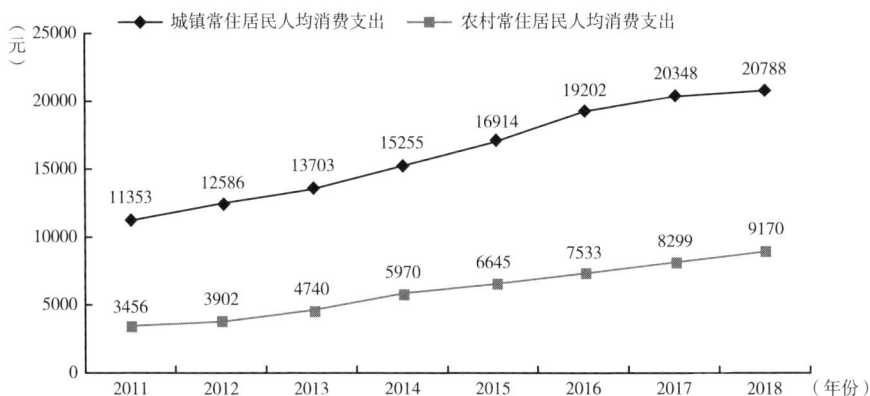

图 4 – 14　2011 ~ 2018 年贵州省城乡居民人均消费支出

资料来源：2011 ~ 2018 年贵州省国民经济和社会发展统计公报。

四 城乡融合发展促进扶贫开发

新型城镇化重点解决农业转移人口市民化问题，推进城乡融合发展，促进改革，打通城乡之间要素的流通，促进城乡共同发展，提高贫困地区公共服务水平。我国的新型城镇化的基本特征，表现在内容上是包含政治、经济、文化、社会、生态"五位一体"的城镇化，表现在发展要素、人口、公共设施、社会保障等方面是其空间布局形态城乡一体化。[1] 新型城镇化要求在坚持"城市支持农村，工业反哺农业"的理念下，健全城乡发展一体化体制机制，推进城乡要素平等交换、合理配置和基本公共服务均等化。[2] 通过城乡统筹发展，引导资金、人才、技术向农村流动，带动农村产业发展，进而缩小城乡收入、生活水平和基本公共服务等方面的差距，加快促进城乡一体化发展。新型城镇化城乡一体化发展功能的发挥，将极大改善贫困地区基本公共服务水平低、社会发展滞后等状况，使改革发展的成果惠及贫困地区群众。[3]

第六节 新型城镇化与大扶贫战略行动的实证分析

一 产业结构调整与减贫成效

在宏观层面，产业结构调整与经济增长有着密不可分的关系，三次产业结构的合理优化及调整有利于促进经济增长。在中观层面，产业结构中包括种植业、林业、畜牧业和渔业在内的农业构成第一产业，其从业人员绝大多数为农村人口；第二产业是指采矿业，制造业，电力、燃气及水的生产和供

---

① 新时期推进新型城镇化的思考［EB/OL］. http：//www. jinchutou. com/p‐30519632. html.

② 《城乡一体 均衡发展——教育部有关负责人就统筹推进县城内城乡义务教育一体化改革发展答记者问》［EB/OL］. 教育部. 2016‐07‐12.

③ 凌经球. 推进滇桂黔石漠化片区扶贫开发的路径研究——基于新型城镇化的视角［J］. 广西民族研究. 2015（2）：143‐151.

应业以及建筑业,[①] 第二产业的从业人员中有很大一部分农村人口;随着近年来乡村旅游等农村服务业的迅猛发展,第三产业中的农村从业人员也逐步增多。综合三次产业从业人员结构来看,三次产业结构的调整与扶贫减贫工作有密不可分的关系,为更加明晰二者之间的联系,进而对产业结构与贫困变化情况进行分析(见表4-17)。

表4-17   2011～2018年贵州产业结构与减贫成效数据关系

指标名称	2011年	2012年	2013年	2014年	2015年	2016年	2017年	2018年
三次产业结构	12.7: 40.9: 46.4	13.1: 39.0: 47.9	12.9: 40.5: 46.6	13.8: 41.6: 44.6	15.6: 39.5: 44.9	15.8: 39.6: 44.6	15.0: 40.1: 44.9	14.6: 38.9: 46.5
贫困县数量(个)	66	66	66	66	66	65	51	32
贫困乡数量(个)	868	740	568	409	190	130	40	13
贫困村数量(个)	13973	13973	13973	9000	9000	7500	5200	2500
农村贫困人口数(万人)	1149	923	745	623	493	372	280	155
贫困发生率(%)	33.4	26.8	21.3	18.0	14.0	10.6	7.75	4.29
贫困发生率比上年下降(百分点)	-21	6.6	5.5	3.3	4	3.4	2.85	3.46

资料来源:2012～2019年贵州省统计年鉴。

通过三次产业对GDP增长的拉动结构构成、结构变化与贫困发生率变化情况对比分析如图4-15所示。

2011年贫困发生率骤增21个百分点的主要原因是2011年贫困标准相对于2010年大幅度提升(提升了80%),因此在对比三次产业对GDP增长拉动的变化结构与贫困发生率变化趋势时,暂不考虑2011年,仅分析2013～2018年。从数据可知,贫困发生率比上年下降百分点与第二、第三产业对

---

① https://iask.sina.com.cn/b/4146139.html.

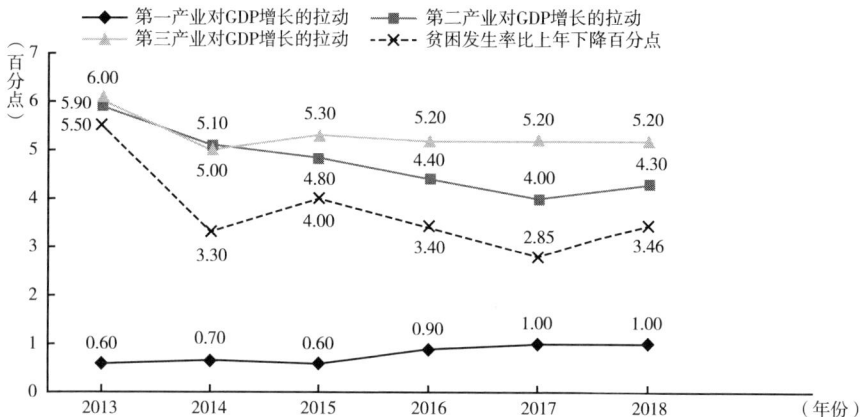

图 4 - 15　2013 ~ 2018 年贵州三次产业对 GDP 增长拉动结构与减贫成效对比

资料来源：根据 2014 ~ 2019 年贵州省统计年鉴整理。

GDP 增长的拉动百分点的数据变化趋势最为相似，总体来看，三次产业对 GDP 拉动的变化趋势总和与贫困发生率同比降低幅度之间具有较强的关联性。

根据相关研究统计分析，第一产业所占比例随人均收入提高而呈 "L" 形下降，尤其是在人均可支配收入低于 5000 美元时，第一产业所占比例与人均收入关系更加密切。由图 4 - 15 可知贵州省第一产业对 GDP 增长的拉动比例变化显然与 "L" 形不相符，这需要根据贵州山地省情及近年产业发展战略来具体分析。贵州位于中国西南部高原山地，境内地势西高东低，自中部向北、东、南三面倾斜，[①] 平均海拔在 1100 米左右，是全国唯一没有平原支撑的省份，气候不稳定，灾害性天气种类较多，干旱、凝冻、冰雹等自然灾害发生频率高，不利于农业生产。贵州省特殊的地理、自然、气候条件限制了农业的发展，而第一产业的积累和沉淀弱对延伸农村第二产业、融合第三产业的可能性降低，使第二、第三产业发展基础薄弱，发展动力受制

---

① 实力比黔南州还强，却沦为五线城市，被称为贵州最 "可悲" 的城市 [EB/OL]. https：//baijiahao. baidu. com/si id = 1609649016273522697.

约，这也成为贵州农村贫困人口规模大、贫困发生率高、致贫因素复杂的最根本、最直接原因。

"十二五"以来尤其是近年来贵州省把现代山地特色高效农业作为全省农业发展的基本方向和根本路径，重点培育具有龙头带动能力的新型农业经营主体，打造具有贵州地域特点的"四在农家·美丽乡村"，[①]在贵州开展了一场振兴农村经济的产业革命，带来了绿色发展动力，树立了脱贫攻坚的"贵州样板"。全省第一产业实现较快发展（增速超过第二、第三产业），全省出现了第一产业占比不降反升的现象，同时农业从业人员收入增加，贫困人口减少及贫困发生率降低。加上贵州省深入实施工业强省战略，加快构建优势突出、特色鲜明的贵州产业体系，使第二产业一直保持在较快的发展水平，占比较为稳定。就第三产业来说，贵州省多年来广泛培育、加速升级服务业，第三产业也得到长足发展，近年来全省第三产业总值和增速也不断提高。

综上所述，贵州省产业结构调整对减贫成效突出，应立足资源优势、生态优势和后发优势，将资源转化为经济，将绿色转化为动力，打造从生产到加工、包装、储运、销售、服务的农业扶贫产业链条。充分发挥"公园省"的全域旅游资源优势，培育一批生态游、乡村游、观光游、休闲游、农业体验游、保健养生游等业态产品，大力发展农村服务业。[②]推进农业大户、农业公司、农民专业合作社等新型经营主体建设，多措并举为产业扶贫发展创造条件、筑牢基础，[③]将农业生产链做深做长。

二 人口城镇化与减贫成效

城镇化作为推进我国经济社会发展的重要战略之一，具有扩大内需的巨

① 孙志刚在贵州十三五规划建议的说明中重点说明的六个问题 [EB/OL]. http://lx.gongxuanwang.com/kdjj/lxsskd/7738.html.
② 深入贯彻落实习近平总书记的重要讲话精神 坚决打赢科学治贫精准扶贫有效脱贫攻坚战 [N]. 贵州日报, 2015-10-28.
③ 深入贯彻落实习近平总书记的重要讲话精神 坚决打赢科学治贫精准扶贫有效脱贫攻坚战 [N]. 贵州日报, 2015-10-28.

大潜力,是经济持续健康发展的强大引擎。城镇化伴随着农业转移人口市民化,农村人口从乡村进入城市并实现生产和生活方式的历史转变,因此城镇化战略也是解决"三农"问题的重要途径。相关理论研究和实证研究显示,城镇化在贫困的广度和深度上对我国农民贫困减缓具有显著的促进作用,在贫困强度上产生了强化的效果,城镇化对农村减贫的作用也存在显著的地区差异。[①] 伴随着城镇化进程的加快,农村减贫扶贫成效明显,农村贫困人口数减少,贫困发生率下降,贵州小城镇作为供给侧结构性改革的重要平台,在贫困地区推进城镇建设过程中为转移就业脱贫和易地搬迁脱贫提供载体,从而带动区域农村贫困人口脱贫。[②]

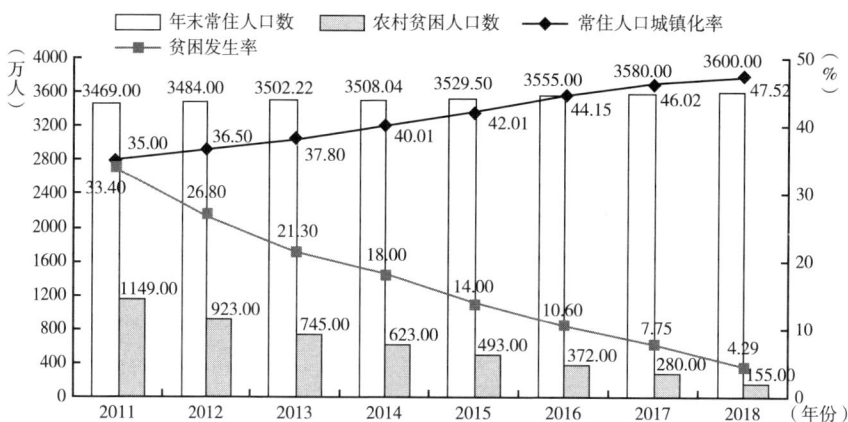

图 4 - 16　2011~2018 年贵州省常住人口城镇化与扶贫减贫数据对比

资料来源:根据 2012~2019 年贵州省统计年鉴整理。

农业转移人口市民化能够实现人口向城镇集聚,人口集聚将为城镇新增劳动力,扩大城镇内需和潜力,充实城镇化发展进程中的人力资源。城镇化建设将会带来大量的就业岗位,这部分就业岗位会促使农业转移人口就近就

---

① 刘培. 我国城镇化的农村减贫效应研究 [D]. 武汉:华中科技大学. 2017.
② 刘培. 我国城镇化的农村减贫效应研究 [D]. 武汉:华中科技大学. 2017.

业，使得这一部分农业转移人口实现就业转移进城。显然，人口城镇化会解决一批农村人口的贫困问题，加快新型城镇化健康持续、高质量发展进程，缩小常住人口城镇化率与户籍人口城镇化率之间的差距，进而促进农村贫困人口的减少和贫困发生率的降低。

由图4-17数据变化趋势可知，贵州省城镇化健康程度逐渐提升，常住人口城镇化率与户籍人口城镇化率的差距由2011年18.79个百分点缩小到2018年8.32个百分点，贫困人口减少了994万人，贫困发生率降低了29.11个百分点。

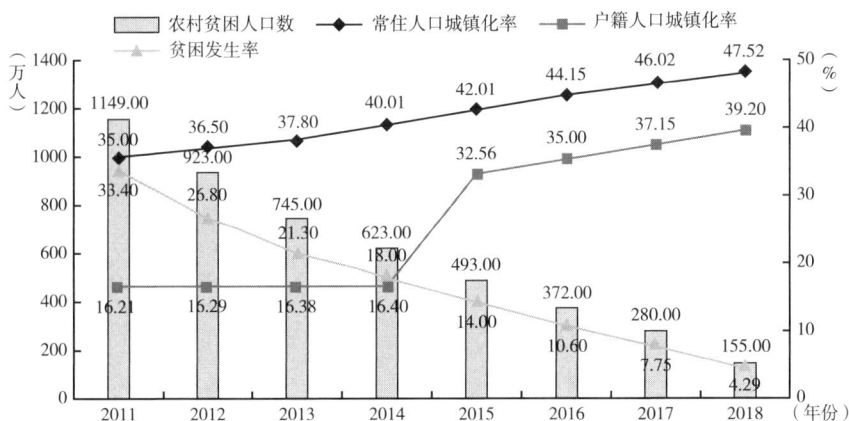

图4-17 2011~2018年贵州省人口城镇化与扶贫减贫数据对比

资料来源：2012~2019年贵州省统计年鉴。

2011年贵州户籍人口数与常住人口数差距为769.44万人，到2017年户籍人口数与常住人口数差距为894.94万人，两个数据的差距反映了贵州人口净流出现象明显。与此同时，农村贫困发生率从2011年到2018年下降了29.11个百分点，常住人口城镇化率与贫困发生率呈明显的负相关关系，常住城镇人口数从2011年到2018年增加131万人，农村贫困人口减少994万人，体现了农业转移人口有序城镇化对减少贫困人口有明显的正向推动作用。

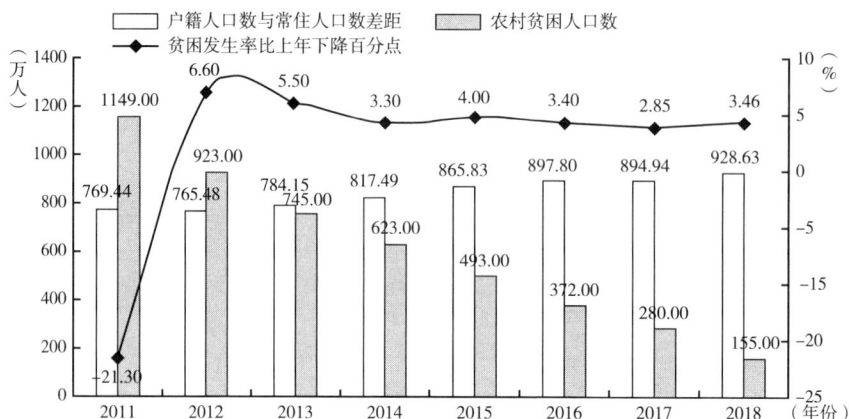

图 4 - 18　2011 ~ 2018 年贵州省户籍人口数与常住人口数差距、
农村贫困人口及减贫成效

资料来源：2012 ~ 2019 年贵州省统计年鉴。

三　经济发展与减贫成效

贵州省 GDP 从 2011 年的 5701.84 亿元增加至 2018 年的 14806.45 亿元，人均 GDP 从 2011 年的 16413 元增加至 2018 年的 41244 元。经济发展与贫困相关指标对比如图 4 - 19 所示。

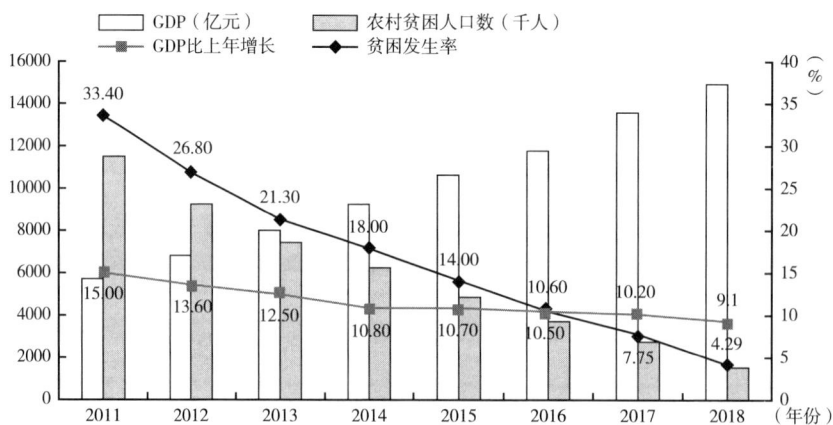

图 4 - 19　2011 ~ 2018 年贵州省经济发展与减贫成效相关指标对比

资料来源：2012 ~ 2019 年贵州省统计年鉴。

由图 4 - 19 可知农村贫困人口数逐年减少，贫困发生率逐渐下降，且两者降低趋势基本保持一致。贵州省地区生产总值逐年平稳增加，GDP 比上年增长速度表现为平缓下降，且在 2016 年贫困发生率和 GDP 比上年增长幅度相交，贫困发生率和地区生产总值呈典型的负相关关系，GDP 增长幅度也影响贫困人口减少规模和贫困发生率，说明经济发展能够加速农村贫困人口数减少、贫困发生率降低。

四 农村发展与减贫成效

自"十二五"以来，贵州省农村居民家庭人均生活消费支出、人均可支配收入分别从 2011 年的 3456 元增加至 2018 年的 9170 元、2011 年的 4145 元增加至 2018 年的 9716 元，农村居民人均可支配收入增速连续 8 年均不低于 9.5%，且增速均高于全省 GDP 增速。农村居民人均年末使用房屋面积从 2011 年的 29.63 平方米增加至 2018 年的 34.99 平方米，比 2011 年增加了 18.1%，农村居民家庭恩格尔系数从 2011 年的 44.7% 调整至 2018 年的 36.9%。全省农村发展与减贫成效相关指标对比如图 4 - 20 所示。

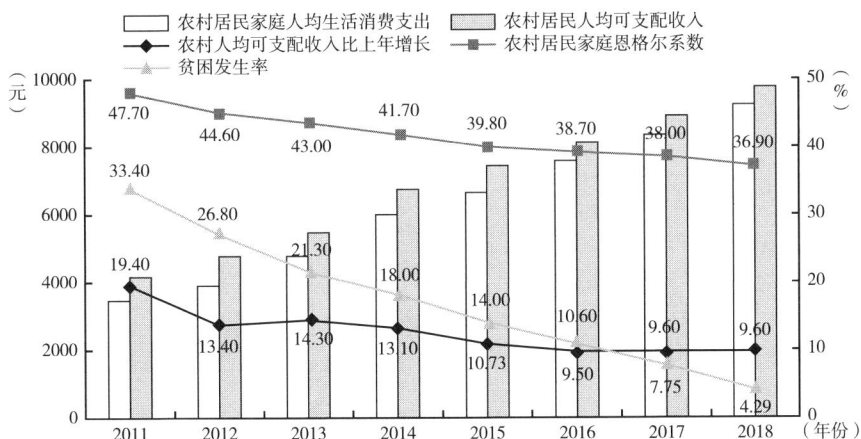

图 4 - 20　2011～2018 年贵州省农村发展与减贫成效相关指标对比

资料来源：2012～2019 年贵州省统计年鉴。

由图 4-20 可知，农村居民家庭人均生活消费支出与农村居民人均可支配收入呈正向关联，但二者均与贫困发生率呈负向关联；农村居民家庭恩格尔系数与农村居民家庭人均生活消费支出、农村居民人均可支配收入呈反比，与贫困发生率呈正比（在图中表现为趋同的下降态势）。因此，在决胜脱贫攻坚关键时期，贵州要深入推进生态移民扶贫与农村危房改造、老旧小区改造、城镇保障性住房等结合起来，加大农村人居环境改善和更新的建设力度，进而加快农村的经济社会发展，[①] 加快减少贵州省贫困人口规模，降低贫困发生率。

五 交通基础设施建设与减贫成效

贵州省年末公路总里程从 2011 年的 15.78 万公里增加至 2018 年的 19.69 万公里；年末高速公路总里程从 2011 年的 2022 公里增加至 2018 年的 6453 公里；年末铁路营运里程从 2011 年的 2070 公里增加至 2018 年的 3560 公里，其中高铁营运里程 1127 公里，增长 31%；年末内河航道里程从 2011 年的 3563 公里增加至 2018 年的 3745 公里。贵州省交通基础设施与减贫成效相关指标对比如图 4-21 所示。

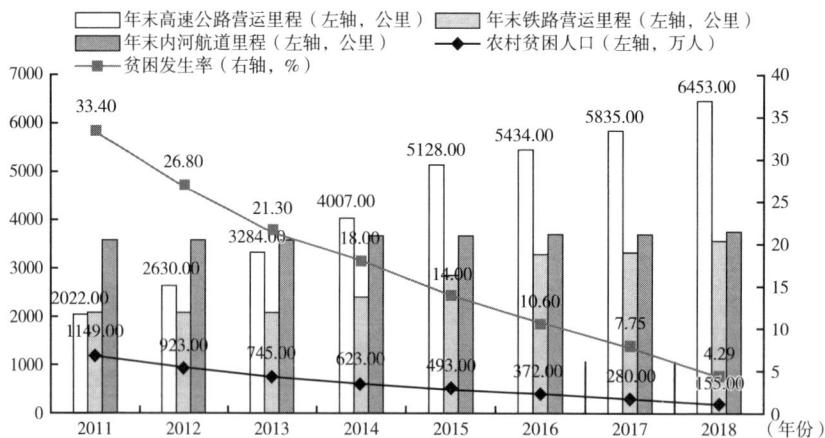

图 4-21 2011~2018 年贵州省交通基础设施建设与减贫成效相关指标对比

资料来源：2012~2019 年贵州省统计年鉴。

---

① 刘培. 我国城镇化的农村减贫效应研究 [D]. 武汉：华中科技大学. 2017.

据图 4 - 21 可知，贵州省交通基础设施建设（包含高速公路营运里程、铁路营运里程、内河航道里程）规模与农村贫困人口数量、贫困发生率呈显著的负向变化关系。从 2011 年至 2018 年，高速公路营运里程、铁路营运里程、高速公路总里程均呈快速增长趋势，内河航道里程变化幅度较小，主要因为贵州是西南典型的高原山区内陆省份，航运发展受限是贵州经济外向性弱的瓶颈，也是导致贵州贫困程度深和脱贫任务重的重要因素。此外，近年来，农村贫困人口规模、贫困发生率快速下降，得益于贵州交通基础设施建设对贫困地区经济社会发展的重要推动作用，极大地改善了贫困地区经济和产业的开放程度，因此需大力加强交通基础设施建设，抓好县乡村寨公路改造提升，打通贫困地区交通运输"最后一公里"。

六 教育发展与减贫成效

贵州省小学学龄儿童入学率从 2011 年的 98.6% 增加至 2018 年的 99.7%，初中阶段毛入学率从 2011 年的 94.2% 增加至 2018 年的 109.75%，九年义务教育巩固率为 91%，高中阶段毛入学率从 2011 年的 58.9% 增加至 2018 年的 88.0%，高等教育毛入学率从 2011 年的 23.2% 增加至 2018 年的 36.0%。贵州省教育发展与贫困相关指标对比如图 4 - 22 所示。

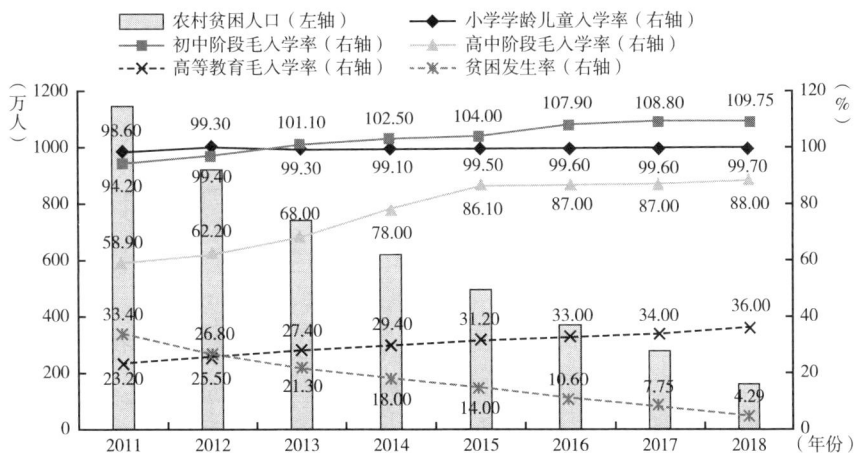

图 4 - 22 2011 ~ 2018 年贵州省各级教育发展与减贫成效相关指标对比

资料来源：贵州省统计年鉴、贵州省国民经济和社会发展统计公报。

据图 4 - 22 可知，小学学龄儿童入学率、初中阶段毛入学率、高中阶段毛入学率、高等教育毛入学率这四个教育发展重要指标显示各级教育发展与减贫成效之间具有重要的关联关系，四个指标均与农村贫困人口数呈负相关，而高中阶段毛入学率的增长与农村贫困人口数的减少相关性最强，由此不难发现教育发展对扶贫工作的促进作用。

七　医疗卫生事业建设与减贫成效

贵州省参加新农合人数从 2011 年的 3074.80 万人变化至 2017 年的 3067.58 万人，呈现先增加后减少的态势，参合率提升到 99.5%，补偿受益人次 6402.86 万人次；平均每千乡村人口乡镇卫生院床位数从 2011 年的 0.83 张增加至 2017 年的 2.33 张，平均每千乡村人口乡镇卫生院人员数从 2011 年的 0.65 人增加至 2017 年的 2.33 人，平均每千乡村人口乡村医生和卫生员数从 2011 年的 0.97 人增加至 2017 年的 1.82 人。贵州省医疗卫生事业建设与减贫成效相关指标对比如图 4 - 23 所示。

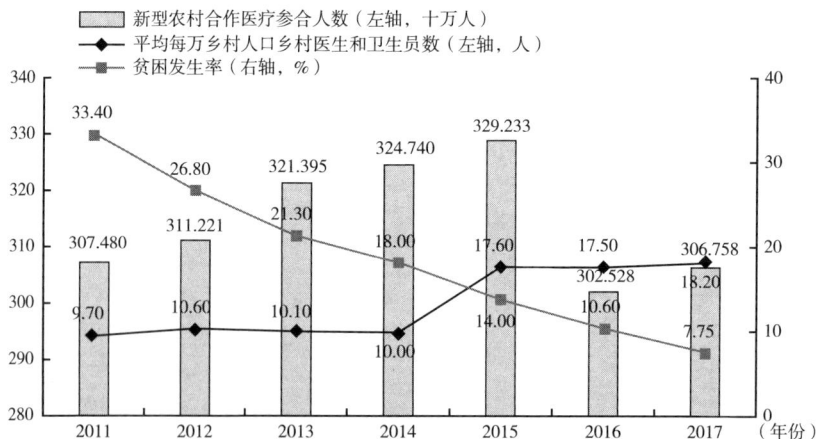

图 4 - 23　2011～2017 年贵州省医疗卫生事业建设与减贫成效对比

资料来源：贵州省统计年鉴、贵州省国民经济和社会发展统计公报。

由图 4 - 23 可知，贫困发生率与新型农村合作医疗参合人数呈明显的相关关系，其中贫困发生率下降幅度加快，新型农村合作医疗参合人数先增加后减少，参加新农合人数在 2016 年出现明显下滑，但城镇基本医疗保险参保人数比上年增加 18.14 万人，同比增长 1.90%，其中农民工参保人数为 18.26 万人。平均每万乡村人口乡村医生和卫生员数与贫困发生率呈负相关关系。在贵州省的贫困家庭中，因病致贫占比高达三成以上，因此扶贫工作的推进要摆脱"因病致贫、因病返贫"的困境，要统筹卫生、计生、民政、扶贫等部门协作，实现资源利用效益最大化，完善基本医疗保险、大病保险、医疗救助"三重医疗保障"，遏制和减少因病致贫和因病返贫现象，切实保障广大农村居民特别是贫困人口的基本医疗需求。

八 资源环境与减贫成效

贵州省森林覆盖率从 2011 年的 41.53% 增加至 2018 年的 57.00%，有效灌溉面积从 2011 年的 1266.8 千公顷增加至 2017 年的 1585.66 千公顷，自然灾害受灾人口从 2011 年的 2883.44 万人次降至 2017 年的 532.43 万人次。贵州省资源环境与贫困相关指标对比如图 4－24 所示。

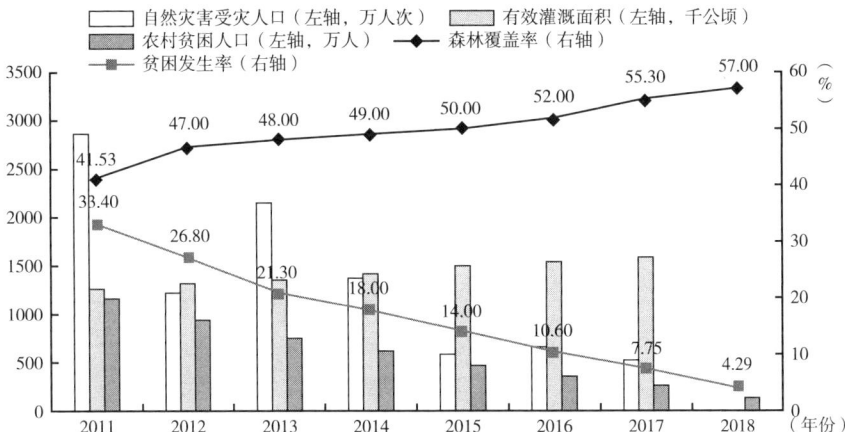

图 4－24 2011～2018 年贵州省资源环境与减贫成效相关指标对比

资料来源：贵州省统计年鉴、贵州省国民经济和社会发展统计公报。

由图 4-24 可知，森林覆盖率、有效灌溉面积与农村贫困人口数、贫困
发生率呈负相关，自然灾害受灾人口与农村贫困人口数、贫困发生率呈正相
关。以森林覆盖率为代表的生态指标值越高，意味着区域生态环境压力越
小，生态综合承载力增强，能够有效减少自然灾害发生及其造成的损失，对
扶贫工作有促进作用。有效灌溉面积、水利设施的建设则保证了农产品的收
成，也对扶贫工作有较大的推动作用。因此，在扶贫减贫工作开展的过程
中，应注重经济发展与生态修复的统一，提高扶贫工作中生态移民工程的社
会效应。

九　社会保障与减贫成效

贵州省城乡居民最低生活保障人数从 2011 年的 585.22 万人减少至 2018
年的 259.34 万人，年末农村获得最低生活保障人数与贫困人口数的比值从
2011 年的 50.91% 增加至 2018 年的 145.52%。贵州省社会保障与减贫成效
相关指标对比如图 4-25 所示。

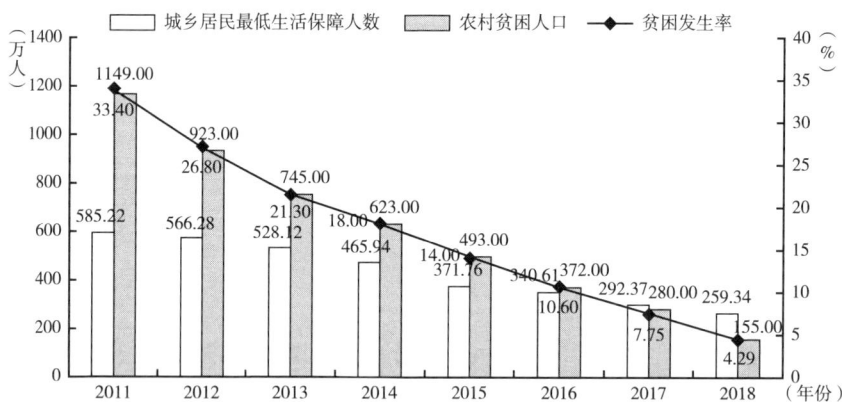

图 4-25　2011~2018 年全省社会保障与减贫成效相关指标对比

资料来源：贵州省国民经济和社会发展统计公报。

由图 4-25 可知，城乡居民最低生活保障人数与农村贫困人口数呈同步
下降趋势，但是农村贫困人口规模下降趋势较快，城乡居民最低生活保障人

数总量下降趋势较缓，且 2017 年城乡居民最低生活保障人数总量首次超过贫困人口数量规模，获得最低生活保障人数与贫困人口数的比值逐年提高，说明随着城镇化战略的实施，城乡社会保障体系更加完善，社会保障覆盖面逐渐扩大，社会保障在贫困人口中的覆盖率不断增加。因此，城镇化高质量发展阶段的社会保障覆盖率是衡量城镇化健康程度的重要指标，需要加快提高农村低保标准，适度提高城市低保标准，做到应保尽保、应退尽退、按标施策、动态管理，构建并逐步完善新型社会主义救助体系。①

---

① 转一批 带一批 搬一批 兜底一批 救助一批 我市实施"五个一批"在精准脱贫上出实招 [EB/OL]. http://news.kf.cn/2016/0322/191320.shtml.

第五章
小城镇产业发展与公共服务设施建设

　　小城镇是乡村到城市的过渡性社区。作为政策对象时，小城镇主要是指建制镇和尚未设镇建制的相对发达的农村集镇。产业和公共服务设施发展是小城镇发展的主要内容。受地域范围限制，小城镇的产业主要是专业化程度较高、依托本地资源禀赋、对外参与分工的产业。公共服务设施是指为居民服务和使用的不以营利为目的的各类设施，[①] 小城镇的公共服务设施则主要包括行政管理、教育、文体科技、医疗保健、商业金融和集贸市场六种设施。[②]

　　小城镇作为联结城乡的纽带，在城镇体系中占据着特殊地位。小城镇是农村产业服务载体，为农民提供产前、产中、产后服务；是镇域贸易中心，吸引小城镇居民以及腹地农村居民集中进行产品交易；是农村公共服务中心，集聚镇域较高水平的科技、文化、教育、卫生等公共服务设施；是城市发展的"蓄水池"，承接城市疏散功能，实现农业转移人口低成本进城。

　　中国的小城镇曾在改革开放初期随着乡镇企业的勃兴而较快发展，然而受行政体制和市场规律双重影响，各地小城镇的发展很不平衡，大多数小城镇与城市发展差距快速扩大，产业"小散弱"问题明显，公共服务能力严重不足，未能发挥出衔接城乡尤其是服务农村的作用。党的十八大提出新型城镇化战略，指出要增强中小城市和小城镇产业发展、公共服

---

　①　定义参自《城市居住区规划设计标准》。
　②　定义参自《镇规划标准》。国家《镇规划标准》没有直接提出"公共服务设施"，但给出了"公共设施"的内容。根据公共服务设施的一般定义，《镇规划标准》中的公共设施等同于公共服务设施。

务、吸纳就业、人口集聚功能。研究小城镇的地方发展模式，梳理并推广
其中的典型经验，对推动中国小城镇高质量发展、助力乡村振兴具有重要
的指导意义。

第一节　小城镇建设发展模式综述

党的十八大以来，各地积极实践新型城镇化，小城镇发展步伐明显加
快，形成了各具特色的产业及公共服务设施发展地方模式。其中，东部发达
地区小城镇提质升级，中西部小城镇加快补短板，而作为西部较不发达省份
的贵州，尤其注重创新举措，在全国实现多项率先。

一　东西部典型模式

1. 东部模式

由于禀赋优势突出，东部小城镇产业与公共服务设施发展的模式特点主
要是发挥禀赋优势尤其是区位优势形成产业优势，再以产业优势保障建设投
入、以建设投入保障公共服务设施等城镇建设、以城镇建设巩固产业优势。
党的十八大以来，东部小城镇加大引导力度和投入力度，加快特色产业集群
化发展，加快补齐公共服务设施短板，推动小城镇提质发展。

在产业方面，东部小城镇在现有产业专业化基础上，进一步推动产业
特色化、集群化发展。江苏和山东培育适合本镇实际的特色制造业，打造
规模化特色产业集群，着重提升高科技产业比重；广东和浙江依托文化、
产业、资源等多种要素融合打造特色产业，广东推动专业镇向特色小城镇
升级，浙江在国内率先提出建设"产、城、人、文"四位一体的特色
小镇。

在公共服务设施方面，东部发达地区小城镇加大投入补齐公共服务设施
短板，围绕城镇体系发展需要，分层级、网格化规划公共服务设施建设布
局。江苏支持重点镇发展为小城市，支持一般镇打造综合性特色化小城镇，
实行重大基础设施、公共服务设施在城乡和区域间共享共建、衔接协调；浙

江围绕都市区发展，实行职教、科研、疾控、文广等公共服务设施的共建共享；广东按照城镇人口分布规律统筹布局小城镇公共服务设施，以同等城市标准配置特大镇设施。

2. 西部模式

西部小城镇由于基础禀赋尤其是区位条件总体差于东部地区，长期以来的发展思路主要是以政府主动投资补齐短板，尤其注重发展交通和产业设施，加速要素流通与融合，形成内生发展动力。党的十八大以来，西部地区主要依托少数有优势的小城镇建设示范小城镇，集中资源加快培育特色产业，完善公共服务设施，形成示范效应，以点带面发展。

在产业方面，由于西部产业发展阶段滞后于东部，因此西部小城镇基本上是按照"一镇一业"的思路，依托园区加快建设和招商，推动形成产业特色，处于特色产业发展起步阶段。四川实施"百镇建设行动"，建设工业园区、旅游观光、商贸物流、生态宜居、现代农业、创新创业等六类特色镇；陕西实施重点示范镇和文化旅游名镇建设，按照"一镇一业"引导重点产业项目向园区布局；云南实施建设"特色小镇"①，因地制宜培育现代农业、工业、旅游、商贸、边贸等不同类型特色小镇，并重点培育旅游小镇。

在公共服务设施方面，西部小城镇主要通过建立项目库，加快补齐公共服务设施短板。四川于2017年启动"9＋N"基础设施和公共服务设施标准化配套工程；陕西按照"城乡政策一致、规划建设一体、公共服务均等"原则建立设施项目库，明确以建设基础设施和公共服务设施先行；云南从城镇体系发展的动态角度，综合考虑小城镇吸纳就业、常住人口、农业转移人口规模等因素，推动补齐公共服务设施短板。

二 贵州模式

贵州是西部欠发达省份，小城镇发展欠账问题比较突出。党的十八大以

---

① 云南省的"特色小镇"在概念内涵上基本等同于后来的"特色小城镇"，而不同于后来浙江省提出的"特色小镇"。

来，贵州依托示范小城镇建设，明确以创新为动力，以建设促发展，在组织保障、设施建设、城乡融合等方面走出了一条有别于东部、不同于西部其他省份的贵州小城镇发展之路。

1. 主要创新做法

2012 年 11 月，中共贵州省委十一届二次全会提出重点打造 "5 个 100 工程"（即 100 个产业园区、100 个现代高效农业示范园区、100 个示范小城镇、100 个城市综合体、100 个旅游景区），作为贵州后发赶超、同步小康的战略支撑点和发展增长点，由此开启贵州省 100 个示范小城镇建设。自 2012 年以来，依托示范小城镇建设，贵州在全国省级层面实现 "五个率先、五个突破"。

一是率先建立最完善的政策支撑体系，在探索山地特色小城镇发展路径上取得突破。即在省级层面出台了《中共贵州省委 贵州省人民政府关于加快推进小城镇建设的意见》等政策类、管理类、技术类顶层设计文件 60 余个，形成了完善的小城镇建设发展政策保障支撑体系。二是率先推进小城镇改革发展，在释放机制活力上取得突破。即累计下放 195 项县级经济社会管理权限，实施扩权强镇、用地、财政、人才培养引进等多项改革，有效激活城镇发展内生动力。三是率先开展以镇为单位小康创建，在推动小城镇同步小康上取得突破。即通过实施《贵州省 100 个示范小城镇全面小康统计监测工作实施办法》，明确省级示范镇 2017 年、市级示范镇 2020 年同步小康发展目标，加快全省示范小城镇同步小康步伐。四是率先实施 "镇村联动" 发展模式，在推进城乡融合发展上取得突破。即在安顺市西秀区旧州镇浪塘村 "镇村联动" 发展试点的工作基础上进一步完善和创新，探索出 1 个小城镇建设带动多个 "美丽乡村" 建设的 "1 + N 镇村联动" 发展模式，促进镇村 "联规、联动、联建、联美、联富、联强"。五是率先创建 "8 + X" 项目和标准，在指导基层建设实践上取得突破。即创新性地建立了以基础设施、公共服务设施、民生保障、产业发展为主的 28 类 "8 + X" 项目库和建设标准，有效补齐了示范小城镇基础设施及公共服务设施短板。

2. 意义及价值

截至 2019 年，贵州省共有 1154 个乡镇，[①] 先后培育 142 个示范小城镇[②]、136 个全国重点镇、8 个中国历史文化名镇、10 个中国特色景观旅游名镇以及 15 个全国特色小城镇。贵州小城镇经济社会发展水平显著提高，基础设施及公共服务设施明显改善，城镇人居环境质量明显提升，民生福祉明显增强，镇域城镇化率从 2012 年的 16% 提高到 2018 年的 24%[③]。贵州推动小城镇发展的实践，为欠发达地区小城镇建设发展提供了可借鉴的贵州经验，在全国形成"东部看浙江、西部看贵州"的共识。2015 年 10 月，国家发改委赴贵州开展专项调研，形成"加快补齐建设短板，释放特色镇发展活力——贵州省特色镇发展调研报告"，充分肯定了贵州示范小城镇建设发展成效。2016 年 2 月，贵州省作为西部地区典型代表在国家发改委召开的全国特色小镇新闻发布会上作经验介绍。2017 年，新华社智库在《贵州创新机制打造欠发达地区小城镇发展样本》专报中作出评价："近年来，贵州小城镇建设依托得天独厚的自然与历史文化资源，通过特色引领、示范带动，融合绿色发展理念与脱贫攻坚，深入推进就近就地城镇化，贵州小城镇建设取得显著成效，为欠发达地区小城镇发展探索了可复制、可推广的经验模式。"

第二节　小城镇发展的贵州模式

党的十八大以来，贵州紧抓产业发展和生态文明建设战略机遇，围绕"大数据、大旅游、大生态"长板优势，在政策、项目、制度等多个方面提供有力支持，推动小城镇公共服务设施、基础设施、产业设施等配套设施快速发展，助力培育特色产业，推动小城镇不断完善职能，实现经济和社会协调发展。

---

① 其中建制镇 837 个、乡 317 个（含 193 个乡），数据截至 2018 年底。
② 含省级和市州级。
③ 按《贵州城乡建设统计公报》镇域总人口和建城区人口数计算。

一 产业发展模式

自贵州省开展示范小城镇建设以来，各地切实落实省委、省政府关于推进示范小城镇发展要求，立足实际，遵循产业发展规律，发挥"大数据、大旅游、大生态"长板优势，按照相宜模式分类引导，不断推进产业绿色、集约、高效发展，产业实力显著增强。

1. 主要做法

（1）强化统筹指导

按照《中共贵州省委 贵州省人民政府关于加快推进小城镇建设的意见》（黔党发〔2012〕25 号）和《贵州省 100 个示范小城镇建设 2013 年工作方案》要求，贵州省住建厅和贵州省社科院联合开展了贵州省示范小城镇产业发展研究工作，对全省示范小城镇产业发展现状、存在的问题、发展环境进行分析研究，分类提出交通枢纽型、旅游景观型、绿色产业型、工矿园区型、商贸集散型、移民安置型等"六型"小城镇的产业发展思路和重点方向，编制《贵州省 100 个示范小城镇产业发展指引》，为示范小城镇推进产业发展、彰显产业特色指明方向。

（2）强化政策支持

贵州根据产业发展形势变化，分阶段出台一系列支持小城镇产业发展的配套政策。2012 年，贵州印发《中共贵州省委 贵州省人民政府关于加快推进小城镇建设的意见》（黔党发〔2012〕25 号），明确支持 100 个示范小城镇加快发展的 6 大板块 58 项配套政策措施。其中，小城镇产业扶持是一个主要板块，扶持政策涵盖龙头企业支持、商贸设施建设、外贸支持、基础设施建设、农村流通体系建设、非农产业资助、技改扶持、农民专业合作社扶持、贫困户带动、建筑技术改造、人居环境改善、旅游推广等共 12 项政策措施。2013 年，中共贵州省委办公厅、省人民政府办公厅印发《关于加快100 个示范小城镇改革发展的十条意见》（以下简称《十条意见》）及《关于对加快 100 个示范小城镇改革发展十条意见进行责任分解及督办的通知》（黔委督察字〔2013〕48 号），省财政厅、省农委、省工商局等部门配套出台四个专门支持政策。《十条意见》明确,在设有产业园区或经济开发区的示范小城镇,园区和示范小城镇党政班子交叉任职,推动"镇园合一"管理,整合人力,推进产业发展。同年,小城镇产业园区和有机农产品生产基地作为两项重要的产业设施项目被纳入《贵州省100个示范小城镇"8个1"和"8+3"工程项目建设标准指导要点》项目库。"十三五"时期,贵州出台《关于打造贵州省特色小城镇升级版的实施意见》(黔镇联办通〔2016〕4号),围绕产业扶贫,依托大数据信息平台,探索"小城镇+"发展模式,推进"小城镇+产业""小城镇+园区""小城镇+景区""小城镇+乡村""小城镇+互联网"融合发展,推动小城镇产业发展。

(3)注重特色培育

以示范小城镇为重点,贵州大力推进小城镇特色产业培育。首先,分类引导小城镇产业发展,根据《贵州省100个示范小城镇产业发展指引》,因地制宜、发挥优势、突出重点,促进传统产业生态化、特色产业规模化、新兴产业高端化发展。其次,推广创业园区模式,支持示范小城镇建立返乡大学生、农民工以及退役士兵创业园区,对创办企业且符合小城镇发展方向的小微企业,实施财政扶持或税收减免优惠,免收有关行政事业性收费,"3个15万元"扶持政策优先向示范小城镇倾斜。最后,结合特色小镇(小城镇)培育,做强小城镇特色产业。印发《省住房城乡建设厅 省发展改革委省财政厅关于开展特色小镇培育工作的通知》(黔建镇通〔2017〕51号),结合贵州大数据、大健康、大旅游,依托烟、酒、茶、民族医药等贵州特色产品,根据特色功能定位,实行分类指导,重点打造一批以茶业、药业等为特色的农业小城镇;以酒业、建筑建材、食品加工为特色的工业小城镇;以物流、电商等为特色的商贸小城镇;以民族文化、山地旅游、温泉度假、健康养老为特色的旅游小城镇。

2. 主要类型

经过多年实践,贵州省小城镇产业充分发挥资源优势,形成本地龙头企业带动发展、承接转移产业发展、商贸物流专业集聚、"农文旅"融合发展等4种发展类型。

（1）龙头企业带动发展型

一批小城镇在龙头企业发展的带动下，围绕企业生产进行配套补链、扩幅强基，推动产业集聚、融合发展。

遵义市茅台镇是全国知名产业强镇，于2016年被列入第一批中国特色小镇。作为茅台镇龙头企业，贵州茅台酒厂（集团）有限责任公司充分发挥技术溢出和品牌带动效应，带动茅台镇形成以酱香白酒生产销售为主导、以旅游业和特色农业为配套的产业集聚和融合发展格局。截至2018年，茅台镇共有地方有证企业227家，酿酒作坊1280家，白酒品牌2000余个，带动发展35万亩有机红高粱生产基地，是名副其实的"中国第一酒镇"。依托酿酒文化、盐运文化和红色文化，茅台镇旅游业蓬勃发展，在2017年实现全镇接待游客突破400万人次。

贵阳市小寨坝镇紧抓镇内龙头企业贵州开磷集团建设循环经济磷煤精细化工工业区的重大机遇，按照"以产兴城、以城促产、产城互动"的战略定位，全力打造"磷、煤、氯碱、氟、硅"化工于一体的工业重镇。截至2019年6月，小寨坝镇已集聚贵阳中化开磷、开磷建材、开磷合成氨、开磷物业、开磷化工装备等多家规模以上企业，工业产品从重钙、黄磷扩大到硫酸、复合肥、磷酸、合成氨、硝基复合肥、硝酸铵、磷石膏砖、食品级二氧化碳等数十个品种。

贵阳市扎佐镇依托光正、浩诚、维康、和仁堂等本地医药龙头企业，不断集聚其他药企。截至2019年6月，修文医药园区已成为贵州省入驻药企最多的园区，拥有医药企业24家，其中，10亿级企业1家，上市企业6家。同时，随着贵钢集团正式搬迁到扎佐，黔轮胎等重要的龙头企业入驻扎佐，扎佐镇围绕产业链配套建设打造了扎佐物流园区，与工业和医药业共同成为扎佐经济支柱。

（2）承接转移产业发展型

一批小城镇充分发挥劳动力禀赋优势，紧抓大数据产业发展机遇，依托产业园区加快承接城市和省外转移产业，成为贵州省新型工业化的重要新载体。

遵义市安场镇外出务工人员素有在乐器行业务工的传统。自2012年起，以正安籍吉他生产人才为主要对象，安场镇吸引了一批吉他企业入园生产。截至2019年6月，安场镇已入驻投产吉他生产及其配套企业54家，其中吉他生产企业37家，吉他配套企业17家，年产吉他达到600万把，产值近60亿元，实现税收4000余万元，吉他生产量约占全国产量的1/5、全球产量的1/7。

依托气候与能源禀赋优势，贵州省大数据服务以及电子制造业发展迅速，带动一批小城镇和特色小镇加快崛起。贵安新区马场镇依托大数据园区、高端装备制造园区、生物医药制造园区三大园区，以及富士康小镇、启迪贵安数字小镇等特色小镇，引进了富士康、斯特林能源、三大电信运营商数据中心、乾新光纤等一批企业。黔南州好花红镇积极发展大数据产业，打造百鸟河数字小镇，引进了百度、联想、HTC等近80家企业，在2016年成为全国仅有的两个企业信息化建设示范基地之一。

依托西南地区靠近珠三角的区位优势，黔东南州近年来全力打造中东部地区产业转移承接基地。黔东南州炉山镇依托炉山工业园积极承接转移产业，引进来自全国各地的多家企业，实现从原来依托工矿资源的化工园区，成功转型为拥有环保、建材、电子、化工等多种行业的新型工业园。2018年，炉山镇被列入全国重点镇名单。

（3）商贸物流专业集聚型

一批商贸物流型小城镇不断引进发展主体，通过集聚发展、扩大规模形成区域性中心，力争打造专业市场，并充分发挥贵州大数据优势，提升商贸物流的智能化程度。

遵义市虾子镇依托辣椒产业禀赋优势，着力打造"一城三园"，即全国最大的辣椒专业批发市场——虾子辣椒物流园；千亿级辣椒加工产业园区——虾子辣椒深加工产业园；全国辣椒行业最高标准的现代产业园区——虾子辣椒智慧产业园。截至2018年，虾子镇辣椒市场交易干椒18万吨，年交易产值30多亿元，占全国市场的30%，成为全国最大的辣椒集散地。围绕辣椒市场的经营、餐饮、运输、袋子加工、辣椒剪把等从业人员超过2万人，从事辣椒外运的有5000余人，经营大户有500余户，龙头加工生产企业有 30 余家。

黔东南州牛大场镇大力发展太子参种植销售，太子参产量产值已占到全国的近二分之一，太子参种植达 6.45 万亩，产值 5.5 亿元以上，牛大场镇成为全国有影响力的中药材交易市场，拥有全国定价权，被誉为"西南药城"。"施秉太子参"已通过国家 GAP 认证，并成功注册为国家地理标志证明商标，太子参品牌效益不断得到提升。依托太子参的品质、产量和市场方面的优势，每年上百家来自安徽、福建、四川等全国各地的药商和制药企业云集牛大场镇收购太子参。

（4）"农文旅"融合发展型

以旅游型小城镇为重点，结合发展全域旅游、满意旅游，丰富山地旅游业态，进一步凸显产品特色和个性化，增强游客的参与性、体验性，推动产业提质发展。

安顺市旧州镇因地制宜，依托特色产业及古镇文化，形成"镇区核心，多旅融合"的格局。即以镇区的古镇景区为旅游龙头及服务核心区，带动发展"茶旅""农旅""民旅""古居旅""养殖旅""药旅"等周边乡村高品质旅游景点。安顺市黄果树镇依托黄果树瀑布生态资源，以黄果树小城镇为载体，不断集聚发展旅游服务业、旅游产品加工业，打造高端精品民宿客栈，增强旅游业辐射带动能力。

黔东南州西江镇合理开发利用苗族古寨文化资源，先后打造出 20 多个静态、动态、互动的文化体验点，将静态的自然景观、人文景观与动态人文景观形塑成为动静结合的旅游体验模式，对静态体验产品不断通过"田园观光区""村寨夜景系统""苗族风雨桥""吊脚楼建筑群"等方式进行打造；对动态体验产品不断加大体验型旅游产品的推出，将苗年作为品牌的大亮点，通过大量宣传手段，让更多人认识了解西江独具特色的苗年文化。

3. 主要成效

（1）产业规模显著扩大

在经济新常态增速转换的宏观背景下，贵州省小城镇产业"逆风前进"，整体实力与西部和全国平均水平的差距有所缩小。从 2012 年到

2017 年①，西部和全国的乡镇企业数出现明显减少，而贵州省乡镇企业数则从 10.1 万家增加到 10.3 万家，占西部的比重从 7.5% 提高到 10.1%，占全国的比重从 1.3% 提高到 2.5%（见表 5-1）。

表 5-1　2012 年和 2017 年贵州省乡镇企业主要指标对比

单位：万家，%

年份	贵州省乡镇企业数	西部乡镇企业数	全国乡镇企业数	贵州乡镇企业数占西部比重	贵州乡镇企业数占全国比重
2012	10.1	135.7	757.1	7.5	1.3
2017	10.3	102.2	417.9	10.1	2.5

注：数据根据《中国县域统计年鉴》中乡镇企业数据计算；2012 年贵州省规模以上工业乡镇企业数来自课题抽样调查。

其中，工业企业不断增多，从 2012 年到 2017 年，贵州省乡镇企业的工业企业比重从 24.1% 提高到 35.0%，规模以上工业企业比重从 3.5% 提高到 14.4%（见表 5-2）。

表 5-2　2012 年和 2017 年贵州省乡镇企业主要指标对比

年份	镇均企业数（家）	工业企业比重（%）	镇均企业吸纳就业（人）	规模以上工业企业比重（%）
2012	70	24.1	858	3.5
2017	102	35.0	1331	14.4

注：数据根据《中国县域统计年鉴》建制镇和乡（不包括乡级的街道办事处、矿区、农场等区划）数据和乡镇企业（年末在本乡镇地域内的所有企业，不含税金直接上缴上一级财政的企业）计算；2012 年贵州省规模以上工业乡镇企业数来自课题抽样调查；《中国县域统计年鉴》没有将城关镇和非城关乡镇数据分列；鉴于数据可得性，相关指标为建制镇数据；截至完稿，该年鉴数据仅更新到 2017 年；下同。

（2）集聚效应明显增强

在 5 年的示范建设时期内，贵州全省乡镇平均拥有企业数从 70 家增加

---

① 数据来自《中国县域统计年鉴》。截至完稿，该年鉴数据仅更新到 2017 年。

到 102 家，企业吸纳就业数平均每镇从 858 人增加到 1331 人（见表 5 - 2）。示范小城镇作为"5 个 100 工程"的会师之地，截至 2017 年底，已有 29 个示范小城镇与 100 个产业园区实现融合发展，80 个示范小城镇与 100 个高效农业园区融合发展，62 个示范小城镇与 100 个城市综合体签订了结对子协议，45 个示范小城镇与 100 个旅游景区融合发展。比如，黔南州昌明镇充分发挥昌明经济开发区的龙头支撑作用，深入实施"创百优"和"千企改造"工程，一批企业发展壮大，新型建材、装备制造等主导产业初具规模，规模以上工业企业达到 74 家，2018 年规模以上工业总产值达到 41.02 亿元，昌明镇成为贵州省小城镇产业集聚发展典型。

（3）产业特色不断彰显

贵州现已打造一批集聚特色产业、兼具风貌特色和生态特色的特色小城镇，具有种植养殖业、加工制造业、商贸物流业、旅游业、大健康产业等多种业态。遵义市茅台镇依托白酒龙头企业打造白酒产业集群以及白酒工业旅游、古镇文化旅游；黔南州百鸟河数字小镇和贵安新区北斗湾 VR 小镇，依托大数据发展优势积极发展"互联网 +"业态，优化环境、完善政策，不断吸引创客团队入驻。遵义市茅台镇、黔东南州西江镇等 5 个示范小城镇入选全国第一批特色小城镇名单，黔西南州者相镇、贵安新区高峰镇等 10 个示范小城镇入选全国第二批特色小城镇名单。

（4）带动增收效果显著

自 2012 年以来，贵州小城镇产业蓬勃发展，增加了居民的增收途径，带动了一批贫困人口脱贫致富。首先，从总体来看，本次抽样调查显示，2012 年贵州省示范小城镇非农就业比重为 45%，到 2018 年提高到 55%，累计提高 10 个百分点，示范小城镇人均可支配收入从约 15354 元提高到约 24175 元。其次，贵州小城镇产业有力带动了一批贫困人口脱贫致富，比如：猴场镇引进华福农业开发有限公司带动全镇贫困人口 4000 余人实现脱贫；肇兴镇依托民族"文化旅游 +"项目 40 余项解决就近就业 3000 余人，其中贫困人口 800 余人；茅台镇通过镇内酒厂整合发展带动从业人员 2.8 万人，同时依托白酒企业安置转移就业 1.5 万余人；贞丰镇通过旅游

业发展带动群众直接就业 1500 人以上，直接就业加上利益链接带动脱贫
2500 余人。

二 公共服务设施发展模式

贵州省在小城镇基础设施及公共服务设施建设过程中，按照"小而精、
小而美、小而富、小而特"要求，编制 100 个示范小城镇总体规划，率先在
全国明确规划编制中增加"8 + X"项目建设布局图，建立基础设施及公共服
务设施项目台账表，形成以项目化为载体的贵州小城镇公共服务设施发展模式。

1. 主要做法

（1）制定"8 + X"标准化配套设施项目库

根据《贵州省 100 个示范小城镇"8 个 1"和"8 + 3"工程项目建设
标准指导要点》，"8 + X"项目的"8"，是指每个示范小城镇必须建设或
完善的 8 项设施，包括 1 个路网、1 个标准卫生院、1 个社区服务中心、
1 个农贸市场、1 个市民广场或公园、1 个污水处理设施或垃圾处理设施
项目、1 个敬老院、1 项城镇保障性安居工程；"X"是指各个小城镇在 8 项
必须完成的设施建设工程基础上，根据自身需求，在设施建设指导目录中选
择相应的项目进行建设（见表 5 - 3）。

表 5 - 3　贵州省示范小城镇"8 + X"项目

序号	项目名称	备注
		"8 个 1"工程
1	路网	按照《贵州省 100 个示范小城镇"8 个 1"和"8 + 3"工程项目建设标准指导要点》要求，继续建设与完善
2	标准卫生院	按照《贵州省 100 个示范小城镇"8 个 1"和"8 + 3"工程项目建设标准指导要点》要求，可与计卫服务中心（站）合并建设，2014 年建成投入使用
3	社区服务中心	按照《贵州省 100 个示范小城镇"8 个 1"和"8 + 3"工程项目建设标准指导要点》要求，可与劳动就业和社会保障设施合并建设，2014 年建成投入使用

续表

序号	项目名称	备注
4	农贸市场	按照《贵州省 100 个示范小城镇"8 个 1"和"8 + 3"工程项目建设标准指导要点》要求,2014 年建成投入使用
5	市民广场或公园	按照《贵州省 100 个示范小城镇"8 个 1"和"8 + 3"工程项目建设标准指导要点》要求,2014 年建成投入使用
6	污水处理设施或垃圾处理设施项目	按照黔建城通〔2013〕570 号和黔建城通〔2013〕571 号及省环保厅对部分示范小城镇污水处理设施建设时间进行调整的文件执行,项目按 2 个计算
7	敬老院	按照《贵州省 100 个示范小城镇"8 个 1"和"8 + 3"工程项目建设标准指导要点》要求,2014 年建成投入使用
8	城镇保障性安居工程	按照年度保障性安居工程计划规定的竣工验收时间执行
"8 + 3"工程		
9	体育场(馆)	按照《贵州省 100 个示范小城镇"8 个 1"和"8 + 3"工程项目建设标准指导要点》要求建设
10	产业园区	按照《贵州省 100 个示范小城镇"8 个 1"和"8 + 3"工程项目建设标准指导要点》要求建设
11	有机农产品生产基地	按照《贵州省 100 个示范小城镇"8 个 1"和"8 + 3"工程项目建设标准指导要点》要求建设
"8 + X"项目		
12	示范小城镇建设与土地整治、美丽乡村建设三结合项目	按照《关于做好 100 个示范小城镇土地整治工作的指导意见》(黔国土资发〔2013〕32 号),2014 年内启动实施
13	公共停车场	2014 年内开工建设
14	公立幼儿园	按照省发改委《贵州省 100 个示范小城镇基本公共服务基础设施标准化建设试点方案》,2014 年内开工建设
15	公共交通客运站	2014 年内开工建设
16	乡镇商贸中心、直营农村超市或日用消费品配送中心	按照省商务厅"万村千乡市场工程"实施方案执行,2014 年内启动实施。可结合实际,三者选择其中的 1 ~ 2 项进行建设
17	示范小城镇与高速公路或国省干线的交通联络线	按照《贵州省 100 个示范小城镇交通联络规划》执行

续表

序号	项目名称	备注
18	留守儿童之家	根据 2014 年贵州省政府工作报告精神,按照《贵州省留守儿童之家建设标准(试行)》执行
19	寄宿制学校	按照《贵州省 100 个示范小城镇基本公共服务基础设施标准化建设试点方案》执行
20	文化中心(站)	可与乡镇的图书馆、少年宫等合并建设,少年宫按照贵州省文明办的镇(村)少年宫建设标准执行
21	镇区供水设施建设	按照《关于印发贵州省 100 个示范小城镇供水设施建设实施方案的通知》执行
22	镇区风貌建设	按照《贵州省 100 个示范小城镇风貌规划设计技术导则》执行,开展主要街道风貌整治
23	镇区绿化工程	建设一条景观大道,因地制宜开展河道景观、绿道系统、生态湿地、游览体系等建设
24	镇区环境整治	含便民公厕建设,城镇旧住宅区综合整治等
25	乡村旅舍建设	结合"四在农家 美丽乡村"建设,发展乡村旅游
26	示范小城镇信息化建设	参照贵州省智慧城市建设,推动示范小城镇宽带提速、三网融合及政务工作信息化应用等
27	市政道路安装节能路灯工程	按《贵州省绿色小城镇建设评价标准》中的市政公用设施、公共服务设施采用节能技术要求执行

2013 年 3 月,贵州省政府办公厅印发《贵州省 100 个示范小城镇建设 2013 年工作方案》,首次提出建设省级示范小城镇 "8 + 3" 项目,以及市州级示范小城镇 "8 个 1" 项目。2014 年 8 月,贵州在 "8 个 1" "8 + 3" 项目建设基础上,进一步扩展示范小城镇设施建设项目内容,在全国率先明确以基础设施、公共服务设施、民生保障项目、特色产业项目为主的 28 类 "8 + X" 小城镇配套设施项目库,并不断强化项目布局和实施,有效完善了小城镇的城镇功能。同年,贵州省相继出台《贵州省 100 个示范小城镇 "8 个 1" 和 "8 + 3" 工程项目建设标准指导要点》和《贵州省 100 个示范小城镇 "8 + X" 工程项目建设指导要点》,

率先建立"8 + X"项目建设台账，实现对小城镇"8 + X"项目建设的标准化。

贵州省实施小城镇"8 + X"配套设施建设的标准化，相比传统做法有四大创新。一是高标准规划，贵州省充分考虑贵州乡镇经济社会的发展趋势以及群众实际需求，按照高于乡镇、低于县城的"副县级"设施规划建设标准，制定实施《贵州省100个示范小城镇"8 + X"工程项目建设指导要点》；二是突破为建公共服务设施而建公共服务设施的定式，转而注重小城镇生产、生活、生态三大功能的协调发展，构建互为配套、整体提升的设施标准，以标准化的方式统筹推进小城镇公共服务、特色产业、市政公用等方面各项设施建设，避免设施内容重复，质量出现参差不齐；三是在全国率先明确将"8 + X"项目建设布局图添加到规划编制中，建立"8 + X"项目建设台账，实现规划成果"先落图、再落地"，增强规划成果的项目化、实用化；四是以补齐小城镇功能短板为目标，与时俱进不断丰富"8 + X"项目库，积极匹配不同规模、不同类型、不同财力小城镇的发展需要，实现"缺什么补什么、需要什么建什么"。

（2）探索"镇村联动"城乡融合发展模式

城乡融合发展是国家新型城镇化战略的要求之一。贵州省通过实施"1 + N"的"镇村联动"发展模式，充分发挥并强化小城镇联系城乡的节点作用，加快城乡一体发展进程。

"1 + N镇村联动"是指以小城镇为中心，辐射所辖"N"个村庄，实行规划编制、设施建设、产业发展、生态建设等方面联动推进的城乡统筹发展模式。2014年，贵州省提出实施"镇村联动"模式。2015年，贵州省在安顺市旧州镇浪塘村的试点工作基础上，总结提炼出"以镇带村、以村促镇、镇村互动"的"镇村联动"发展思路，并依托各地示范小城镇，在全省逐步推广实施1个示范小城镇带动多个美丽乡村建设的"1 + N镇村联动"发展模式。"镇村联动"的建设项目可参见贵州省小城镇"镇村联动"覆盖率指标的具体内容（见表5 – 4）。

表 5 – 4　贵州省小城镇"镇村联动"覆盖率指标构成

单位：%

序号	子项指标	计算权重
1	行政村通油路(或水泥路)率	15
2	行政村自来水(自流水)普及率	10
3	农村供电可靠率	10
4	农村危房改造率	15
5	自然村通信信号覆盖率	5
6	行政村通宽带普及率	5
7	实施小康寨整治计划行政村普及率	10
8	行政村设置物流快递配送点覆盖率	5
9	行政村建设农民体育健身工程的覆盖率	5
10	行政村建设生态污水处理设施覆盖率	10
11	行政村设置垃圾收集清运系统的覆盖率	10

注："镇村联动"覆盖率为各子项指标的加权平均数。

依托"镇村联动"推动城乡设施一体发展，是贵州省小城镇建设的重要创新，有效推进了小城镇基础设施和公共服务设施向乡村延伸，提高了小城镇服务镇区和农村居民的能力，具体表现在三方面。一是小城镇公共服务设施的不断发展强化了小城镇的公共服务职能，满足了农村群众对教育、卫生等公共服务的迫切需求；二是公共服务设施向农村延伸，补齐农村公共服务短板，是公共服务设施向农村延伸、城乡基本公共服务均等化的积极实践；三是"镇村联动"模式为发挥小城镇的城乡发展纽带作用、加快城乡融合发展提供了支撑。

（3）推动发展主体"一主多元"

贵州省通过不同部门、不同级政府、政府与市场主体联合参与建设和管理公共服务设施，实现了以政府为主导、多元主体参与的"一主多元"发展主体格局。

一是政府充分发挥主要发展主体作用。由于基础设施发展公私合作"先建设后支付"的融资特点，财政支持是吸引社会资金参与发展的重要前提。贵州省级财政自 2013 年起加大力度支持"5 个 100 工程"建设，按照示范小城镇年度绩效考核结果，采取"以奖代补"方式每年专项投入 3.5 亿元财政资金用于支持 100 个示范小城镇基础设施建设。在 5 年的示范期内，贵州 100 个示范小城镇建设的各级财政到位资金累计约 200 亿元。

二是引入市场主体，推进公私合作。在省级层面，贵州省一方面设立了示范小城镇省级财政专项资金，另一方面组织省住建厅与国开行贵州省分行等 12 家金融机构合作，搭建政银合作金融平台。在县级层面，黔南州普安镇引进社会资金建设精神康复中心；黔南州牛场镇以政企共建方式建设体育场和农贸市场；六盘水市石桥镇通过 PPP 运营模式建设老年养护中心；安顺市蔡官镇通过 PPP 运营模式与企业共同推进文化综合体、卫生院设施、敬老院、幼儿园等公共服务设施建设；黔南州醒狮镇通过引入社会资金，借助 PPP 模式建设卫生院、社区服务中心、敬老院。

三是实行小城镇建设单位对口帮扶。贵州省在黔党发〔2012〕25 号文中提出建立示范小城镇对口帮扶制度，即省直相关部门、中央在黔企业、省管企业对口帮扶示范小城镇，市州相关部门、企业对口帮扶市州级示范小城镇。帮扶内容涉及资金帮扶、项目帮扶、智力帮扶、协调帮扶等小城镇建设各方面。小城镇公共服务设施的建设是单位对口帮扶的重要内容之一，典型例子如：贵州省工商局资助安顺市夏云镇建设公办幼儿园；省国税局资助遵义市鸭溪镇建设公共管理设施；黔西南州者相镇采取民办公助模式建设幼儿园，镇级平台公司与相关企业合作建设初级中学。

"一主多元"的发展主体形式，改变了中国小城镇公共服务设施发展投入渠道单一、投入力度不足的传统局面，成功实现以创新促发展。

（4）实行试点工作"整县推进"

自 2012 年以来，贵州省形成了以会促建①和整县推进两大小城镇建设的示范带动和经验推广机制。其中，整县推进是系统化、制度化的经验推广机制，是"十三五"以来贵州推动全省小城镇产业及公共服务设施加快发展的主要抓手。

2016 年 3 月，贵州出台《关于打造贵州省特色小城镇升级版的实施意

---

① 即每年通过召开全省小城镇发展大会，一方面促进承办地小城镇整体提高产业发展、配套设施、城镇风貌以及城镇管理的水平，另一方面以现场观摩、播放小城镇建设宣传片、媒体报道的形式，大力推广各地小城镇发展经验。

见》（黔镇联办通〔2016〕4号，以下简称《实施意见》），决定在全省开展以县为单位，整县推进小城镇建设发展试点工作，推广运用示范小城镇成功经验和做法。根据《实施意见》，贵州省于2016年确定了20个整县推进试点县，要求试点县按照"以点带面、特色引领、典型示范"的原则，精准化"县—镇—村"发展定位，分别制定工作方案，强化实施督促考核，推进县域小城镇规划编制、项目建设、"镇村联动"、特色培育等工作，建设形成一批规模较大、实力较强、功能较全、辐射带动较强的县城副中心镇，带动其他小城镇连片发展。

贵州省整县推进试点工作，加快公共服务设施发展，主要是三方面内容。一是省厅相关单位开展整县推进小城镇建设专题巡讲，即以市州为单位，分赴9个市州及贵安新区开展整县推进小城镇建设专题巡讲。二是按照县域内各个小城镇的功能定位，编制县域全域小城镇发展规划，对小城镇总体规划进行修改，及时编制完善"8+X"项目布局图，围绕公共服务、民生保障等重点制定"8+X"项目清单和建设时序表。三是将1个特色小城镇带动多个"美丽乡村"的"镇村联动"建设模式在全省推动实施。

贵州实施整县推进以来，20个试点县的小城镇全部实现总体规划优化提升，累计建成"8+X"项目6300个，17个试点县地区生产总值自2016年以来连续三年增速超过10%，壮大了县域经济。

2. 主要成效

（1）设施发展水平明显提升

通过大力推进"8+X"标准化项目建设，贵州省小城镇基础设施、市政设施、公共服务设施等配套水平均有显著提升。2012~2018年，在市政公用设施方面[1]，除了燃气设施外，贵州小城镇的供水、道路、排水、绿地、绿化、垃圾处理[2]、污水处理等设施水平均有所提升（见表5-5），其

---

[1] 由于贵州省"8+X"项目库除了公共服务设施项目，还包括产业基础设施和市政公用设施项目，因此成效的总结也将其涵盖在内。

[2] 尽管人均的生活垃圾中转站数量略微下降，但生活垃圾处理能力明显提高，2018年的生活垃圾处理率比2012年提高了近32个百分点（参见表5-5）。

中污水处理设施水平提升幅度最大，约为 2012 年的 6 倍；在公共服务设施方面（见表 5-6），各项设施镇均数量基本实现翻一番，其中示范小城镇多项公共服务设施镇均数量增加了 1 倍多，非示范小城镇多项公共服务设施镇均数量增加了 1.2 倍。

表 5-5　2012~2018 年贵州、西部与全国小城镇主要市政基础设施情况

指标	贵州		西部	全国	贵州－西部相对差距		贵州－全国相对差距	
	2018 年数据	是 2012 年的倍数（倍）			2018 年数据	比 2012 年缩小百分点（百分点）	2018 年数据	比 2012 年缩小百分点（百分点）
用水普及率(%)	87.3	1.1	89.1	88.1	98.1%	-7	99.1%	-2
燃气普及率(%)	12.3	0.9	42.2	52.4	29.3%	-12	23.5%	-7
人均道路面积（平方米）	15.1	1.8	13.0	14.4	116.4%	30	105.0%	37
排水管道暗渠密度(公里/平方公里)	6.9	2.6	6.4	6.8	107.4%	45	102.2%	52
绿化覆盖率(%)	12.0	1.2	9.7	16.7	124.4%	-1	72.3%	0
绿地率(%)	7.8	2.0	6.2	10.7	124.8%	26	72.7%	23
污水处理能力[立方米/（日·人）]	672.4	6.1	962.9	1271.4	69.8%	43	52.9%	40
万人拥有生活垃圾中转站(座)	1.8	0.9	2.1	1.5	85.4%	27	115.2%	23
平均差距	—				102.3%	32	79.2%	25

注：数据来自《中国城乡建设统计年鉴》；因口径变动，西部地区数据不含西藏，2012 年人均数据基于户籍人口和暂住人口之和计算，2018 年基于常住人口计算；相对差距计算以贵州数据作分子。

（2）与全国水平差距逐步缩小

在公共服务设施方面，以幼儿园数量为例，2012 年贵州省所有小城镇镇均拥有幼儿园数为 1.0 个（其中示范小城镇为 1.3 个），而全国镇均拥有 7.6 个，为贵州的 7.6 倍；至 2016 年，贵州所有小城镇镇均拥有幼儿园数增加到 2.3 个（其中示范小城镇为 2.9 个），全国镇均增加到 9.7 个，相对

贵州的倍数下降到 4.2，相对差距明显缩小①。在市政设施方面（见表 5 - 6），截至 2018 年，贵州省设施水平已达到西部水平的 94.4%、全国水平的 80.4%，相对西部和全国的差距分别比 2012 年缩小约 18 个、15 个百分点。

表 5 - 6　贵州省小城镇主要市政和公共服务设施情况

指标		示范小城镇		所有小城镇		非示范小城镇	
		2012 年	2018 年	2012 年	2018 年	2012 年	2018 年
公用设施	人均道路面积（平方米）	10.7	15.6	10.4	14.7	9.8	13.3
	道路亮化率（%）	37.3	54.6	35.6	53.0	33.5	51.2
	镇区集中供水普及率（%）	89.9	97.8	88.8	96.8	86.6	95.1
	镇污水处理率（%）	16.0	69.1	9.3	40.2	5.8	25.1
	镇生活垃圾处理率（%）	57.6	90.0	54.3	86.1	49.0	80.1
公共服务设施	镇均建成区拥有卫生（医）院（个）	0.9	1.3	0.8	1.2	0.8	1.2
	镇均社区服务中心（个）	0.7	1.5	0.6	1.3	0.5	1.2
	镇均农贸市场（个）	0.6	1.4	0.5	1.1	0.4	0.9
	镇均图书室或文化站（个）	0.7	1.2	0.6	1.0	0.6	0.9
	镇均体育场或体育馆（个）	0.5	1.3	0.3	0.9	0.3	0.7
	镇均幼儿园（个）	1.3	2.8	1.0	2.2	0.8	1.9
	镇均敬老院（个）	0.5	1.0	0.5	0.9	0.5	0.9

　　注：本表根据课题组抽样调查数据计算，相对年鉴数据有一定误差。人均道路面积按常住人口计算。

（3）乡愁文脉得到有效传承

贵州省统筹协调发展与保护的关系，通过把小城镇规划建设与历史文化名镇的保护和传承结合起来，并充分挖掘红色文化、历史文化、民族文化等文化因素，有效地将民族、民俗和自然风貌等融入村镇规划、建筑设计和景观打造，形成了有地方文化特色的小城镇特色风貌，一批古镇得到有效修

---

① 此处全国数据来自《中国县域统计年鉴》，该年鉴在公共服务设施方面连续多年的系统可比指标只有小学数量和幼儿园数量，并且均截止到 2016 年。由于实施撤点并校，小城镇小学数量的增减无法反映出教育实际水平的发展，故未采用。贵州数据来自抽样调查。

缮、保护和传承。贵阳市花溪区青岩镇、安顺市西秀区旧州镇、黔东南州西江镇等成为"看得见山，望得见水，记得住乡愁"的国家历史文化名镇。

（4）有效助力脱贫攻坚与乡村振兴

城镇化集中安置是贵州易地扶贫搬迁的实践探索和模式创新，小城镇则是吸纳安置移民的重要空间。从 2012 年到 2019 年，贵州扶贫生态移民和易地扶贫搬迁移民①累计有 64 万人安置在小城镇，约占总安置移民人数的26.6%。"十三五"时期，贵州省共建设集中安置项目 946 个，共安置 188万人，其中小城镇共安置项目 347 个，共安置 31.83 万人，约占"十三五"时期安置移民总人数的 16.9%。搬迁群众在小城镇享受到完善的基础设施及公共服务设施，小城镇为搬迁群众提供了"搬得出、稳得住、能致富"的生活空间。同时，100 个示范小城镇"镇村联动"覆盖率为 84.42%，小城镇带动乡村建设深入推进，有效助力脱贫攻坚与乡村振兴。

第三节　贵州小城镇建设面临的问题与挑战

总体来看，"十二五"末至"十三五"时期，贵州小城镇产业与公共服务设施发展成效显著。但由于贵州小城镇发展基础薄弱，产业发展比较缓慢，小城镇发展的内生动力不足，仍处于投资推动阶段，在经济增速换挡和去杠杆的发展趋势下缺乏较强的可持续性。这些也是国内欠发达地区小城镇所面临的典型问题。

一　产业发展面临的问题与挑战

贵州示范小城镇特色产业发展成效显著，导向与禀赋脱节、过度投资、房地产化等现象并不明显，但产业实力总体不强、内生动力总体较弱的问题仍然存在。

---

① 贵州省于 2012 年 5 月启动扶贫生态移民工程；2015 年 11 月，根据中央的统一要求，贵州省将扶贫生态移民统一规范为易地扶贫搬迁。

1. 产业整体实力仍不够强

一方面，受制于禀赋条件，大多数小城镇缺乏特色禀赋来支撑特色产业发展，贵州总体仍有约 28% 的小城镇属于无工业、无特色旅游、种养殖特色不鲜明的纯农贸镇①。部分农产品尽管质量高、品质优，但农产品加工水平不高，小城镇远未成为贵州特色农产加工的集聚空间。另一方面，贵州乡镇企业数占全国的比重仍只有 2.5%，小城镇产业总体上仍缺乏龙头企业带动，而且原本发展较好的工矿型小城镇受到经济增速换挡的影响较大，工矿型产业特色逐渐式微。

2. 产业结构层次仍不够高

贵州不仅近三成小城镇的产业仍属于传统农贸，而且有工业的小城镇约 39% 仍然拥有甚至依赖资源消耗型产业，技术含量低，环境污染高，产业链条短。一些小城镇的区位和资源优势还未得到发挥，以黔西南州蔗香乡和白层镇为例，尽管具有较好的水港优势，但港口区位优势未得到充分利用，承接产业转移和商贸物流比重较低，传统农贸仍是镇域经济的主体。贵州约 1/4 的小城镇发展了旅游业，但除了少数旅游特色镇，大多数仍处于开发和建设阶段，旅游产业链尚未成熟，形式还比较简单，旅游对当地发展的贡献作用还不大。

3. "链短幅窄"仍然突出

总体上，贵州小城镇产业发展仍然存在产业链不长、产业幅度不宽的问题，造成贵州小城镇产业多处于价值链中低端。农业方面，产品多是初级农产品的生产和销售，农产品加工业发展不足，农业产业链条延伸不够，农业的非农功能拓展也十分有限。工业方面，特色优势产品不多，煤电、烟酒、原材料等传统产业占工业比重较大，多数小城镇工业产品较为单一，产业缺乏研发设计能力，转型升级进展总体缓慢。旅游业方面，旅游产品存在一定程度的同质化，参与性、体验性不强，旅游商品开发不够。

----

① 数据来自课题组抽样调查。

二 公共服务设施发展面临的问题与挑战

由于历史欠账较多，贵州小城镇公共服务设施仍存在建设投入相对不足、融资体制不够灵活、城乡融合水平仍然不高等问题，这也是欠发达地区小城镇面临的代表性问题。

1. 项目投入相对不足

项目建设融资目前主要有财政、金融、社会等三种渠道，但各渠道融资都面临着困难。一是小城镇产业实力总体较差，财政支撑作用较弱，小城镇财政自主投入能力较弱；二是信贷政策收紧导致融资平台和建设企业融资难度加大；三是受小城镇经济支柱尚缺和经济新常态的双重影响，社会融资比较乏力；四是前期项目的管理、维护与还贷对项目投入形成了挤压。

2. 融资体制不够灵活

贵州小城镇设施项目原则上采取财政、信贷、社会"一主多元"的融资方式，受自身实力和宏观因素影响，财政补助有限，信贷支持乏力，理应加大力度引入社会资金，然而公私合作融资发展体制仍不够灵活，主要还处于使用PPP等合作模式推进项目的阶段，而在按照所有、承包、经营"三权分离"原理推进小城镇集体资源资产整体资本化的方面缺乏实践。

3. 城乡融合水平仍然不高

乡村公共服务设施建设仍有明显短板，远未实现城乡融合。存在乡村公共服务设施建设滞后和利用低效问题，即部分乡村的教育设施因规划用地问题建设滞后，文化娱乐设施总体单一，大多只有村级文化广场，少数乡村建有图书馆和流动图书站，却存在一定程度的设施空转。

第四节 小城镇建设贵州模式的启示

习近平总书记指出："抓特色小镇、小城镇建设大有可为，对经济转型升级、新型城镇化建设，都具有重要意义。"贵州小城镇走出了一条有别于东部不同于西部其他省份的小城镇建设发展之路，带来四点启示。

一　落实好小城镇发展改革关键在于完善政策支撑体系

面对禀赋弱、欠账多的发展基础形势，贵州明确以改革为动力，在全国率先出台完善的改革纲领《十条意见》及其配套的"1＋N"政策体系，深入推进组织保障、简政放权、规划建设、设施管理、财税金融等多方面的创新措施，以补齐小城镇产业和民生设施短板为着力点，突破小城镇长期以来衔接城乡能力不足的困境。贵州模式以创新为动力，以建设促发展，在地方职权范围内充分发挥积极性，可为全国尤其是欠发达地区的小城镇加快补齐设施欠账带动小城镇整体发展所借鉴。

二　小城镇分类引导规划思路要遵循城镇层级体系规律

小城镇分类引导是充分发挥本地优势、壮大特色产业从而强化小城镇产业支撑的重要措施，是国内各地小城镇打造特色产业的基本思路。贵州提出发展"六型"小城镇，制定《贵州省 100 个示范小城镇产业发展指引》，实现打造一批特色小城镇，丰富了分类引导推动产业乃至人文发展彰显特色的成功实践。多数小城镇存在产业特色不明、部分小城镇发展受行政级别约束等问题，则表明小城镇分类引导，更要从城镇层级体系及其演化规律的视角，在小城镇的职能定位、产业导向、空间联动、开发限制、人口规划、设施标准等多方面分级分类精准引导，以强化城镇体系本身的有机联系来强化小城镇的内生动力。在这方面，贵州通过编制全县域小城镇发展规划，进行了积极探索。

三　项目标准化是小城镇加快补齐建设短板的有力保障

建立涵盖基础设施、公共服务设施、产业和民生保障等 28 类项目的小城镇"8＋X"项目库，设立相关标准规范，是贵州小城镇各项设施建设得以较快较好推进的关键所在。"8＋X"标准化项目库对设施建设保障的有力，来自项目库内容涵盖的完整性，来自规划建设的标准化，也来自规划的法律效力。"8＋X"项目建设和标准看得见、摸得着、好把握，得到贵州基层干部的普遍认可。同时，贵州将"8＋X"项目建设布局图添加到规划编制中，做到规划成果"先落图、再落地"，确保设施项目按时按质完成。

四　积极推动城乡融合发展是新时代小城镇发展的重要任务

小城镇是"城尾乡首"，带动和服务农村是小城镇的重要职能。因此，新型城镇化将城乡统筹作为一个重要的战略内涵以及要求。贵州突破长期以来国内尤其是欠发达地区对小城镇带动农村发展考虑不足、重视不够的局面，将推动城乡融合发展放在小城镇工作的重要位置，在全国率先实施产业、规划、建设、管理等统筹发展的"镇村联动"机制，取得显著成效。习近平总书记指出，应该通过振兴乡村开启城乡融合发展和现代化建设新局面。实践证明，贵州的"镇村联动"是带动农村建设和发展、助力脱贫攻坚行之有效的工具，应进一步完善并推广运用，促进在小城镇助力乡村振兴和现代化建设方面发挥重要作用。

第五节　提高小城镇发展质量的对策建议

基于贵州模式启示，全国尤其是欠发达地区小城镇，要以深化改革为根本动力，以城镇体系发展的框架思路强化规划引领，加大投入力度巩固前期发展成果，推动各省（区、市）示范小城镇提档升级，扩大培育一批特色小城镇，不断推进设施标准化建设，强化产业支撑和内生发展动力，带动乡村发展，发挥新型城镇化与乡村振兴重要结合点的战略作用。

一　深化改革强化引领

以放权强镇为高质量发展的根本保障，强化规划引领，优化小城镇功能定位，不断完善改革创新的学习交流和经验推广机制。

1. 深化"放管服"改革

深入推进扩权强镇，依照相关法律规定，将基层迫切需要并且能够承接的经济社会管理权限依法下放到小城镇，不断提高权责匹配水平。在设有产业园区、高新技术区、经济开发区和风景名胜区等的小城镇，全面推进"镇园合一"，做到规划同做、设施同建、政策同向、组织融合、利益同享，提高小城镇产业发展体制机制的统筹度、时效和服务水平。将副县级管理模式逐步推广到更多发展较好的小城镇，使小城镇管理权限与发展体量相匹配。

2. 以改革强保障

充分顺应城镇体系发展规律，支持基础较好的小城镇建设镇级市试点，匹配其发展体量，实行镇级市用地指标单独切块、直接下达，合理设定镇级市财政分成比例，适当扩大与小城镇体量相适应的人员编制与职权。积极推广小城镇集体经营性建设用地入市、城乡建设用地增减挂钩政策、贵州集体经济"三变"改革做法①、小城镇公共服务紧缺专业人才"绿色通道"、镇级财政市民化挂钩奖补机制和财政扶持动态调整机制等改革措施，全面做好小城镇高质量发展的要素保障。

3. 强化规划引导

以壮大特色产业、完善配套设施、打造宜居环境、彰显特色文化为主要目标，与省域城镇体系规划相统筹，在县一级编制全域小城镇发展规划，对中心镇和一般镇、城郊镇和偏远镇等不同类型小城镇，在职能定位、产业导向、空间联动、开发限制、设施标准等方面分级分类引导，支持有基础的小城镇发展为小城市或以同等城市标准对小城镇进行规划建设，对移民安置较多的小城镇、偏远小城镇适度加大财政支持力度，确保基本公共功能健全。相关主管部门要紧紧围绕功能定位编制特色小城镇建设专项规划，不断完善公共服务设施项目布局图和建设项目时序表，坚持项目建设"先落图、后落地"，一张蓝图绘到底。

---

① 即小城镇资源变资产、资金变股金、镇民变股东的集体资产市场化改革。

4. 强化示范推广

继续推进示范建设，实施示范小城镇新一轮提档升级工程，扩大省级以上特色小城镇培育范围。建立典型经验推广机制，挖掘好典型案例，定期组织各地区挖掘并推荐模式先进、成效突出、经验普适的特色小镇和特色小城镇发展典型案例，重点提炼特色产业发展、机制政策创新、产城人文融合等方面经验，推广实施小城镇发展以会促建、干部交流、专题巡讲等经验交流与学习机制。强化示范小城镇以点带面带动作用，推广贵州示范小城镇试点工作"整县推进"做法。

二　着力强化产业支撑

紧紧围绕资源禀赋长板优势，坚持高端产业和特色农业产业化项目并重，不断完善产业链，大力推进农村产业革命，严控同质化、房地产化倾向，全力促进小城镇产业高质量发展。

1. 大力推进特色小城镇产业集群发展

依托开放创新平台和产业园区、现代高效农业示范园区、服务业聚集区、重点旅游景区，因地制宜推动特色小城镇全产业链集聚、集约发展。坚持宜工则工，结合大中城市产业布局，依托产业园区、高新区、经开区和大型工矿企业，打造一批配套补链、扩幅强基的工业特色镇。坚持宜农则农，依托现代高效农业示范园区，围绕农业产业结构调整，积极发展农产品精深加工，加强产销对接，做到以农促工、以工带农，打造一批服务农村、助农增收的特色农产品集散特色镇。坚持宜旅则旅，结合发展全域旅游、满意旅游，用好旅游资源大普查成果，依托重点旅游景区景点，丰富山地旅游业态，增加温泉、康养等高端旅游产品供给，开发一批特色旅游商品，打造一批休闲度假、健康养生的旅游特色镇。坚持宜商则商，结合发展通道经济，依托重要交通节点，顺应路网建设规划，因地制宜建设一批零距离换乘交通枢纽，做到多式联运、无缝衔接，打造一批智慧高效、便捷价廉的商贸物流特色镇。特色产业集群要因地制宜地不断发展科研、应用、服务、营销等配套，强化小城镇内部分工与专业化合作，培育内生发展动力。

2. 推动特色产品向价值链中高端延伸

坚持精品导向和品牌导向，着力推进全省小城镇产品向价值链高端延伸。一方面，要依托全省农产品品质优良、民族文化旅游资源丰富等优势，以农产品系列产品研发加工、旅游商品开发、包装设计等为重点，瞄准研发设计等环节，着力在精、特等方面下功夫，提高小城镇产品研发生产设计水平，提升产品价值。另一方面，加强各类产品品牌打造，通过品牌影响力提升提高产品价值，农业产品既要用好绿色有机、地理产品标志等品牌，又要不断打造新品牌；旅游商品品牌打造要与区域特色文化、著名景点相结合，突出特色化、个性化。

3. 培育和引进优质产业发展主体

发展小城镇产业要坚持高端产业和特色农业产业化项目并重，有重点地引进培育骨干龙头企业，形成"航母"企业牵引、"排头兵"企业支撑、中小微企业配套的产业分工协作体系。在农业方面，实施农业龙头企业引进培育工程，着力引进各类企业到示范小城镇发展，助推一批小城镇农业龙头企业上市，支持省内国有企业和平台公司等投身小城镇现代农业产业化项目，引导工商资本"转向改行"发展农业产业。在工业方面，在优势大宗农产品生产地着力培养和引进农产品深加工企业，提升农产品加工水平，发挥好资源优势。在旅游业方面，着力引进实力雄厚、理念先进的高水平旅游经营企业，推动示范小城镇旅游业走差异化、特色化发展道路，同时着力引进具有现代设计理念、美工制造等方面的高水平企业，加快旅游商品的开发设计。确保引进主体按规定推进项目，对于破坏环境、有房地产化倾向等不符合产业导向，以及占而不建、进度严重滞后等风险较大的产业项目，要依法实施项目退出机制。

4. 加快农业供给侧改革

农业是小城镇产业的重要支撑，积极推广应用产业选择、培训农民、技术服务、资金筹措、组织方式、产销对接、利益联结、基层党建等贵州农村产业革命"八要素"做法，发展小城镇腹地特色农业。分类引导、突出特色、保护生态、优化结构，明确特色发展导向，制定优势种养产业扶持目录。培育优秀农业发展主体，发展生产合作、加工合作、销售合作、科技服务等不同类型农村新型合作组织，形成纵向相通、横向相连、产销衔接、农工贸一体的新型农村合作经济组织网络，提升小农户组织化程度以及农业产销体系发育度。依托统筹推进新型农村合作经济组织培育、引进产业发展优秀主体、小城镇特色农业产业化项目发展、农业现代产销体系培育，大力提高城乡产业发展融合度。

三　着力完善公共服务设施

以补齐短板、提升质量、贴近民生为原则，推广贵州标准化设施项目库做法，与时俱进更新项目库内容，不断完善小城镇公共服务设施，切实提高小城镇的公共服务能力以及人口承载能力，助力易地扶贫搬迁移民融入和农业转移人口落户城镇。

1. 补齐设施短板增强城镇承载能力

加强用资、用地、用人保障，加快项目建设进度，大力消除公共服务设施建设欠账，做到公共服务设施"应有尽有"，确保小城镇正常发挥应有的公共服务职能及人口承载能力。优先对接收易地扶贫搬迁移民的小城镇给予投入倾斜，确保安置配套公共服务设施建设按时按量按质完成，提高小城镇公共服务设施整体水平。适应产业创新和乡村产业发展需要，以产学研合作的方式，在有基础的小城镇按需建设"双创"基地、科研基地、科技服务站等科技设施，强化小城镇的产业创新和产业承载能力。建立健全常态化的定期更新维护机制，做到设施的建设和维护并重。

2. 加强重要民生相关设施建设

重点围绕教育、文化、卫生、养老等与人民福祉密切相关的民生领域，加强建设一批公共服务设施。加强文化设施建设，建立"县—镇"文化馆（图书馆）总分馆服务体系，推动县文化馆（图书馆）在小城镇建设分馆。加强卫生设施建设，依托县域医共体建设按需推动一批乡镇卫生院提升改造，配套"厕所革命"专项行动，将公共厕所纳入小城镇标准化配套设施项目库。加强教育设施建设,加快建设小城镇寄宿制学校和"四点半学校",加快小城镇公办幼儿园建设,推动小城镇新建、改扩建居住区时及时配套建设中小学和幼儿园,保障农业转移人口子女就近入学。配套农村丧葬改革,将"思亲园"纳入小城镇标准化配套设施项目库。引入设施利用考核机制,充分听取群众意见,杜绝设施空转。

四　积极助力推进乡村振兴

推广贵州"镇村联动"经验,以规划联动为引领,以城乡设施建设联动为手段,为产业融合发展和城乡公共服务均等化打好基础,发挥小城镇作为新型城镇化和乡村振兴重要结合点的战略作用。

1. 着力推进城乡规划联动

充分考虑人口规模、人口结构、经济基础、设施现状、地方特色等实际情况,因地制宜统筹布局小城镇与乡村的基础设施、公共服务设施、产业设施等设施建设,重点围绕城乡公共服务设施的统筹和共享、建设与管理,构建标准化的县、镇、村网格化公共服务设施体系。确保"镇村联动"与美丽乡村建设、公共服务发展、新型城镇化、乡村振兴等规划统筹衔接,形成"一本规划、一张图"。

2. 着力推进设施建设联动

大力推进城乡设施联动发展,打好城乡融合发展基础。按照因地制宜、与时俱进的原则,参照小城镇配套设施标准化项目库的制定,科学设定"镇村联动"建设标准,制定标准化"镇村联动"项目库,将"镇村联动"建设项目扩大到公共服务设施领域,推进建设镇村两级广覆盖、有质量的学前教育和公共文化设施,加快完善以县级医院为龙头、乡镇卫生院为枢纽、村卫生室为基础的县域医共体设施网格,统筹提升城乡公共服务能力,切实保障农村全面小康建设。

3. 着力推进产业融合发展

以小城镇为服务平台和产销窗口,以乡村为生产基地,因地制宜打造"农特种养+加工+商贸""农+文+旅""外向工业+农产供应"等城乡产业链。壮大小城镇产业聚集平台，围绕农村特色产业发展导向，积极引进外地或扶持本地产业龙头落户小城镇，强化带动农村产业发展。深化城乡产业资本发展联动，结合农村"三变"改革，以股份合作为核心，加快农村分散的资源要素不断向集体平台聚合，支持小城镇企业向农村直接投资和参股经营。

后 记

2015年2月，我从贵州省社会科学院科研处调整到院城市经济研究所工作，担任城市经济研究所所长。接着承担了院2015年设院级重大研究课题"贵州省新型城镇化发展研究"，由此开始了我的有关城镇化的研究历程。

随着对贵州省的城镇化建设有了较多的了解，我逐渐把城镇化研究与原来自己的社会学研究相结合，开始关注与城镇化发展相关的流动人口、农民工社会融入、农民市民化、留守儿童等问题。先后承担"贵州省农村留守儿童问题研究""贵州省新型城镇化发展动力机制研究""贵安新区一化三新农民市民化路径研究""黔中城市群'十三五'规划中期评估""小城镇产业与公共服务设施发展地方模式研究"等项目，在贵州省社会科学院的创新工程中建立了"新型城镇化与脱贫攻坚创新团队"，围绕贵州省以山地特色为主的新型城镇化进行研究。

承蒙中国社会科学院社会科学文献出版社社长谢寿光先生、皮书出版分社社长邓泳红女士的抬爱，我把近几年在城市经济研究所工作的有关城镇化研究的科研成果加以整合，于是就有了这部著作。这是城市经济研究所"新型城镇化与脱贫攻坚创新团队"最新的研究成果的反映。具体情况如下：第一章第一节周欢，第二节王兴骥，第三节陈其荣，第四节王俊，第五节王兴骥；第二章第一节李华红，第二、三节王兴骥，第四节王昌锋，第五节王昌锋、王兴骥；第三章第一节罗艳，第二节蒋楚麟，第三节季飞，第四节王兴骥、刘杜若，第五节王兴骥、王俊；第四章第一节王兴骥，第二节陈其荣，第三、四节郭峰，第五节王兴骥，第六节郭峰；第五章第一节罗艳，第二节陈绍宥、韩镇宇，第三、四节王兴骥，第五节王兴骥、陈绍宥、韩镇宇。

在稿子的撰写修改过程中得到福建商学院张美涛教授，贵州省社会科学院社会学研究所副所长高刚研究员、城市经济研究所欧阳红副研究馆员、农村发展研究所副研究员邓小海博士，中共遵义市委党校谢以佐副校长、王静副调研员、科研处处长付国庆、科研处副处长马兰、林红副教授、海芬丽副教授、韦佳副教授等的帮助，在此一并致谢。

在本书的出版过程中，得到社会科学文献出版社皮书出版分社社长邓泳红女士、责任编辑宋静女士的大力帮助，在此致以诚挚的感谢！

这部著作的最终稿由笔者独立编撰，如有不妥，由本人全部承担。

2019 年 10 月 26 日于遵义干部学院

2020 年 3 月 28 日于贵阳市照壁山下

2020 年 5 月 26 日修改于南明河畔

图书在版编目（CIP）数据

发展的引擎：贵州山地特色新型城镇化研究／王兴
骥等著. －－北京：社会科学文献出版社，2020.8
ISBN 978－7－5201－6789－5

Ⅰ.①发… Ⅱ.①王… Ⅲ.①城市化－研究－贵州
Ⅳ.①F299.277.3

中国版本图书馆 CIP 数据核字（2020）第 102379 号

发展的引擎
——贵州山地特色新型城镇化研究

著　　者／王兴骥 等

出 版 人／谢寿光
组稿编辑／邓泳红
责任编辑／宋　静

出　　版／社会科学文献出版社·皮书出版分社（010）59367127
　　　　　　地址：北京市北三环中路甲29号院华龙大厦　邮编：100029
　　　　　　网址：www.ssap.com.cn
发　　行／市场营销中心（010）59367081　59367083
印　　装／三河市龙林印务有限公司

规　　格／开本：787mm×1092mm　1/16
　　　　　　印 张：16.25　字 数：248千字
版　　次／2020年8月第1版　2020年8月第1次印刷
书　　号／ISBN 978－7－5201－6789－5
定　　价／89.00元

本书如有印装质量问题，请与读者服务中心（010－59367028）联系